Herder Taschenbuch 1503

Über den Autor

Curt Riess ist das Urbild des Allroundjournalisten, wie es ihn heute kaum noch gibt. 89 Bücher zu den verschiedensten Themen stammen aus seiner Feder. Viele davon sind nicht nur in Deutschland Bestseller geworden, zahlreiche seiner Bücher sind in Amerika auf englisch und in Frankreich auf französisch erschienen, auch einige von ihnen Bestseller. Er begann als Sportreporter bei Ullstein, arbeitete als jüdischer Emigrant nach 1933 für „Paris Soir", berichtete später aus USA für 25 europäische Blätter, arbeitete im Krieg eng mit dem Geheimdienstchef Allen Dulles zusammen, war Kriegsberichter, kehrte als amerikanischer Offizier in die ehemalige Reichshauptstadt zurück, lebt seit 1952 als Publizist und Theaterkritiker in der Schweiz. Er ist verheiratet mit der Schauspielerin Heidemarie Hatheyer. Auf seinem abenteuerlichen Lebensweg begegnete er in Deutschland und im Exil vielen prominenten Schauspielern, Schriftstellern und Regisseuren, einige davon wurden seine engsten Freunde. Sein mitreißendes Erinnerungsbuch ist daher zugleich ein Stück lebendiger Kulturgeschichte.

Beiträge über

Werner Krauß, Max Reinhardt, Gustaf Gründgens, Klaus und Erika Mann, Elisabeth Bergner, Marlene Dietrich, Billy Wilder, Josephine Baker, Käthe Dorsch, Gustav Knuth, Ernst Lubitsch, Wilhelm Furtwängler, Bert Brecht, Willi Forst, Fritzi Massary, Vicki Baum, Henny Porten, Günter Neumann, Curd Jürgens, Fritz Lang, Erich Maria Remarque.

Curt Riess

Meine berühmten Freunde

Erinnerungen

Herder Taschenbuch Verlag

Originalausgabe
erstmals veröffentlicht als Herder Taschenbuch

Umschlagfoto: Presse-Agentur L. Dukas, Frankfurt a. M.

Alle Rechte vorbehalten – Printed in Germany
© Verlag Herder Freiburg im Breisgau 1987
Herder Freiburg · Basel · Wien
Herstellung: Freiburger Graphische Betriebe 1987
ISBN 3-451-08503-8

*Zum Gedenken an die,
denen ich alles verdanke*

FRIEDRICH GUNDOLF
MAX REINHARDT
PIERRE LAZAREFF
LUCIUS D. CLAY
GUSTAF GRÜNDGENS
AXEL SPRINGER

Inhalt

Vorwort
9 Ein interessantes Leben – oder ...?

11 Meine erste Entdeckung – Werner Krauß
20 Der Magier Max Reinhardt
33 Bergner! Bergner! Bergner!
45 Der arme Bert Brecht
57 Billie – Billy
65 Die Tolle Josy
76 Von Kopf bis Fuß Marlene
88 Die sensationellen Kinder Thomas Manns
101 Einmalig: Die Massary
111 Lubitsch und der Lubitsch-Touch
120 G.G.
130 Der große Furtwängler
138 Willi Forst und sein seltsames Schicksal
148 Henny Porten oder die Treue
160 Die Insulaner
171 Die Dorsch
179 Boni, der Erfolgreichste von allen
196 Der schwierige Fritz Lang
212 Die kleine große Vicki
221 Der normannische Kleiderschrank
234 Der Menschlichste: Gustav Knuth

252 Und ... und ...

Vorwort

Ein interessantes Leben – oder ..?

Als vor rund einem Dutzend Jahren mein amerikanischer Verlag mir vorschlug, meine Memoiren zu schreiben – sie sind inzwischen auch in Deutsch erschienen, der Titel: „Das war ein Leben" –, wurde ich ein wenig stutzig.

War ich wirklich schon so alt? Ja, ich war leider wirklich schon sehr alt, alt genug, um Memoiren zu schreiben. Aber war mein Leben wirklich so interessant, daß man es beschreiben mußte?

Eines war sicher. Ich hatte in meinem Leben unzählige, in des Wortes wahrstem Sinne, unzählige Menschen kennengelernt, die das waren, was man „interessant" nennen würde, auch prominent. Und mit vielen hatte ich Freundschaft geschlossen oder sie mit mir. Über die konnte ich sicher schreiben. Die würden vermutlich viel mehr interessieren als meine Wenigkeit.

Eine Aufzählung der Berühmtheiten – auf vielen Gebieten – die ich kennenlernte und mit denen mich Freundschaft, manchmal auch Liebe verband, würde auf Anhieb wie Großsprecherei wirken. Aber die Sache läßt sich erklären.

Zum ersten: Ich war immer sehr neugierig – auf Menschen. Und dies war wohl auch der Grund dafür, daß ich mich sehr bald entschloß, Journalist zu werden. Und als Journalist lernt man zwangsläufig Menschen kennen, man muß ja etwas von ihnen erfahren, sehr oft auch etwas über sie.

Und sehr oft mochte ich diese Menschen oder sie mochten mich. So, daß es nicht bei einem Interview blieb, sondern eine Art ständiger Kontakt aus dem ersten Treffen wurde. Auf allen Gebieten – auf denen des Sports – ich begann als Sportreporter – auf denen der Politik, ja, auf welchem Gebiet eigentlich nicht?

Hier allerdings soll nur von meinen Freunden aus der Theater- und Filmwelt gesprochen werden.

Und wenn mein Leben normal verlaufen wäre, das heißt: Was man im Rahmen des zwanzigsten Jahrhunderts so nennt ...

Aber da kam Hitler. Und das bedeutete für mich eine sehr frühe – glücklicherweise sehr schnelle – Auswanderung. Das bedeutete, daß ich nicht nur in Berlin, München oder Heidelberg zu Hause war, sondern es alsbald in Paris, in London, in New York und Hollywood wurde. Und daß ich in einer Zeit unter „normalen" Verhältnissen vielleicht zwanzig Persönlichkeiten von Prominenz kennengelernt hätte, und nun deren hundert oder gar zweihundert kennenlernte. Hätte ein Berliner Journalist, selbst wenn er sehr weit nach oben gekommen wäre, etwa Churchill kennengelernt oder Josephine Baker? Oder Roosevelt? Oder? Oder?

Eben nicht.

Es wäre natürlich eine Blasphemie zu sagen, daß Hitler für mich ein Glücksfall war. Obwohl das einmal der Sportchef der größten französischen Zeitung behauptete und auf meine erstaunte Frage antwortete: „Ohne den wärst Du doch in Paris ganz unbekannt geblieben!"

Nun ja.

Aber beginnen wir, mit dem Ersten, den ich kennenlernte, den ich „entdeckte", obwohl er ohne mich ohne Zweifel auch entdeckt worden wäre. Also:

Vorhang auf. Der Vorhang des Stadttheaters in Fürth ...

Meine erste Entdeckung:
Werner Krauß

Eine Entdeckung, die eines Talents oder einer außerordentlichen, vielleicht einer einmaligen Begabung oder gar eines Genies – auf jedem Gebiet, sei es Physik, Literatur, Musik, Chemie, Schauspielerei, ist die Sache, man könnte sagen, die raison d'être der Fachwelt oder des Fachmanns. Ich konnte, als ich meine erste und vielleicht einzige Entdeckung machte, noch kein Fachmann sein. Ich war wohl noch nicht einmal zehn Jahre alt.

Die Sache war die: In Würzburg geboren, von theaterfreudigen Eltern erzogen, durfte ich schon mit sechs oder sieben Jahren ins Stadttheater; natürlich nur am Sonntag nachmittag, als fast immer Operetten gespielt wurden, deren Texte, es handelte sich ja stets um Liebesgeschichten, ich natürlich nicht recht verstand.

Im nahen Fürth, damals etwa zwei Zugstunden entfernt, wohin ich öfter mal auf Besuch zu meiner Tante Klara geschickt wurde – ihre Kinder kamen dann auch zu uns nach Würzburg –, durfte ich gelegentlich in die Sonntagnachmittag-Vorstellung. Die Stadttheater Fürth und Nürnberg – nur wenige Kilometer entfernt – hatten nur einen Direktor und ein, allerdings sehr umfangreiches, Ensemble – man spielte Opern, auch sehr aufwendige, Operetten, Gesellschaftsstücke und – selbstverständlich – Klassiker. An einem bestimmten Sonntagnachmittag: „Die Räuber".

Ich war völlig hin- und hergerissen. So ein Stück hatte ich noch nie gesehen, solche Aufführung auch nicht – obwohl sie, wie ich später kritisiert hätte, finsterste Provinz gewesen sein dürfte. Der Franz: da war etwas, was mich zu Tränen der Wut, des Mitleids – mit seinen Opfern natürlich – hinriß.

Wie er aussah ...? Ja, wie sah er wirklich aus? Ich kann das heute nicht mehr beschreiben. Nein, ich hätte es auch damals nicht beschreiben können. War er groß? War er klein? Dünn? Dick? Ich wußte es auch damals nicht. Ich wußte nur, daß er furchterweckend war, zugleich aber, daß ich zumindest, auf meinem Parkettsitz „geborgen" nichts zu befürchten hatte, jedenfalls nichts von ihm.

Nach Ende der Vorstellung, das dieser Franz ja nicht mehr erlebte, er hatte sich vor meinen Augen erdrosselt, eilte ich zum Bühnenausgang. Als der Darsteller des Bösewichts erschien, ein noch junger Mann mittlerer Statur, mit einer Mähne sehr hellblonder Haare, berührte ich vorsichtig seine Schultern.

„Ja, Kleiner?"

„Ich wollte nur wissen, ob Sie überhaupt leben ...!"

Ich würde nicht über dieses Erlebnis berichten, wenn der Künstler in seinen Memoiren es nicht selber getan hätte. Er hieß Werner Krauß, ein damals völlig unbekannter Name. Was waren schon die Stadttheater Nürnberg-Fürth?

Ich sah ihn in Nürnberg oder Fürth noch einige Male; er war dort, wie man damals sagte, erster Charakterdarsteller. Und dann, nach ungefähr zwei Jahren, wieder in Berlin. Meine Mutter hatte nach dem frühen Tod meines Vaters dorthin geheiratet, und ich ging nun dort zur Schule und, natürlich mit Maßen, ins Theater. An den Litfaßsäulen klebten Plakate für alle Theater, was an den betreffenden Abenden gespielt wurde. Und ich stellte zu meiner Freude fest, daß mein geliebter Werner Krauß ans wohl beste Theater der Welt – aber das wußte ich damals natürlich nicht –, an Max Reinhardts Deutsches Theater, gekommen war. Und zu meinem Kummer, daß er nur kleine und kleinste Rollen spielen durfte. Was dazu führte, daß ich, der Schuljunge mit kurzen Hosen, einen Beschwerdebrief an den großen Reinhardt schrieb – über den, wie überhaupt mein Verhältnis zu Reinhardt, ich später berichten werde.

Ja, ich schrieb an den berühmten Max Reinhardt. Nur, daß

ich gar nicht wußte, daß er so berühmt war, ja man darf wohlsagen, weltberühmt. Ich hatte vielleicht vier oder fünf Vorstellungen in seinem Deutschen Theater gesehen – ich durfte ja schließlich allenfalls alle zwei oder drei Wochen ins Theater gehen. Es war mir natürlich sofort klar geworden, daß das, was ich dort zu sehen bekam, besser war als das, was ich in Würzburg oder Nürnberg oder auch Fürth zu sehen bekommen hatte. Aber daß Reinhardt für diejenigen, die es wissen mußten, der beste Regisseur der Welt war und sein Haus das beste Theater der Welt, daß er bereits Erfolge in London, St. Petersburg – damals noch die Hauptstadt des russischen Zarenreiches –, auch in Wien und weiß Gott wo sonst, die riesigsten Erfolge eingeheimst hatte – wie sollte das ein Junge aus Würzburg erfahren? Ich erhielt auf meinen Brief an den mir persönlich völlig unbekannten Max Reinhardt schnell eine Antwort. Sie lautete dahin, ich solle doch am nächsten Donnerstag, 10 Uhr, wenn es passe, mich in seinem Büro einfinden.

Ich war damals dreizehn Jahre und hätte um diese Zeit natürlich in der Schule sein müssen, aber ich zog es vor, ins Deutsche Theater zu fahren, das war wohl ein triftiger Grund zum Schwänzen. Die Sekretärin grinste, als sie meldete, der bestellte Herr befinde sich im Vorzimmer. Und Reinhardt, als er den kleinen Jungen in den kurzen Hosen sah, begann zu lachen. Er wollte gar nicht mehr aufhören zu lachen. Er wischte sich die Tränen aus den Augen.

„Sie sind also dieser Herr, der findet, daß ich Herrn Krauß nicht richtig beschäftige?"

„Das finde ich allerdings. Ich habe ihn als Franz Moor gesehen. Im Fürther Stadttheater!"

„Sieh da, in Fürth. Also setzen Sie sich oder darf ich Du sagen?"

Großmütig erlaubte ich es ihm.

Im folgenden Gespräch wollte er alles über mich erfahren, ob auch ich zum Theater wolle, und schien geradezu erleichtert, als ich das verneinte. Warum eigentlich nicht? Ich weiß heute meine Gründe nicht mehr. Die wurden mir alle erst später klar. Er wollte wissen, warum ich Krauß für einen so trefflichen

Mann hielte? Ich sagte ihm, weil man, wenn er auf die Bühne käme, nur noch ihn ansehen müsse. Ob das denn bei den anderen Schauspielern nicht auch der Fall sei?

„Ja, aber doch nicht in dem gleichen Maße."

Ob ich nicht glaube, daß das nicht gerade bei der Gestaltung kleiner Rollen ins Gewicht falle, die sonst möglicherweise niemand beachte? Ich blieb hartnäckig. „Die können andere auch spielen!"

„Und die bekannten Schauspieler? Du hast sie doch sicher alle gesehen?"

„Einige. Ich darf ja nicht immer."

„Sollen sie nun nicht mehr die großen Rollen bekommen? Sind sie nicht so gut wie Krauß? Etwa Moissi oder Bassermann?"

„Nein. Natürlich kann er nicht alle Rollen spielen."

„Nett, daß Du das zugibst. Und glaubst Du nicht, daß ich besser beurteilen kann als Du, wer große und wer kleine Rollen spielen soll?"

„Sie haben Werner Krauß nicht als Franz Moor gesehen!" stellte ich unbeeinflußbar fest.

„Im Fürther Stadttheater, nein, leider. Aber", er sah auf die Uhr, „nun muß ich wirklich auf die Probe."

So ungefähr ist mir diese Unterhaltung in Erinnerung geblieben. Und dann kamen die Worte, die ich sicher nie vergessen werde: „Willst Du mit?"

Und ob ich wollte.

Und ich wollte noch oft und durfte eigentlich immer. Es schien Reinhardt zu belustigen, ja vielleicht auch zu freuen, wenn ich kam und staunend miterlebte, wie eine Szene oder oft auch nur der Teil einer Szene entstand und immer, immer gleichsam aus dem Nichts: aus einer Theaterfigur ein Mensch.

Natürlich hatte meine „Intervention" keine ernsthaften Folgen, aber Reinhardt revidierte doch langsam seine ursprüngliche Ansicht, Krauß sei der „beste Chargenspieler der Welt", und er durfte große Rollen spielen und schließlich die zentralen.

Reinhardts Meinung über Krauß basierte auf der Erkenntnis, daß Krauß, wie kein anderer Schauspieler seiner Zeit, sich „verwandeln" konnte. Er konnte alt sein oder jung, groß oder klein, dick oder dünn, fast ohne Mithilfe von Schminke, Perücken, Maske. Er war immer das, was er sein sollte, vielleicht besser gesagt: sein wollte. Daß es sich hier um etwas Außerordentliches handelte, konnte ich, der ich noch ein Kind war, nicht wissen, wohl aber begriff es die wahrhaftig nicht schonungsbereite Berliner Theaterkritik. Ich wußte nur um seine ständige und geradezu unheimliche, wie man es in Fachkreisen nennt, Präsenz.

Ich erinnere mich, um ein Beispiel zu nennen, an seinen Saint-Just in „Dantons Tod". Ich war in der ersten Hauptprobe, jedenfalls der ersten Probe, in der die Schauspieler in Maske und Kostüm auf der Bühne standen. Der Saint-Just ist, wie man ja weiß, eigentlich eine sehr negative Figur, ein blutrünstiger Revolutionär, der die berühmte Rede hält „Es scheint in dieser Versammlung wohl einige empfindliche Ohren zu geben, die das Wort Blut nicht wohl ertragen können..."

Aber ich will hier gar nicht davon sprechen, wie unnachahmlich kalt und daher atemberaubend Krauß diese Worte sprach. Ich will versuchen zu berichten, wie er aussah. Er war völlig in weiß gekleidet, wie ein Märchenprinz, er trug eine weiße Perücke, sein Gesicht war – vermutlich gepudert – schneeweiß. Sagte ich Märchenprinz? Ich könnte auch sagen Engel. Jedenfalls verschlug es Reinhardt, der darauf nicht gefaßt war, den Atem. Gerade weil dieser Saint-Just so unschuldsvoll aussah, wirkten seine grausamen Worte über das notwendige Blutvergießen um so stärker. Aus der Reaktion von Reinhardt wußte ich, daß die Idee, sich so herzurichten, von Krauß stammte und selbst für den Regisseur eine Überraschung bedeutete.

Oder um eine anderes Beispiel zu nennen: Viele, die sich ernsthaft mit Film beschäftigen, wissen heute noch von dem sagenhaften Stummfilm „Das Kabinett des Doktor Caligari". Werner Krauß sollte dort mitspielen. Lassen wir ihn selbst sprechen. „Am Telefon hatte mir die Firma nur mitgeteilt, es war vermutlich nicht einmal der Produzent oder der Regisseur, ich müsse einen Irrenarzt spielen. Ich packte also einen Koffer mit einem Cutaway und gestreiften Hosen, und ich glaube noch einen Anzug, von dem ich mir vorstellte, so würde ein seriöser Arzt sich anziehen ... Dann kam ich ins Filmatelier, weit vor den Toren von Berlin, natürlich mit der Straßenbahn, zu mehr reichte es damals, anfangs der zwanziger Jahre nicht, und sah, was man im Studio aufgebaut hatte. Es waren keine normalen Kulissen – ich meine, da stand nichts, was man etwa für Landschaft oder Räumlichkeiten halten konnte. Da standen expressionistisch bemalte Hintergründe, expressionistisch ... absichtlich verzerrt, sie sollten ja die Träume von Verrückten wiedergeben. Ich wußte sofort, da konnte ich nicht in einem normalen Cutaway auftreten. Aber was sollte ich denn nun anziehen? Ich hatte nur „normale" Kleider mitgebracht. Ich sagte zu einem der Regieassistenten, er solle doch zum nächsten Trödlerladen fahren und für mich einen Mantel holen, der bis auf meine Schuhe reicht. Und einen Zylinder. Damit konnte ich meine bürgerlichen Kleidungsstücke verdecken." Der Zylinder und eine Brille und eine entsprechende Perücke gab ihm etwas „Gespenstiges". So entstand, visuell gesehen, die Figur des Doktor Caligari, die weltberühmt wurde.

Oder, um ein anderes Beispiel zu nennen: Ich traf Werner Krauß, mit dem ich inzwischen befreundet war, in einem ungarischen Restaurant am Berliner Kurfürstendamm. Es war zwei Tage vor der Uraufführung des „Hauptmann von Köpenick". Dort kommt er, mitten im ersten Bild, als eben entlassener und halbverhungerter Sträfling auf die Bühne, tritt in einen Uniformladen, um Arbeit bittend. Er aß gerade – im Restaurant – ein fetttriefendes Gulasch. Er war so schon ein bißchen zu dick, und ich meldete meine Bedenken an wegen der Rolle des hungernden Sträflings, die er lächelnd in den Wind schlug. Zwei Abende später die Uraufführung. Als Krauß auftrat, bekam ich feuchte Hände. Er wirkte so elend und entkräftet, daß ich nicht glaubte, er würde es bis zur Mitte der Bühne schaffen. Obwohl ich doch wußte ...

Ich sah ihn in unzähligen Rollen und immer, immer hatte ich – und natürlich nicht nur ich – das Gefühl, die betreffende Figur zum ersten Mal auf der Bühne zu sehen, gleichgültig ob es sich um König Lear oder Jago oder Mephisto oder – ja, Charley's Tante handelte. Da war er, obwohl Mitte Vierzig, ein Student, Anfang Zwanzig.

Nach dem Krieg hatte er, mit Recht, Schwierigkeiten – auch mit mir –, weil er in dem Hetzfilm „Jud Süss" gleich vier oder fünf verschiedene Juden gespielt hatte.

Wir alle, die wir in der Emigration – während der Hitlerzeit war ich ja nicht in Deutschland – in Amerika lebten, waren entsetzt, als wir davon hörten. Werner Krauß, der alles einem Juden, nämlich Max Reinhardt verdankte, in einem antisemitischen Film! Nur Reinhardt selbst war überhaupt nicht betroffen. Er lächelte. „Ihr könnt doch nicht von einem Schauspieler Charakter verlangen! Ein Mann, der sein Leben damit verbringt, andere Menschen darzustellen, kann doch gar keinen Charakter haben."

Als ich mit den amerikanischen Truppen nach Deutschland zurückkehrte, wollte ich Krauß gar nicht wiedersehen. Unsere gemeinsame Freundin, die Schauspielerin Käthe Dorsch, drang aber darauf. Ich müßte mich mit ihm aussprechen.

Er ahnte wohl, daß er wegen dieses schändlichen Propagandafilms auf die schwarze Liste kommen werde, aber er verstand nicht recht, warum. Was hatte er denn Großes getan? Er war zwar bereit, die Strafe – zwei Jahre lang durfte er nicht spielen – auf sich zu nehmen. Aber er war unfähig, unsere Empörung zu verstehen. „Es war doch interessant, vier oder fünf verschiedene Rollen nebeneinander zu spielen! Das mußte einen Schauspieler doch reizen!"

Viele Jahre später, nicht lange vor seinem Tod, besuchte ich ihn mal wieder in seinem Haus am Mondsee, unweit von Salzburg. Er erzählte mir, vor kurzem habe ihn sein aus der Emigration zurückgekehrter jüdischer Freund, der Schauspieler Ernst Deutsch, besucht, der in Hollywood „überwintert" hatte. Auf seine Frage, was Deutsch drüben zu spielen bekommen habe, sei die Antwort gewesen, wegen des Akzentes hätte er nur Deutsche spielen dürfen, U-Boot-Kapitäne, Piloten, Kommandanten von Konzentrationslagern. Auf die Frage, wie Deutsch sie gespielt habe, erhielt er die Antwort, er habe sie natürlich „unsympathisch" gespielt – man war ja schließlich im Krieg!

Und Krauß zu mir: „Siehst Du, die dürfen das! Aber wenn ich Juden ..." Ich unterbrach: „Wenn Du diesen Satz zu Ende sprichst, stehst Du wieder auf der schwarzen Liste!" Er begriff nicht. Er begriff überhaupt nicht.

Er war auf der Bühne ein Genie, aber im Leben eher beschränkt. Er war, wie die Berliner es ausdrücken würden, „dümmer, als die Polizei es erlaubt".

Natürlich hatte er dann wieder große Erfolge, als die Frist von zwei Jahren abgelaufen war. Es gab gewisse Schwierigkeiten, zum Beispiel in Berlin, wo man nicht recht verstand, warum einer, der sich unter den Nazis so schlecht benommen hatte, wieder spielen durfte. Aber auch diese Empörung legte sich bald, und er war noch viele Jahre lang überall, wohin er kam, ein gefeierter Schauspieler.

Aber schließlich auch ein müder. Und er ließ es das Publikum wissen, daß er gar nicht mehr gern Theater spielte. Das hatte seine Grenzen. Er schmierte – wie man das in der Fachsprache nannte. Er haute seine Rolle hin, als hätten die Leute kein Geld bezahlt, um ihn zu sehen. Er zeigte ihnen deutlich, daß er sie für verachtenswert hielt, obwohl sie das doch, weiß Gott, nicht waren. Und daß er das Theaterspielen satt hatte.

Und dann ereilte ihn ein seltsames Schicksal. Er hatte wohl einen hohen Zuckergehalt im Blut. Und eines Abends, im Burgtheater zu Wien konnte er nicht mehr sprechen. Er war nicht gelähmt. Man spielte den König Lear, er selbst die Titelrolle. Er brachte jedes Wort zur gegebenen Zeit. Nur, keiner konnte auch nur ahnen, was er sprach. Was er von sich gab, war völlig unverständlich. Eine gespenstische Aufführung. Natürlich kam sofort ein Arzt, was sage ich: es kamen sehr viele Ärzte. Er wurde zu Bett gebracht, er konnte schon bald wieder richtig sprechen, wenn freilich auch nur leise.

Ich besuchte ihn. Er winkte mich zu sich heran und flüsterte: „Was meinst Du, ich kann doch wieder spielen?"

Ich wußte es besser. Aber ich nickte beruhigend. Ich sagte ihm, ja, er würde bald wieder spielen können.

Und er umfaßte beschwörend meine rechte Hand: „Versprich's mir, daß ich wieder spielen werde!"

Ich versprach es ihm. Er schien mir zu glauben.

Wenige Tage später war er tot.

Der Magier
Max Reinhardt

Sie nannten Max Reinhardt den Magier. Sicher nicht zu Unrecht. Denn er konnte zaubern. Und er konnte verzaubern. Und deshalb schätzte man ihn nicht nur, sondern man liebte ihn, wie wohl kaum vor ihm oder nach ihm der Direktor eines Theaters geliebt worden ist.

Und für mich gilt das ganz besonders. Ich habe ja schon erzählt, wie und unter welch skurrilen Umständen ich ihn kennenlernte. Als Privatperson. Als Theatermann, genauer: als Regisseur kannte ich ihn bereits ein wenig.

Er war mein erstes großes Theatererlebnis, als ich, noch nicht zwölfjährig, nach Berlin kam. Mein Vater war zwei Jahre vorher gestorben, meine Mutter hatte wieder geheiratet, sie hieß jetzt Frau Riess, ich trug noch einige Jahre lang den Namen meines Vaters, bis ich dann adoptiert wurde.

Ich hatte Theater in Würzburg, in Nürnberg und in Fürth gesehen. Öfter als Kinder meines Alters – ich war damals fast zwölf – und begreiflicherweise nicht ahnend, daß das, was ich damals in der Provinz zu sehen bekam, natürlich Provinz war.

Und dann durfte ich in Berlin in das Deutsche Theater gehen. Und sah die Klassiker-Inszenierungen von Max Reinhardt. Da waren die, wir mir schien, unendlich vielen Sträßchen und Gäßchen und Brückchen Venedigs in Shakespeares Stück von dem bösen Juden Shylock. Und wenn nach Ende einer Szene, es bei Shakespeare heißt: eine andere Straße von Venedig, die Bühne sich verdunkelte und sich drehte bis eben eine andere Straße aufgetaucht war und es wieder hell wurde. Das alles war viel weniger Theater als Märchen. Die Schauspieler! Mein erster Shylock war Albert Bassermann, damals unbestritten der bedeutendste deutsche Mime. Er faszinierte alle Welt. Daß er mich faszinierte, brauche ich wohl erst gar nicht zu erwähnen. Ich hatte ja bisher kaum Schauspieler gesehen, die auch nur den Namen verdienten.

Oder ein Jahr später: „Ein Sommernachtstraum". Wenn es bei Shakespeare hieß: „Ein anderer Teil des Waldes", war es bei Reinhardt wirklich ein anderer Teil, die Bühne schien sich, meist zur Musik von Mendelssohn, zu drehen, es war wirklich immer wieder ein anderer Teil des Waldes, durch den Puck tollte und durch den Elfen tanzten und durch den Liebende einander nachjagten! Was ich damals, als sehr junger Theaterbesucher, eben erst aus Würzburg in Berlin eingetroffen, nicht wissen konnte und infolgedessen auch nicht wußte: daß solche Reinhardt-Aufführungen auch für Berlin, ja überall auf der Welt, er hatte ja schon in allen größeren Städten der Welt gastiert, als etwas Besonderes angesehen wurden. Ich dachte, daß man in Berlin eben so gut Theater spielte. Erst langsam wurde mir die Bedeutung Reinhardts klar, der Berlin zur Hauptstadt der Theaterwelt gemacht hatte.

Und dann durfte ich ja seine Proben besuchen, und ich lernte ihn bei der Arbeit kennen. Später, viel später, habe ich dann andere Regisseure bei der Arbeit gesehen und konnte Vergleiche ziehen. Die Regiearbeit von Reinhardt war, dies muß gesagt werden, überhaupt keine Arbeit. Die Arbeit hatte er vorher gemacht. Seine Regiebücher – sie sind in irgendeinem Museum in Wien aufbewahrt – enthielten fast mehr handgeschriebenen Text als der ursprüngliche Text. Regiebücher sind „durchschossen". Das heißt nach jeder gedruckten oder getippten Seite gibt es ein leeres Blatt für die Bemerkungen des Regisseurs. Die meisten Regisseure von heute, ich meine im letzten Viertel des zwanzigsten Jahrhunderts, machen von diesen leeren Seiten kaum Gebrauch. Ihnen fällt das meiste, was sie dann inszenieren, erst ein, während sie inszenieren. Bei Reinhardt war es umgekehrt. Die Regiebücher waren voller Notizen, jeder Gang, jede Bewegung, jeder Ton, jede Pause war vornotiert, Reinhardt hatte alles vor der ersten Probe gewissermaßen „gesehen" und „gehört".

Aber davon erfuhren die Schauspieler, die es vermutlich alle längst wußten, eigentlich nichts. Er begnügte sich damit sie zu „arrangieren", was ja wohl jeder Regisseur tut, ihnen zu sagen, wo sie hingehen sollten, an welcher Stelle sie sich setzen oder aufstehen sollten, wie sie zueinander standen und so fort. Und dann hörte er zu, wie sie sprachen. Wenn man ihn sah, hatte man das Gefühl, als höre er den Text, den er natürlich längst auswendig kannte, zum ersten Mal. Immer und immer wieder zum ersten Mal. Sein Gesicht zeigte Spannung und die ließ selten nach. Wenn eine lustige Stelle kam, lächelte er, oder er lachte auch lauthals, und man hatte nicht das Gefühl, als wolle er die Schauspieler durch seine Reaktion ermuntern, sondern als sei er wirklich belustigt.

Vielleicht war er es auch.

Sehr bald nach dieser Zeit kamen Regisseure auf, die sich als Dompteure verstanden, und die Schauspieler wie dumme Jungen anbrüllten, sie auch oft beschimpften. Heute ist das ja längst Mode geworden. Er sprach immer betont leise und zurückhaltend mit den Schauspielern, meist schienen es nur Vorschläge zu sein, die er machte. Er sagte etwa: „Herr X, ich könnte mir vorstellen, daß man diese Stelle vielleicht so oder so ... macht."

Wenn er zuschaute und zuhörte, hatte man das Gefühl neben einem Arzt zu sitzen, der versucht, die Art der Krankheit zu erforschen, von der der Patient befallen sein könnte.

Ich erinnere mich an eine Probe, in der ein Schauspieler, der eine größere Rolle hatte – es handelte sich um Minna von Barnhelm – wirklich unmöglich war, das heißt er kam überhaupt nicht in die Nähe der Rolle. Reinhardt konnte unendlich geduldig sein und war es wohl auch immer. Er hatte gar nichts dagegen, eine Stelle fünf- bis zehnmal wiederholen zu lassen, bis der betreffende Schauspieler und er der Ansicht waren, so sei es richtig und nun könne es weitergehen. In Schauspielerkreisen nannte man ihn den geduldigsten Regisseur der Welt.

Aber diesmal ging es wirklich nicht. Reinhardt unterbrach,

stand auf und sagte: „Zehn Minuten Pause". Und dann rief er den betreffenden Schauspieler zu sich herunter ins Parkett. Und wir sahen ihn, zumindest ich sah ihn, vielleicht blickte sonst niemand hin, mit diesem betreffenden Schauspieler den Gang, der zum Vorraum des Theaters führte, auf und ab gehen und plaudern. Dann verabschiedete er sich von dem Schauspieler und der verschwand – zumindest aus dieser Probe und dieser Produktion, und Reinhardt kehrte zu seinem Regiesitz zurück. Ich äußerte mich verwundert, ich erinnere mich noch genau daran, man habe gar nicht das Gefühl gehabt, er hätte dem Schauspieler mitgeteilt, wie schlecht oder falsch er gewesen sei, man hätte eher das Gefühl gehabt, als biete er ihm einen mehrjährigen Vertrag an.

Reinhardt lächelte leise. Und er sagte: „Weißt Du, ich habe nie begriffen, daß es Regisseure gibt, die glauben, daß man mit schlechtgelaunten Schauspielern mehr erreicht als mit gutgelaunten!"

Wie wahr! Und wie wenige unserer Regisseure haben das je begriffen. Reinhardt verlor nie die Fassung, auch nicht in den schlimmsten Momenten, auch wenn etwas immer noch nicht klappen wollte, was schon vor einer halben Stunde hätte klappen müssen.

Er hatte also das betreffende Stück aufs Genaueste durchgearbeitet, bevor er es besetzte. Oft genug geschah es, daß ein Schauspieler eine ihm von Reinhardt anvertraute Rolle zurückgeben wollte, weil er sie nicht spielen könne. Aber Reinhardt wußte, er konnte. Die Bergner, viel später: „Max wußte viel besser als wir, was in uns steckt."

Der junge Emil Jannings, der sich Hoffnungen auf den „Franz" gemacht hatte, lehnte den „Hermann" in den „Räubern" ab. Reinhardt, der ihm die Rolle geben wollte, rief ihn zu sich und fragte ihn nach den Gründen für die Ablehnung. Als Jannings nicht recht mit der Sprache heraus wollte, bat er ihn die Story, den Inhalt der „Räuber", zu erzählen.

„Also, da ist der alte Graf, und der hat zwei Söhne, den Karl und den Franz ..."

„Falsch", erwiderte Reinhardt milde. „Er hat drei. Und den

dritten spielen Sie!" Und Jannings spielte den Bastard Hermann und war herrlich.

Leopold Lindtberg erzählte mir einmal später, viel später: „Als ich noch jung war, ging ich oft in das Wiener Deutsche Volkstheater, ärgerte mich aber immer, denn die hatten dort keine Schauspieler. Dann kam Reinhardt aus Berlin und inszenierte einen modernen Franzosen. Und plötzlich mußte ich feststellen, die am Volkstheater hatten ja Schauspieler!"

Übrigens probierte er ein Stück fast nie länger als drei Wochen. Das war für ihn eine magische Zahl. Er mußte ja auch Stücke am laufenden Band herausbringen. Sein Theater – später seine Theater – war ein Privatunternehmen und erhielt keinerlei staatliche oder städtische Subventionen, das heißt seine Schauspieler, seine Dekorationen, die Tantiemen der neuen Stücke, mußten von dem bezahlt werden, was an der Kasse hereinkam. Drei Wochen – ein Buch, das zu seinem fünfundzwanzigjährigen Jubiläum als Direktor des Deutschen Theaters herauskam, beweist, daß er drei, vier oder sogar mehr Stücke hintereinander mit jeweils nur dreiwöchigem Abstand herausbrachte, viele von ihnen Inszenierungen, die sich dann über Jahre hielten. Freilich nicht, wie das heute Mode ist, en suite, allabendlich dasselbe Stück! Das taten nur Operettenhäuser oder Theater mit Possendarbietungen. Seriöse Bühnen hatten den sogenannten wechselnden Spielplan; es konnte durchaus vorkommen, daß ein Stück etwa zehn oder vierzehn Tage überhaupt nicht aufgeführt wurde und dann wieder allwöchentlich einmal. Es hatte allerhöchstens zweimal auf dem Spielplan zu stehen.

Reinhardt probierte meist, wie gesagt, nur drei Wochen. Aber in diesen drei Wochen ungemein intensiv. Damals gab es freilich noch nicht die vielen Regelungen durch Gewerkschaften, auch, und vor allem, für Bühnenarbeiter, die eine bestimmte Anzahl von Stunden vorschrieben. Das heißt, diese Arbeitsstunden dürfen nicht überschritten werden oder zu einem Überstunden-Tarif, den sich damals – also vor dem Ersten Weltkrieg – kein Privattheater hätte leisten können. Und die Proben gingen also bis spät in den Nachmittag hinein und manchmal sogar ...

Aber ich will eine Geschichte erzählen, die typisch ist für

Reinhardt. Das war in den zwanziger Jahren, als er sich zwischen Berlin und Wien aufteilte; in Berlin hatte er neben dem Deutschen Theater und den Kammerspielen auch noch ein Theater am Kurfürstendamm, vorübergehend einen umgebauten Zirkus „Das Große Schauspielhaus", in Wien das Theater in der Josefstadt. Dort spielte man manchmal Klassiker, aber manchmal auch leichte Konversationsstücke. Und die machte dann meist Reinhardt nicht selbst.

Einmal setzte er sich in die Generalprobe eines solchen Boulevardstücks. Sie fand vormittags statt und zwar am Tag der Premiere. Ein Nichts von einem Stück, das in etwa zwei Stunden ablief. Als zum letzten Mal der Vorhang fiel, stand Reinhardt, der die ganze Zeit geschwiegen hatte, auf und rief den auf der Bühne versammelten Schauspielern zu: „Hätten die Herrschaften Lust, noch ein bißchen mit mir zu arbeiten?"

Natürlich hatten sie Lust. Es war ja eine große Ehre, mit Reinhardt arbeiten zu dürfen. Und nun begann er seine Arbeit. Er war so vertieft in sie, und die Mitwirkenden gingen so interessiert mit, daß sie völlig vergaßen, daß ja am Abend die Premiere des betreffenden Stückes stattfinden sollte, als ein Platzanweiser hereinkam, sich diskret räusperte und Reinhardt bedeutete, draußen warte bereits das Publikum. Es war in der Tat nur noch eine Viertelstunde bis zum Premierenbeginn. Reinhardt nickte den Schauspielern zu, sie sollten sich in ihre Garderoben begeben, sich ein bißchen frisch machen, und dann werde man ja sehen.

Man sah. Am nächsten Tag gab es eine Berühmtheit mehr in Wien. Die junge, bisher kaum beachtete Schauspielerin, die fast nur in Boulevardstücken mitgewirkt hatte, war am Abend zuvor eine Berühmtheit geworden: Paula Wessely.

Viele solcher Geschichten könnte ich erzählen. Aber es genügt vielleicht, darauf hinzuweisen, was selbst von den Theaterbesuchern erst wenige begriffen, als Reinhardt schon fort war, fort gemußt hatte. Ob es sich nun um Alexander Moissi, den er sechs Jahre gegen kritische Verrisse durchsetzte, handelte, oder um Werner Krauß, Paul Hartmann oder Helene Thimig, um Heinrich George oder Eugen Klöpfer, um Paul Wegener oder

Ernst Deutsch, oder ... oder ... Sie alle waren von Reinhardt gekommen oder zumindest durch seine Hände gegangen.

Sie wußten sehr wohl, was sie ihm verdankten. Aber das Publikum wußte es nur in den seltensten Fällen. Werner Krauß hat später mehr als einmal bekräftigt, er sei nie so gut gewesen wie unter Max Reinhardt, und das zu einer Zeit, in der es eigentlich etwas gewagt war, den Namen dieses Juden zu nennen, aber die wenigsten aus dem Publikum wußten, um wie viel besser die Schauspieler waren, wenn sie unter Reinhardt spielten, als wenn sie unter einem anderen Regisseur arbeiteten.

Das war Reinhardt ganz recht so. Im Gegensatz zu den Regisseuren unserer Tage, die alles tun, um als Regisseure aufzufallen oder, wie sich das heute nennt, sich zu „profilieren", tat Reinhardt nichts dergleichen. Seine ständige Maxime: „Die beste Regie ist diejenige, die man gar nicht merkt."

A propos Werner Krauß: Der einzige Eklat während einer Reinhardtprobe ereignete sich auf der Generalprobe zur Uraufführung von Hauptmanns „Dorothea Angermann". Als Reinhardt immer wieder unterbrach und im Text zurückgehen ließ, verlor Werner Krauß als Pastor Angermann die Nerven und rief von der Rampe ins Publikum: „Scheiße!"

Totenstille. Reinhardts Stimme: „Bitte weiter ..."

Nach Probenende bestürmten alle Mitwirkenden Werner Krauß, sich zu entschuldigen. Aber das war nicht so einfach. Denn bei der Probenkritik übersah Reinhardt Krauß geflissentlich ... bis er ganz zuletzt, nachdem alle anderen gegangen waren, allein ihm gegenüberstand. Krauß versuchte: „Ich ... was ich da eben gesagt habe ..."

Und Reinhardt: „Ich habe nichts gehört!"

Er war eben ein Herr. Und außerdem liebte er seine Schauspieler. Auch wenn sie entgleisten, waren sie für ihn immer noch Herren.

Ich erwähnte bereits die große Rolle, die bei ihm die Drehbühne spielte, namentlich bei szenenreichen Stücken, also bei allen Stücken von Shakespeare, aber auch bei „Dantons Tod" oder den „Räubern" oder gar „Faust". Der Grund für die ständige Benützung der Drehbühne war nicht immer die bewußte, gewollte Verzauberung des Zuschauers, wie etwa im „Sommernachtstraum", sondern meist seine Rücksichtnahme auf die Schauspieler. Einmal sagte er: „Sie werden immer wieder irritiert, wenn sie, auf ihren Auftritt wartend, inmitten von Bühnenarbeitern herumgestoßen werden, die Umbauten machen." Er erreichte, daß die Schauspieler auf ein fertiges Set traten, ohne von Bühnenarbeitern gestört zu werden.

Er liebte die Schauspieler. Er liebte das Theater. Wie er es einmal in einer Rede vor den Studenten der Columbia-Universität in New York formulierte: „Ich glaube an die Unsterblichkeit des Theaters. Es ist der seligste Schlupfwinkel für diejenigen, die ihre Kindheit heimlich in die Tasche gesteckt und sich damit auf und davon gemacht haben, um bis an ihr Lebensende weiterzuspielen."

Er lebte ein erfülltes und sagenhaft erfolgreiches Leben, auch was die privaten Bereiche anging. Die Frauen lagen ihm zu Füßen, keineswegs nur Schauspielerinnen, sondern schöne Damen der großen internationalen Gesellschaft, die sich kaum einen Vertrag von Reinhardt versprachen – übrigens hat er nie eine Schauspielerin engagiert, bloß weil sie in sein Bett stieg. Es war eher umgekehrt. Er witterte irgendwo eine erste Schauspielerin – zum Beispiel in Helene Thimig, die, aus einer alten Schauspielerfamilie kommend, zwar gewisse Erfolge erzielt hatte, aber keineswegs eine war, die zu den Ersten ihres Berufes zählte, engagierte sie, und dann geschah es eben.

In Berlin lebte er in einem alten preußischen Haus unweit des Theaters, in Salzburg kaufte er ein altes Schloß, nachdem er dort die Festspiele ins Leben gerufen hatte – von denen die Stadt ja heute noch lebt oder doch zumindest an denen sie viel Geld verdient.

Und dann kam Hitler.

Die meisten Deutschen glaubten, die Feindschaft gegen die Juden würde Hitler wohl, einmal an die Macht gekommen, nicht so wörtlich nehmen, wie er es prophezeit hatte und niemand dachte im Ernst daran, daß nichtarische Größen, wie zum Beispiel Bruno Walter oder Max Reinhardt, ernstlich betroffen sein würden. Sie mußten eines besseren belehrt werden. Wie unglaublich das damals schien, zeigt sich daraus, daß noch im Mai 1933, also vier Monate nach Hitlers Machtantritt, Wilhelm Furtwängler zu Hitler auf den Obersalzberg fuhr, um ihm zu erklären, daß ein deutsches Kunstleben ohne Walter und Reinhardt gar nicht möglich wäre. Er kam kaum zu Wort, und als er sich schließlich wieder auf dem Bahnhof Berchtesgaden befand, konnte er seiner Sekretärin, die in Berlin auf ihn wartete, nur telefonisch mitteilen: „Wir sind in die Hände eines Wahnsinnigen geraten!"

Reinhardt verließ Berlin ohne mit der Wimper zu zucken, ging nach Wien, wo die Nazis ja erst fünf Jahre später einfielen und ging, wie jedes Frühjahr, nach Salzburg. Das Deutsche Theater war sein Besitz. Er vermachte es der Stadt Berlin.

Göring, der unter Hitler preußischer Innenminister wurde, also die zuständige Stelle dieser Schenkung, spöttelte: „Das Haus bricht unter den Hypotheken fast zusammen!" Den ideellen Wert dieser großzügigen Schenkung begriff er erst gar nicht. Er, der von dem Augenblick an, da er sein Amt antrat, sich auf das Schamloseste durch Räubereien in Museen, zuerst nur innerhalb Deutschlands, später auch in den besetzten Gebieten, maßlos bereicherte. Andere spürten schon, daß Reinhardt da etwas weggab. Der von Goebbels designierte Nachfolger, der schon unter Reinhardt wirkende Regisseur Heinz Hilpert, nahm die Berufung erst an, als Hilpert in einem Telefongespräch Berlin–Wien Reinhardt um Erlaubnis dazu ersucht hatte. Warum? Hilpert wußte genug von Reinhardts Bedeutung, um – Goebbels hin, Goebbels her – die Übernahme von der Einwilligung Reinhardts abhängig zu machen.

Andere hatten weniger Bedenken. Als die Nazis nach Österreich kamen und Reinhardt auch aus seinem geliebten Salzburg verschwinden mußte, übernahm oder „kaufte" eine Dame, die die besten Beziehungen zu den Nazis unterhielt, eine Fürstin oder Gräfin Hohenlohe, von der man bis dahin nichts gehört hatte, das Schloß Leopoldskron. Mit welchem Gelde? möchte man mit Figaro fragen. Wie dem auch sei:

Als ich viele, viele Jahre später mit den amerikanischen Truppen nach Salzburg kam, fuhr ich sogleich nach Leopoldskron, weil es mich interessierte, was aus dem Besitz geworden sei – und wen traf ich dort? Nicht die besagte Adelige, die hatte sich rechtzeitig abgesetzt, war nach New York entflohen, dort allerdings als nationalsozialistische Agentin – ob sie eine war oder nicht, ist nie eindeutig geklärt worden – verhaftet worden. Ich traf dort den Dirigenten Clemens Krauss mit seiner Frau, einer hochdramatischen Sängerin. Beide waren frühe Anhänger Hitlers gewesen, Clemens Krauss, sicher ein begabter Dirigent, der auch so seinen Weg gemacht hätte, war durch die Nazis außerordentlich gefördert worden. Die Sängerin verdrehte die Augen, wenn sie von Hitler sprach – solange er noch lebte.

Ich wußte über die beiden Bescheid. Ich äußerte mein Erstaunen, sie ausgerechnet im Schloß von Max Reinhardt vorzufinden. Der Dirigent erläuterte, er sei ausgebombt worden ... und ...

Und ich: „Ich gebe Ihnen genau eine Stunde Zeit, um von hier mit ihren Koffern zu verschwinden! Sonst lasse ich Sie verhaften!" Er verschwand.

Aber ich greife vor.

Reinhardt ging also in die Emigration. Zuerst einmal nach Paris. Das war übrigens schon vor seiner zweiten Emigration, nämlich der aus Österreich. Dort inszenierte er die „Fledermaus", die er schon in Berlin sehr erfolgreich herausgebracht hatte. Aber er wollte nicht in Paris bleiben. Er fand, sein Französisch reiche nicht aus, um in der französischen Hauptstadt erfolgreich zu werden. Und er hatte wohl recht damit.

Nun, nach dem „Anschluß" Österreichs hatte er keine Wahl. Er fuhr nach New York. Dort war er bestens bekannt. Er hatte 1924 schon einmal dort ein Riesenspektakel inszeniert, eine Pantomime „Das Mirakel" und so etwas wie einen Sensationserfolg gehabt. Ein Nichts von einem Stück mit vielen hundert Statisten. Er war auch noch einmal nach New York gekommen mit seinen besten deutschsprachigen Schauspielern, um ein großes deutschsprachiges Repertoire vorzuführen, Schiller, Goethe, Shakespeare. Auch dieses zweite Gastspiel im Jahr 1927 war ein sicherer Erfolg geworden.

Aber nun kam er nicht als herbeigewünschter Gast, sondern als Flüchtling. Natürlich als Flüchtling de luxe. Er bewohnte eine der teuersten Suiten in einem der ersten Hotels New Yorks und ließ sich von Franz Werfel, damals ebenfalls ein Flüchtling, ein Ausstattungsstück schreiben über die Geschichte des jüdischen Volkes. „The Eternal Road" – frei übersetzt „Die ewige Wanderung". Er dachte, er könnte den „Mirakel"-Erfolg wiederholen. Anfangs, das heißt während der ersten Stunde der Premiere schien es auch so, aber dann verlor das Publikum merklich an Interesse. Die Kritiken waren noch voller Respekt, der Besuch war enttäuschend. Die Produktion mußte nach wenigen Wochen abgesetzt werden. Das war Reinhardt noch nie passiert.

Weniger verwundet als verwundert, fuhr er nach Hollywood, um – das war schon lange vorher ausgemacht worden – dort den „Sommernachtstraum" als Film zu inszenieren. Sein ehemaliger Schauspieler Wilhelm Dieterle, der drüben ein berühmter Filmregisseur geworden war, half ihm. Die beiden machten einen herrlichen Film, in dem Reinhardt den Knaben Mickey Rooney als Puck entdeckte und den Gangster-Spezialisten James Cagney als Komiker – er ließ ihn den Zettel spielen. Der Film wurde trotzdem kein Kassenerfolg. Jedenfalls spielte er seine Kosten nicht ein.

Die Nachwelt war übrigens einsichtiger als die Mitwelt. Der Film wurde immer mal wieder aufgeführt und jedesmal wurde er ein größerer Erfolg. Und er wird immer wieder aufgeführt werden.

Aber die Filmindustrie hatte Reinhardt abgeschrieben.

Er gründete in Hollywood eine Theaterschule. Alle, die unter ihm groß geworden waren, wie etwa Ernst Lubitsch oder Marlene Dietrich oder Ernst Deutsch halfen ihm. Die Schule war ein gewisser Erfolg. Viele Stars von heute wurden damals von Reinhardt ausgebildet und haben das auch später immer wieder betont.

Gelegentlich kam Reinhardt auch nach New York, um hier zu inszenieren. Bedeutende und erfolgreiche Dramatiker setzten sich für ihn ein. Thornton Wilder schrieb Stücke für ihn.

Aber er hatte keinen rechten Erfolg mehr. Keinen, wie er sie früher am laufenden Band hatte. Er war tief enttäuscht.

Ich erinnere mich noch eines Abends, an dem wir darüber sprachen; er fragte mich, ob ich nicht glaube, das „Mirakel" könne noch einmal ein Erfolg werden. Natürlich hätte es damals kein Erfolg mehr werden können. Ich riet ihm, sich doch auf kleine Stücke zu spezialisieren. Er konnte doch so gut mit Schauspielern arbeiten, obwohl Englisch nicht seine Muttersprache war. Aber er kam immer wieder auf das unselige „Mirakel" zurück.

Und dann erlitt er, unter nie ganz geklärten Umständen, einen Schlaganfall, war gelähmt, lag, ohne eine Bewegung machen oder ein Wort sprechen zu können, in seinem Bett in einem New Yorker Hotelzimmer. Viele, viele qualvolle Wochen lang, bis er dann verlöschte.

Albert Bassermann, der große deutsche Schauspieler, der nicht zuletzt wegen seiner jüdischen Frau ausgewandert war, obwohl ihm Goebbels alle nur erdenkbaren Angebote gemacht hatte, sagte, als er davon hörte, das war immerhin 1943, der Krieg also für Hitler schon verloren, eine Rückkehr absehbar: „Aber jetzt wäre es doch gar nicht mehr notwendig gewesen!"

Die Trauerfeier fand in einer kleinen Kapelle am oberen Broadway statt. Neben seiner Frau, seinen Söhnen aus erster Ehe und deren Frauen, waren nur die engsten Freunde geladen, zu denen auch ich mich zählen durfte. Erika Mann war da, Franz Werfel, Lion Feuchtwanger und Frau. Aber es kamen auch aus Hollywood die Dietrich, Dieterle und Lubitsch, Cagney, Billy Wilder, aus Washington Mrs. Roosevelt, der Bürgermeister New Yorks La Guardia, Thornton Wilder, Ernest Hemingway – keiner von ihnen geladen, sie hatten diesem großen Mann ganz spontan die letze Ehre erweisen wollen.

Als wir aus der Kapelle heraustraten, waren die Gehsteige des Broadways auf beiden Seiten mit Menschen besät, die sich drängelten, um einen Blick auf den Sarg zu werfen, der in einen Wagen geschoben wurde. Viele weinten. Sie weinten einem Berlin nach, das es nun nicht mehr gab und nicht mehr geben würde, das Reinhardt für sie stellvertretend dargestellt hatte. Sie weinten um eine untergehende Welt.

In Deutschland druckte natürlich keine Zeitung ein Wort von seinem Tod. Trotzdem sprach sich die Trauerbotschaft herum. Und in Berlin brachten einige wenige „seiner" Schauspieler den traurigen Mut auf, eine Trauerfeier zu veranstalten. Eduard von Winterstein und Paul Wegener waren wohl die Initianten. Es kamen nur wenige, es kam auch, zu seiner Ehre sei's gesagt, Gustaf Gründgens, der einst unter ihm gespielt hatte, und der jetzt das Staatstheater leitete, mit einem Ensemble, das im wesentlichen aus Reinhardt-Schauspielern bestand.

In Salzburg fand überhaupt nichts statt. Kein Wunder – Salzburg–Berchtesgaden – das war wohl die am schlimmsten im nazistischen Sinne verseuchte Ecke Groß-Deutschlands.

Als einige Jahre nach dem Krieg Gottfried Reinhardt, der Sohn, inzwischen ein bekannter Film-Produzent geworden, anregte, man solle doch die Leiche Reinhardts vom New Yorker Friedhof nach Salzburg bringen, wurde abgewinkt. Dies sei nicht möglich – angeblich aus Religionsgründen. Aber man bat den Sohn, darüber nicht zu sprechen.

Es dauerte viele Jahre, und es kostete einige Kämpfe bis man in der Gemeinde oder im Gemeinderat oder wie immer sich die zuständige Behörde nannte und nennt, sich entschloß, eine der Straßen der Stadt nach Reinhardt zu benennen. Wußte man denn nicht, was man ihm verdankte?

Ich mußte an eine Unterhaltung mit Reinhardt denken, die wir führten, als er beschlossen hatte, die Salzburger Festspiele zu gründen. Das war kurz nach Ende des Ersten Weltkrieges. Mitgründer war sein Lieblingsautor Hugo von Hofmannsthal, der, trotz seines Adels, jüdisch war. Er schlug vor, den beiden befreundeten Richard Strauss in das Gründungskomitee zu holen. Der Grund: „Sonst sagen die Salzburger, die Festspiele seien wieder so eine jüdische Sache."

Bergner! Bergner! Bergner!

Fritz Kortner, in den zwanziger Jahren ein prominenter Schauspieler in Berlin, pflegte zu sagen: „Ganz Berlin hat ein Verhältnis mit der Bergner!" Was natürlich im übertragenen Sinn gemeint war. Immerhin: Nach ihren Aufführungen pflegte das Publikum eine halbe Stunde zu rufen: „Bergner! Bergner! Bergner!"

Und Ähnliches geschah ein paar Jahre später in London und wieder einige Zeit darauf in New York.

Was Verhältnisse im wörtlichen Sinn angeht: Die Bergner war nicht so. Was den Kollegen Kortner anging, so hätte er wohl gerne ein Verhältnis mit ihr gehabt – er wollte mit so vielen Frauen ins Bett – aber im Fall Bergner war das schon deshalb nicht möglich, weil sie ihn nicht mochte. Als sie einmal mit ihm als Shylock die Portia im „Kaufmann von Venedig" spielte, wurde es zwar ein Riesenerfolg, aber er bereitete ihr irgendwie keine Freude. Nach nur wenigen Wochen erklärte sie, ihre Rolle abgeben zu wollen. Allgemeines Bedauern – nur Kortner meinte, so schlimm sei es nicht, das Publikum käme wohl nicht, um sie zu sehen, sondern seines Shylocks wegen. Aber als sie nicht mehr spielte, kam das Publikum nicht mehr. Der „Kaufmann" wurde abgesetzt.

Um noch einmal auf das „Verhältnis" oder die „Verhältnisse" zu kommen: Man betete die Bergner zwar an, aber sie war nicht eine vor allem Begierden weckende Schauspielerin, wie so viele berühmte und schöne Schauspielerinnen – wenn man alles, was über sie geschwatzt wurde, glauben darf, die Garbo oder die Dietrich oder die junge Signoret, die Mistinguett und

Unzählige noch. Aber die Wirkung der Bergner war eine ganz andere.

Ich kann darüber sprechen, nicht nur, weil ich sie unzählige Male gesehen habe auf der Bühne, im Film und privat: Sie war meine erste große Liebe – fast ein Jahr lang. Und ich glaubte damals, wir würden ewig zusammenbleiben. Ich war allerdings noch nicht ganz neunzehn und Student in München. Leider war ich nie ihre große Liebe, ganz natürlich, sie war ja auch fünf Jahre älter und etwas erfahrener. Vielleicht nicht so sehr, was körperliche Liebe anging, die interessierte sie erstaunlich wenig, übrigens ein Leben lang, wie sie noch viele Jahre später, als sie schon eine alte Dame war, lachend bestätigte. Seltsam, aber wahr.

München also: Ich sah sie zum ersten Mal in einem Schwabinger Lokal „Akropolis", einer Kneipe, wo viele Künstler verkehrten. Sie machte, was sie später als Star nie mehr tat, auf Star. In einem sehr auffälligen Kleid, dessen langen Rock sie auf dem Boden nachschleifte, was gar nicht in dieses Lokal paßte, mit einer überlangen Zigarettenspitze rauschte sie dauernd hin und her, von einem Tisch zum anderen. Aber sie war beileibe noch kein Star, nicht einmal eine Schauspielerin, vor der man glaubte, sie werde irgendwann an die Spitze gelangen. Sie wurde zu Anfang ihrer Münchner Zeit kaum beachtet – erstaunlicherweise.

Von mir schon. Ich verliebte mich Hals über Kopf in sie. Ich brachte ihr Blumen ins Theater, die alten Kammerspiele in der Augustenstraße, im Krieg dann zerbombt. Ich ging immer hin, wenn sie spielte. Ich wartete stets am Bühneneingang auf sie, um ihr zu danken. Schließlich, das mochte zwei oder drei Wochen später sein, und wir hatten kaum ein Dutzend Worte gewechselt, nahm sie mich mit nach Hause. Sie machte mich überglücklich. Ob sie selbst es war?

Nach einem kurzen Studium an einer städtischen oder staatlich subventionierten Theaterschule im heimatlichen Wien, wo sie von niemandem besonders beachtet wurde oder werden wollte, denn sie tat alles, um nicht aufzufallen – warum wohl? – das erste Theaterengagement: Innsbruck: Der dortige Theaterdirektor warf sie nach wenigen Monaten raus wegen „totaler Unbegabung". Er war wohl hirnverbrannt, damals eine Seltenheit, heute die Regel bei Theaterdirektoren, wie wir alle zu unserem Leidwesen erfahren haben und noch immer erfahren.

Der deutsche Direktor des Stadttheaters Zürich holte sie 1917. Sie spielte meist am Pfauentheater, so genannt nach dem Pfauen, dem Platz, an dem es stand. Später nannte sich das Theater Schauspielhaus und gelangte zu Weltruhm. Damals war es nichts als die Dépendance des viel größeren Stadttheaters. Dort spielte man Opern, Operetten und die großen klassischen Stücke, die Aufwand erforderten, etwa Schiller, Shakespeare. Am Pfauen spielte man die Kammerspiele, die um die Jahrhundertwende in Mode gekommen waren, also Ibsen, Strindberg, französische Salon-Komödien, viel Wedekind. Der kam gelegentlich selbst ans Theater und spielte in seinen eigenen Stücken mit, meist die Hauptrollen. Er verliebte sich ein bißchen in die Bergner, die ihn überhaupt nicht mochte. Nicht zuletzt, weil sie ihn als Schauspieler so unerträglich fand. Da war Alexander Moissi schon ein anderer! Moissi, jahrelang das Idol von Berlin, war, obwohl kein Deutscher, als Freiwilliger für Deutschland ins Feld gezogen, lernte fliegen, geriet bei seinem ersten Flug in die Hand der Franzosen, die ihn in die Schweiz entließen, um ein Lungenleiden auszukurieren, mit der Auflage, nicht nach Deutschland zurückzukehren.

Das war die Chance für den Züricher Theaterdirektor, Moissi auftreten zu lassen. Auch Moissi verliebte sich sofort in die Bergner. Sie gab ihm einen Korb. Erstaunlich, denn der blendend aussehende und sich bezaubernd gebende Moissi konnte eigentlich jede Frau haben. Und gerade das war der Grund für die junge Bergner, seinem Drängen nicht nachzugeben. Aber man muß für Moissi sagen, daß er, nach Berlin zurückgekehrt, seinem Theaterdirektor Max Reinhardt sofort von der Bergner erzählte, und ihm riet, sie nach Berlin zu holen.

Vorerst holte sie der bedeutendste Theaterdirektor und Regisseur Otto Falckenberg nach München, an die Kammerspiele. Sie war nicht glücklich dort, obwohl sie einige Erfolge hatte. Wie sie sagte: „An die Rollen, die ich spielen sollte, komme ich nicht ran!" Grund: Falckenberg war mit Sybille Binder verheiratet, die sehr schön war, viel schöner als die Bergner etwa, und übrigens auch eine vorzügliche Schauspielerin. Und die bekam natürlich die Rollen, von denen Liesl, wie wir sie alle nannten, meinte, daß sie ihr zuständen. Sie bekam aber auch so einiges zu spielen.

Und sie nahm ihren Beruf sehr ernst. Sie arbeitete an ihren Rollen, auch nach den Proben. (Den jungen Schauspielerinnen von heute, die meinen, sie brauchten zu Hause nicht mal den Text zu lernen, ins Stammbuch.) Liesl brauchte immer jemanden, an dem sie alles ausprobieren konnte. Das war eine Zeitlang ich. Ich durfte sie abhören, als sie den Puck im „Sommernachtstraum" studierte – sie hatte vorher in der gleichen Inszenierung die Titania gespielt. Sie wurde ein sensationeller Puck, vielleicht der hintergründigste und doch lustigste unserer Zeit. Jedenfalls auf dem deutschsprachigen Theater.

Sie, die auf der Bühne so leicht und selbstverständlich wirkte, machte es sich unheimlich schwer. Was auch immer ihre Regisseure und Kollegen ihr an Lob spendeten, vor allem, daß sie „richtig" sei, sie meinte, sie könne es doch noch besser machen. Sie hätte, das sagte sie oft, am liebsten nie aufgehört zu probieren und es nie zur Aufführung kommen lassen. Sie betrachtete das, was sie gab, nie als endgültig. Das war wohl der Grund dafür, daß sie so lange, bis auch die geduldigsten Regisseure die Geduld verloren, nur markierte anstatt „ganz einzusteigen". Noch in der Generalprobe hielt sie das Buch krampfhaft in der Hand, obwohl sie jede Silbe ihrer Rolle kannte, und sie machte zu dieser Generalprobe zum ersten Mal Maske, was auch sehr ungewöhnlich war.

Und vor allem, und dies war noch erstaunlicher, sie kam nie vom Lampenfieber los. Ich habe es oft genug erlebt, daß sie auch noch vor der x-ten Aufführung, als nichts mehr schiefgehen konnte, sich erbrach. Als sie dann auf der Bühne stand, war alles anders und wie selbstverständlich.

Gegen Ende der zweiten Münchner Spielzeit kündigte sie Falckenberg. Der war verblüfft, neunundneunzig von hundert deutschsprachigen Schauspielern wären glücklich gewesen, an den Münchner Kammerspielen unterzukommen. Er verstand die Bergner nicht recht. Er vermutete wohl, daß sie zu Reinhardt nach Berlin gehen würde. Im Theater gibt es ja keine Geheimnisse. Man wußte, daß Moissi Reinhardt auf die Bergner aufmerksam gemacht hatte, man wußte auch, daß Reinhardt ihr einen Vertrag angeboten hatte. Allerdings hatte er es nie für nötig befunden, sie sich anzusehen oder sie auch nur eingeladen, bei ihm mal vorzusprechen. Das hatte sie verletzt.

Nein, sie ging nicht zu Reinhardt. Später, viel später erklärte sie mir: „Warum sollte ich? Max" – sie nannte ihn später Max – „hatte so viele junge Schauspielerinnen, die meine Rollen spielten." Sie dachte wohl vor allem an Helene Thimig, eine wirklich herrliche Schauspielerin, die sehr viele Rollen spielte, die Liesl auch hätte spielen können, und die den Vorteil hatte, Reinhardts Freundin zu sein. Die er erst in den dreißiger Jahren heiraten sollte. Aber soweit sind wir noch nicht.

Nein, die Bergner ging nicht nach Berlin, sondern – zur Konkurrenz, an das Staatstheater München. Der Grund war, daß man ihr die weibliche Hauptrolle in dem neuen Stück von Hofmannsthal „Der Schwierige" anbot. In München fand die Uraufführung statt – erstaunlicherweise, denn bisher hatte Reinhardt alle Stücke von Hofmannsthal uraufgeführt. Aber aus irgendeinem Grund war ihm das damals nicht möglich und so vergab Hofmannsthal die betreffenden Rechte an München. Und die Bergner war einmalig als Helene, eine Rolle, die dann später bei Reinhardt – das hatte die Bergner schon geahnt –, die Thimig spielen sollte, übrigens auch herrlich.

Die Bergner spielte dann noch „Der Widerspenstigen Zähmung" am Staatstheater, aber sie wußte: Berlin war die Theater-Hauptstadt der Welt, nach Berlin mußte sie.

Wenn auch nicht unbedingt zu Reinhardt, gegen den sie die besagten Vorbehalte hatte. Sie spielte erst einmal an Viktor Barnowskys Lessingtheater in einem neuen Stück „Der lasterhafte Herr Tschu" und riß die Berliner Theaterkritik sofort mit. Sie spielte dann, ebenfalls noch bei Barnowsky „Wie es Euch gefällt", ein Stück, mit dem sie schon in Zürich und später in München Triumphe gefeiert hatte. Und auch noch „Was Ihr wollt".

Barnowsky fand, wenn man schon eine Shakespeare-Hosenrolle spielt, soll man auch die andere spielen. So was mochte die Bergner eigentlich nicht. Aber was sollte sie tun? Der Erfolg dieses zweiten Shakespeare war vorprogrammiert. Sie hätte ihn dreihundert Mal spielen können. Aber sie spielte ihn nur einige Monate lang und ging dann doch zu Reinhardt.

Um diese Zeit war ich nicht mehr mit ihr befreundet, genaugenommen wir ich es schon nicht mehr, seitdem sie von den Münchner Kammerspielen an das Staatstheater gewechselt hatte. Ich studierte damals gar nicht mehr in München, sondern in Heidelberg, aber ich benutzte jede freie Minute, um nach München zu fahren – natürlich ihretwegen. Und da geschah etwas, was ich nicht für möglich gehalten hatte. Just an dem Abend des Tages, an dem ich wieder einmal in München angekommen war, sagte sie mir, sie hätte keine Zeit für mich. Ich weiß nicht mehr genau, was sie als Grund angab, ich glaube, sie sagte, sie fühle sich nicht wohl und sie müsse nach der Vorstellung sofort ins Bett. Ich war mißtrauisch, wie nur ein sehr junger Mensch es sein kann und postierte mich vor dem Hause, in dem sie wohnte. Und sah sie mit einem anderen ankommen und verschwinden. Eine Welt brach zusammen – für mich, nicht für sie, die nur verwundert war, daß ich nicht mehr mit ihr reden wollte, ja, durch sie hindurch sah, was ich auch viele Jahre durchhielt.

Ich dachte, wir würden nie wieder miteinander reden. Ein abgeschlossenes Kapitel, dachte ich – damals.

Bei Reinhardt spielte sie viele Rollen. Manchmal im Deutschen Theater, manchmal in den Kammerspielen. Unvergeßlich ihr „Fräulein Julie", unvergeßlich der „Kreidekreis", den der lungenleidende Dichter Klabund auf ihr Anraten hin nach einem chinesischen Stück schrieb oder er schrieb das chinesische Stück um, genau weiß ich das selbst nicht mehr.

Der größte Triumph war allerdings „Die Heilige Johanna" von Bernhard Shaw – die deutsche Erstaufführung, unter der Regie von Reinhardt. Reinhardt hatte das Stück – natürlich – mit der Thimig besetzen wollen, die sicher ganz ausgezeichnet gewesen wäre, aber ebenso falsch wie die Bergner. Denn Shaw hatte sich für seine „Heilige Johanna" ein deftiges Bauernmädel vorgestellt. Er dachte für die deutsche Aufführung an die Schauspielerin Käthe Dorsch, die er einmal gesehen hatte – er kam nicht oft, aber doch gelegentlich nach Berlin. Freunde rieten ihm zur Bergner, sie verbürge einen hundertprozentigen Erfolg. Reinhardt sah sich vor die Wahl gestellt: Entweder er machte das Stück mit der Bergner oder er würde die Erstaufführung des Stückes gar nicht bekommen. Er nahm natürlich die Bergner.

Um es gleich hier zu sagen: Er wußte um die überragende Begabung der Bergner – die sah auch der letzte Inhaber eines Stehplatzes auf der Galerie –, aber irgendwie lag sie ihm nicht. Und irgendwie lag er ihr nicht. Später sagte sie einmal zu mir – damals sprachen wir ja nicht miteinander: „Er brachte mich nie zum Blühen!" Was nicht stimmt. Sie war herrlich unter ihm. Ich zumindest kann mir nicht vorstellen, daß ein anderer mehr aus ihr herausgeholt hätte. Er war auch, was ihre oben bereits erwähnten Mucken anging, wie ein Lamm. Nie der große Regisseur, der einer Schauspielerin hätte sagen können, sie solle doch nun, zum Teufel, das Buch weglegen, sie solle nicht markieren, sondern spielen! Er nahm alles hin. Und, wie gesagt, sie wurde herrlich.

A propos nicht miteinander sprechen. Reinhardt redete mich mal darauf an. Er sagte, „Du warst einmal so gut mit der Bergner, warum redest Du nicht mehr mit ihr ...?"

Und ich: „So gut nun wieder auch nicht!" Was eine Lüge war. Und fügte etwas verlegen hinzu: „Sie macht sich wohl auch gar nichts aus mir ..."

Und Reinhardt lächelte belustigt.

Um diese Zeit hatte ich mein Studium beendet und war Journalist geworden, mit der besonderen Spezialität Sport. Ich war als Sportjournalist schon bekannt auch in Theaterkreisen, besonders da ich über Sportereignisse schrieb, die von Schauspielern besucht wurden: Boxen, Sechstagerennen, auch Tennis. Vor allem Boxen. Nach dem Krieg erzählte mir der Schauspieler Emil Jannings, er sei drauf und dran gewesen, eine meiner Novellen, die von einem Ringkampf handelte, zu verfilmen –

aber dann kam Hitler. Also, ich war schon jemand in Berlin. Und die Bergner war, wie bereits gesagt, der große Star.

Sie ließ mich in der Nacht während eines Sechstagerennens von der Pressetribüne des Berliner Sportpalastes holen, und wir sprachen uns länger als eine Stunde aus.

Über was wir sprachen? Ich weiß es nicht mehr. Sicher nicht über Sport. Gewiß, sie war auch aufs Sechstagerennen gekommen, das tat „man" damals eben, das gehörte dazu, besonders wenn man berühmt war. Wir sprachen wohl auch nicht sehr viel über Theater. Ich erinnere mich noch, daß sie mir ihre ständige Verwunderung kundtat – und das tat sie wirklich nicht nur mit Worten, sondern auch mit ihren Augen, die einen dann immer etwas erstaunt und fragend ansahen – ihre Verwunderung über den großen Erfolg, den sie hatte. Auf der Bühne, nicht persönlich. Nicht als Frau. Noch einmal: Sie war keine Frau, die einen erregte, will sagen, von der man träumt, wie sie im Bett sein würde. Sie war überhaupt keine Frau und wurde es nie, sondern ein Mädchen. Oder besser noch, ein als Mädchen verkleideter Junge – so müssen wohl die Jungen gewesen sein, die in Shakespeares Globe Theater die Mädchen spielten. Sie war klein, sehr schmal, auch in den Schultern, die kurzen Haare fielen ihr immer ins Gesicht, unvergeßlich die Bewegung des Kopfes, mit der sie sie zurückwarf, unvergeßlich ihr Augenaufschlag, unvergeßlich ihre zarte, nein, zärtliche Stimme. Zärtlich, ja, das war sie wohl, selbst wenn sie später, viel später eine Morphinistin spielte und ihre Stimme einen fast rauhen Ton bekam. Und da war noch etwas: Man spürte, daß sie immer bereit war, immer gespannt, auch wenn sie sich noch so lässig gab. Gespannt wie ein Florett!

Aber nun zurück zum Sportpalast. Wir wandelten also immer um die Sechs-Tage-Bahn herum, da gab es so einen Gang, der um diese Zeit ziemlich verlassen war. Ich weiß nicht wie lange wir herumgewandert sind. Mit einem Mal sahen wir einen jungen Mann auf uns zustürzen, ein Papier und einen Bleistift – oder vielleicht war es ein Füllfederhalter – in der Hand.

Die Bergner seufzte: „O Gott, nicht einmal hier ist man vor Autogrammjägern sicher!"

Der junge Mann hielt vor uns an und schöpfte dann Atem und wandte sich – an mich. „Herr Riess, ich hätte gerne ein Autogramm!"

Für ihn war ich, der Sportreporter, wichtig. Wer die Bergner war, ahnte er wohl nicht einmal.

Sie lachte lauthals. „Da siehst Du mal, was Ruhm ist!"

Ich sagte: „Ein bißchen berühmter bist Du doch noch!"

Damals machte sie schon Filme und zwar unter einem Regisseur, der als nicht gerade der ersten Garde zugehörig galt, aber von dem man wußte, daß Frauen ihn mochten. Er hieß Paul Czinner, sah blendend aus. Die Leute munkelten sogar, daß er sich von Frauen aushalten ließ, was aber sicher nicht stimmte. Ich war verwundert, daß sie gerade mit ihm Filme machte. Es gab doch bessere Filmregisseure, vor allen Dingen solche, die ihrer würdiger waren.

Aber die Filme, die sie mit Czinner machte, waren sehr gut. Sie „halten" noch heute.

Und dann hörte man, daß sie mit ihm lebte. Ich war einmal dabei, als irgendjemand sie nicht gerade taktvoll fragte, ob das stimme. Sie wurde heftig. Ob das jemanden was angehe? Das ging natürlich niemanden etwas an.

Und dann verschwand sie mit ihm nach London. Um einen Film mit ihm zu machen. Und man hörte, sie habe ihn in London geheiratet. Es ging wohl nicht anders, die Engländer waren ja, zumindest damals, noch ein bißchen prüder, es ging wohl nicht an, daß eine Frau, die im Mittelpunkt eines Filmens stand, mit einem Mann, der nicht ihr Mann war, lebte.

Die gesamte Theaterbranche prophezeite, die Ehe würde kein halbes Jahr halten. Sie hielt bis zu seinem Tod.

Die Bergner kam nach Berlin zurück, um wieder Theater zu spielen, aber sie fühlte sich nicht mehr wohl, obwohl ihre Erfolge nichts zu wünschen übrig ließen.

Sie spielte damals mit Werner Krauß „Gabriel Schillings Flucht" von Gerhart Hauptmann. Nur ein paar Wochen, denn in London wollte man einen weiteren Film mit ihr drehen. Auf die Bitten von Werner Krauß verlängerte sie ihr Gastspiel. Aber sie spielte dann doch nicht länger als ursprünglich ausgemacht.

Der vor Empörung geschüttelte Krauß mußte ihr mitteilen: „Die wollen Dich nicht mehr!"

Das war wohl für sie der entscheidende Grund, auszuwandern. Was geschah, obwohl ihr alle Freunde abrieten, Hitler werde gar nicht an die Macht kommen und wenn, würde ihr schon gar nichts geschehen. Ihr Entschluß war gefaßt. In London lehnte sie ab, einen weiteren Film zu machen oder auch nur darüber zu sprechen. Sie büffelte Tag und Nacht Englisch, um es akzentfrei sprechen zu können und erst dann aufzutreten.

Dazwischen kam sie immer mal wieder auf den Kontinent. Einmal machte sie Ferien in Garmisch-Partenkirchen, in einem ihr sehr lieb gewordenen Sanatorium. Ein Telephonanruf von Werner Krauß: „Du mußt weg! Elisabeth, Du mußt sofort weg!" Auf nähere Erklärungen ließ er sich nicht ein. Das war vielleicht damals schon zu gefährlich, obwohl es noch Monate dauern sollte, bis das Dritte Reich ausbrach.

In London spielte sie dann Theater. Gleich ihr erstes Stück war ein ungeheurer Erfolg. Sie hätte es unendlich lang spielen können, sie spielte es auch zwei Jahre lang oder vielleicht etwas länger. Shaw bemühte sich um ihre Freundschaft, er wollte sie unbedingt auch auf Englisch als Heilige Johanna sehen. Sir James Barrie, der früher sehr erfolgreiche Stücke geschrieben hatte, vor allem das über Peter Pan, den Jungen, der nie erwachsen werden wollte, schrieb ein Stück für sie, das allerdings trotz aller Bemühungen, trotz seines Rufs und ihrer Beliebtheit durchfiel.

Zu ihren Fans gehörte auch die Königin, die höchstpersönlich dafür sorgte, daß sie früher britische Bürgerin wurde als das sonst üblich ist. Sie war ihr Liebling.

Und dann kam der Krieg. Und dann machte sie einen Film, zu dessen Außenaufnahmen sie mit der gesamten Crew nach Kanada fahren mußte. Und nun machte sie einen entscheidenden Fehler, einen der wenigen Fehler ihres Lebens, aber einen so schwerwiegenden, daß sie sich eigentlich von dessen Folgen nie wieder erholen sollte. Sie kehrte nicht in das bedrohte und bombardierte London zurück, sie zog es vor, von Kanada aus in die Vereinigten Staaten zu fahren. Das nahm man ihr in England sehr übel – und sicher mit Recht, – und sollte es ihr Zeit ihres Lebens übel nehmen. Sie fuhr erst einmal – natürlich immer mit ihrem Mann – nach Hollywood, aber dort gefiel es ihr ganz und gar nicht. Jedenfalls behauptete sie das. Der eigentliche Grund dafür, daß sie nicht in Hollywood bleiben wollte, war, daß man zwar jederzeit bereit war, einen Film mit ihr zu machen oder vielleicht deren mehrere – alle ihre englischen Filme waren ja Riesenerfolge auch in Amerika geworden –, aber nicht mit ihrem Mann als Regisseur. Und den wollte sie unter allen Umständen haben. Sie ging nach New York und spielte einen Reißer – hier hatte Czinner wieder Regie – und den konnte sie auch so lange spielen wie sie wollte.

Als sie lange nach Kriegsende nach London zurückkehrte, war alles ganz anders. Shaw war tot, Barrie war tot, auch ihr Impresario, der Theaterkönig Cochran; sie bekam nur noch eine Rolle und fiel damit durch. Dann entschloß sie sich, gelegentlich, aber wirklich nur gelegentlich, nach Deutschland zurückzukehren. Schon ihr erster Auftritt war ein Riesenerfolg. Sie spielte nicht Theater – sie las aus der Bibel. Später spielte sie gelegentlich Theater, immer mit großem Erfolg, aber immer nur befristet. Ihr Mann filmte Opernaufführungen in Salzburg. Aber die beiden blieben nie mehr lange auf dem Kontinent.

Später, nach seinem Tod, erschien sie dann noch zu dem einen oder anderen Fernsehfilm. Sie sah sich auch viele Theateraufführungen an. Sie war natürlich ein bißchen neugierig, die Schauspielerin zu sehen, die ich geheiratet hatte: Heidemarie Hatheyer. Sie erklärte sofort, sie wolle ein Stück mit der Hatheyer inszenieren. Sie hielt viel von ihr. Die Hatheyer hielt noch mehr von der Bergner. Sie sah ihre alten Filme, sie sah ihre neuen Fernsehfilme und sie erklärte jedem, der es hören und nicht hören wollte: „Fünf Minuten Bergner sind mehr als wir alle in einem Leben geben konnten!"

Es kam nicht mehr zu dem Experiment Bergner – Hatheyer. Die alte Bergner – sie ging auf fünfundachtzig – zog sich mehr und mehr zurück. Sie ging kaum noch aus, aber sie war immer sehr froh und auch sehr lustig, wenn man sie in ihrem Apartment am Eaton Square besuchte. Sie wußte, daß sie nicht mehr lange zu leben hatte, die Ärzte hatten ihr reinen Wein eingeschenkt: Krebs.

Ungefähr drei Monate vor ihrem Tod rief ich sie einmal an. Ich hatte ein Stück gelesen mit einer wundervollen Rolle für sie.

Sie sagte: „Es ist zu spät. Ich würde spätestens einen Tag vor der Premiere sterben." Und sie lachte.

Ach, Liesl ...

Der arme Bert Brecht

Ich war noch nicht befreundet mit ihm, aber ich kannte ihn schon ganz gut, als ich ihn während einer der letzten Proben, Ende August 1928, im „Theater am Schiffbauerdamm" zu Berlin wieder einmal traf. Ich hatte ihn Anfang der zwanziger Jahre in München kennengelernt, wo viele Jahre vorher sein erstes Stück „Trommeln in der Nacht" herausgekommen war. Genau genommen war es sein zweites Stück, das erste „Baal" wurde erst später aufgeführt, in einer Berliner Matinee, und diese erste und für lange Zeit letzte Theateraufführung endete mit einem Theaterskandal sondergleichen.

Bei der Probe am Schiffbauerdamm, wo jeder in das Theater hinein konnte, der Lust dazu hatte, ging alles wild durcheinander. Brecht schrieb noch immer Texte und redete dem Regisseur Erich Engel dauernd in seine Anweisungen hinein. Die Schauspieler waren ziemlich unlustig, und nur in einem Punkt sich einig: daß nämlich das Stück, es hieß „Die Dreigroschenoper", allenfalls einmal durchgespielt werden könne, sicher nicht mehr als zwei- oder dreimal, denn es würde zu einem Theaterskandal kommen.

Auch ich hatte diesen Eindruck. Zum Teil war gar nicht verständlich, was da probiert wurde, schon gar nicht, wenn Musik einsetzte. Im Foyer hämmerte Kurt Weill auf einem alten Piano herum. Er komponierte ständig etwas Neues. Alle Welt war nervös, nur Brecht blieb erstaunlich ruhig, allerdings wohl nur äußerlich. Er hatte stets neue Wünsche. Als er mich sah, setzte er mich sofort ein. Ich solle doch den und den Schauspieler zu ihm holen und jenem Schauspieler dies oder das sagen. Er hielt es für selbstverständlich, daß man ihm jeden, von ihm gewünschten Gefallen tat. Oder war es ein Befehl?

Einmal, und das war genau an dem Tag vor der Premiere – denn ich fuhr nun zu allen Proben der „Dreigroschenoper", die mich amüsierten, nicht das Stück, sondern die Proben, mußte ich sogar den Dresdner Schauspieler Erich Ponto aus einem Zug holen, in dem er bereits saß, um in das heimatliche Dresden zurückzukehren. Daß die Premiere noch stattfinden würde, glaubte er längst nicht mehr, wie inzwischen fast alle Mitwirkenden. Nur Brecht und der Komponist Kurt Weill nicht.

Die Premiere schien uns recht zu geben. Während der etwas seltsamen Ouvertüre – einer Fuge – zeigte sich das Publikum befremdet. Niemand klatschte. Niemand lachte während der ersten Szene. Das geschah erst ungefähr eine halbe Stunde nach Beginn. Bei dem längst berühmten „Kanonensong" reagierten die Zuhörer endlich. Dann allerdings mit lawinenartigem Beifall. Und von da an war das Stück ein Riesenerfolg. Wenn ich nicht irre, lief es dann überall, allerdings nur in deutschsprachigen Ländern. Später sollte sich auch das ändern.

Wie gesagt, ich kannte diesen merkwürdigen Brecht. Mir hatte sein erstes Stück gefallen, mich interessierte dieser junge Mann – er war nur vier Jahre älter als ich, aber sehr viel reifer. Er kam, was man ihm nicht ansah, aus besseren Kreisen in Augsburg. Der Vater war Direktor, und wenn ich nicht irre auch Besitzer einer größeren Fabrik. Aber der Sohn wollte nicht in diese Fabrik. Er wollte schreiben, vor allem fürs Theater schreiben.

Reinhardt holte ihn nach Berlin als Dramaturg ans Deutsche Theater. Er wohnte fast allen Proben des großen Theatermannes bei, für den er auch später immer Bewunderung äußerte. Es war sehr selten, daß er für einen anderen Menschen ein gutes Wort hatte.

Seine einzige „Tat" während dieser Zeit war die Umarbeitung des letzten Aktes der „Kameliendame" für die Bergner, die er bewunderte. Die Aufführung dieses Stücks, das überall ein Erfolg gewesen war, fiel prompt durch, trotz der Bergner, die eigentlich für die Hauptrolle wie geschaffen war.

A propos Bergner. Sie blieb bis an ihr Ende überzeugt von der großen Begabung Brechts, aber sie hat dann nie wieder ein Stück von ihm gespielt, auch nicht „Der gute Mensch von Sezuan", den Brecht für sie geschrieben hatte. Und sie mochte ihn nur künstlerisch, nicht persönlich.

An dieser Stelle muß gesagt werden, daß Brecht eine seltsame Wirkung auf Frauen hatte. Sie fielen ihm zu. Und er nützte das auch weidlich aus. Und obwohl er nie im Traum daran dachte, der einen oder anderen treu zu sein – und sei es auch nur für ein paar Wochen – geriet er immer außer sich, wenn eine, die ihn verlassen hatte, irgend eine andere Bindung einging oder gar heiraten wollte. Er schrieb dann zornige Briefe und führte zornige Telefongespräche und schäumte vor Wut. Als ob eine Frau, die einmal mit ihm ins Bett gegangen war, nun für immer sein Eigentum wäre! Diese seine Wirkung auf Frauen war um so rätselhafter, als Brecht alles andere als ein homme à femmes war. Mittelgroß, fast dürr, sah er eher wie ein Sträfling aus, denn ein Sohn aus gutem Hause. Er trug eine Art Uniform, die er selbst erfunden hatte, die nie gebügelt und meist von Schmutzflecken übersät war. Seine Hemden waren offenbar wochenlang nicht gewaschen. Er trug sein Haar meist kurzgeschoren. Er war nie frisch rasiert, von gewaschen keine Rede. Nur die Augen ... Die hatten etwas Besonderes. Aber die sah man eigentlich nur, wenn, was selten geschah, er die Nickelbrille abnahm. Nein, er sah eigentlich wenig erfreulich aus.

Aber zurück zu seinem Werk. Schon vor der „Kameliendame" und auch nachher schrieb er sogenannte Lehrstücke. Was wollte er lehren? Den Marxismus, den er inzwischen studiert hatte und dem er geradezu hörig wurde? Nun, heute muß man schon seine gesammelten Werke durchblättern, um auf diese Lehrstücke zu stoßen. Sie wurden damals nur einige wenige Male aufgeführt und seither überhaupt nicht mehr.

Sein einziger echter Erfolg in den zwanziger Jahren war eben die „Dreigroschenoper". Auch „Mahagonny" war kein echter Erfolg, obwohl Weills Musik vielleicht noch stärker war als die der „Dreigroschenoper".

Als Hitler kam, war Brecht einer der Ersten, die auswanderten, zusammen mit seiner Frau, der Schauspielerin Helene Weigel und einer Sekretärin. Oder waren es zwei Sekretärinnen? Er tat recht daran, denn man hätte ihn ohne Zweifel sehr bald verhaftet und vermutlich umgebracht. Er sah sich um. Zürich? Wien? Er entschloß sich für Dänemark, wo er billig leben konnte und ungestört arbeiten. Später, als er das Gefühl hatte, in Dänemark nicht mehr sicher zu sein, zog er nach Finnland weiter. In jenen Tagen trafen wir uns kurz in Zürich und, wenn ich mich nicht irre, wenig später in Paris, wo er aber nur zwei oder drei Tage blieb.

Und dann wieder in New York. Ich war dort Korrespondent des Paris-Soir, vor allem, oder zumindest in den ersten Jahren, Sportkorrespondent. Der Komponist Hanns Eisler, der an Stelle Kurt Weills getreten war – Weills Musik wurde dem kommunistischen Brecht zu kulinarisch – teilte mir mit, daß Brecht nach New York kommen würde. Er äußerte die Besorgnis, daß er bei der Landung in Schwierigkeiten geraten würde, und ich fuhr also in die Quarantäne hinaus, wie Journalisten das durften, zusammen mit den Einwanderungsbeamten, die ich natürlich mittlerweile gut kannte, und denen ich zuredete, Brecht keine Schwierigkeiten zu bereiten, er sei ein großer Dichter. Es geschah auch weiter nichts. Vielleicht wäre er auch ohne meine Hilfestellung nach Amerika hereingelassen worden.

Er folgte ja einer Einladung. Das „Union Theater" wollte seine „Mutter" frei nach Gorki aufführen.

Wir sahen einander fast täglich. Er unterhielt sich mit mir über die Arbeiten, die er in der Emigration geschrieben hatte und schenkte mir einige hektographierte Exemplare von Gedichtheften mit persönlicher Widmung. Er hatte den Plan, ein Stück über Hitlers Aufstieg zu schreiben und wollte ihn mit den amerikanischen Gangstern in Vergleich setzen, gewissermaßen parallelisieren. Er war begeistert, daß ich durch meine journalistische Arbeit so viel über diese Gangster wußte, und ich lieferte ihm dann auch Material zu dem, was später „Der unaufhaltsame Weg des Arturo Ui" werden sollte. Ich glaube mich übrigens zu erinnern, daß er die erste Fassung bereits konzipiert oder gar geschrieben hatte, aber mein „Material" mit Begeisterung quittierte.

Wir gingen oft zu Boxkämpfen, die ihn faszinierten und zu Sechs-Tage Rennen, die er liebte – wie schon in Berlin. Er wollte unbedingt den Sechs-Tage Fahrer Reggie McNamara, über den er immer hatte etwas schreiben wollen, kennenlernen, und ich fuhr mit ihm nach New Jersey – ungefähr eine Dreiviertelstunde Fahrtweg –, um die beiden bekannt zu machen. Das Treffen wurde eher ein Anti-Klimax. Denn McNamara war eben ein Sechs-Tage Fahrer und sonst gar nichts und wußte nicht wer Brecht war, noch was der von ihm wollte.

Während den Proben zur „Mutter", denen ich natürlich beiwohnen „mußte", gab es einen Skandal. Brecht war gar nicht mit der Art der Inszenierung einverstanden, konnte zwar kaum zehn Worte Englisch, aber die Amerikaner, obwohl sie kein Deutsch sprachen, verstanden sehr wohl, als er dauernd das Wort „Scheiße"! brüllte. Die betreffende Probe wurde abgebrochen und der Regisseur bat mich, Brecht auf Deutsch mitzuteilen, daß er das Haus verlassen solle. Was er auch tat, gefolgt von dem ebenfalls oder vielleicht auch nur aus Kameradschaftlichkeit empörten Eisler.

Ich besuchte dann die Premiere mit der Frau Eislers, der bildhübschen Lou. In den Pausen mußten wir immer wieder in eine Cafeteria über die Straße, wo Brecht und Eisler in finsterem Schweigen verharrten, um Bericht zu erstatten. Das Stück wurde übrigens kein Erfolg, wäre es wohl auch nicht geworden, hätte Brecht dazwischenreden dürfen. Und wenige Tage später fuhr er nach Europa zurück. Am Pier versprach er noch: „Ich werde nie wieder in dieses verfluchte Land zurückkehren!"

Diesen Schwur brach er bald. Und zwar kurz nach Anfang des Kriegs. Noch waren weder Rußland noch die Vereinigten Staaten in den Krieg eingetreten, aber Brecht fühlte sich in Finnland nicht mehr sicher. Logischerweise hätte er sich in die Sowjetunion absetzen müssen. Er war ja schließlich, wenn auch vorsichtshalber nicht Mitglied der Partei, ein überzeugter Kommunist. Aber in der Sowjetunion wollte er nun auch nicht leben. Nicht einmal bis Kriegsende. Er zog es vor, mit seinem Anhang durch die Sowjetunion hindurchzufahren, und zwar so schnell wie möglich, und das erste Schiff zu nehmen, um nach – ausgerechnet – Hollywood zu gelangen. Die Reise – zumindest die Schiffsreise über den Pazifik – wurde von reichen Filmleuten finanziert, die links standen, vor allem von Fritz Lang.

In Hollywood sah ich ihn dann immer mal wieder. Ich war vor allem aus beruflichen Gründen oft dort, später, als die Vereinigten Staaten ebenfalls in den Krieg gezogen waren, auch als Offizier der Naval Intelligence.

Fritz Lang erklärte sich sofort bereit, mit Brecht einen Film zu schreiben über das Schicksal vom üblen Heydrich, dem Nazi-Chef der Tschechoslowakei, der einem Attentat zum Opfer gefallen war. Brecht bekam eine Menge Geld für seine Mitarbeit, mehr als er je zuvor verdient hatte, aber trotzdem hörte er nicht auf, die Amerikaner zu beschimpfen und das Land zu verfluchen, obwohl er niemals zuvor so gut hatte leben können. Er bewohnte ein hübsches Haus mit Garten und Swimming-Pool, konnte seinen geliebten Whisky in rauhen Mengen vertilgen, er konnte die besten Zigarren der Welt rauchen – für ihn sehr wichtig! – aber er fand dauernd, die Amerikaner benähmen sich schlecht.

Als Hitler in die Sowjetunion einmarschierte, was letzten Endes wohl eine Folge der Politik Stalins war, der mit Hitler einen Friedenspakt geschlossen hatte, geriet er außer sich, weil die Amerikaner oder die Engländer nicht sofort eine weitere, die sogenannte „zweite" Front eröffneten, um den Russen Gelegenheit zu geben, Atem zu schöpfen.

Ich fragte ihn damals: „Haben die Russen eigentlich etwas unternommen, als Hitler in Frankreich einmarschierte und englische Städte bombardierte?"

„Das war etwas anderes."

Für ihn war alles, was die Russen taten, richtig und was die Amerikaner taten, falsch, aber er hatte doch nicht in Rußland leben wollen, sondern in Amerika.

Er war sehr empört, daß drüben niemand seine „Mutter Courage" aufführen wollte und zwar mit der Weigel. Die sollte damals nicht, was später in Ostberlin geschah, die Hauptrolle spielen, dazu wäre sie in Amerika kaum in der Lage gewesen, denn sie sprach nur sehr wenig Englisch. Brecht hatte extra eine Rolle für sie geschrieben, die sie von der Sprache des Landes, das die „Courage" aufführen würde, unabhängig machte: die einer taubstummen Tochter!

Er verkehrte eigentlich nur mit Unzufriedenen, wie dem Schauspieler Fritz Kortner, der weder beim amerikanischen Film noch beim Theater ankam, auch anderen unzufriedenen Emigranten, wie etwa Heinrich Mann. Die einzige Ausnahme bildete Charles Laughton, der englische Schauspieler, der sich brennend für den „Galilei" interessierte und ihn dann auch einige Wochen lang spielte.

Auch die Bergner, die Brecht immer geschätzt hatte, war bereit, etwas mit ihm zu machen, aber über die Proben eines bearbeiteten Renaissance-Dramas ging die Zusammenarbeit nicht hinaus. Damals spielte die Bergner irgend ein Boulevardstück am Broadway mit Riesenerfolg. Und Brecht kam sehr oft und für viele Monate nach New York.

Brecht war also unzufrieden, obwohl er sich eigentlich ohne Strapazierung seiner Fantasie hätte ausrechnen müssen, daß er in Hollywood fehl am Platze war. Er wäre es wohl auch am Broadway gewesen, vermutlich nicht so sehr in England oder in der Sowjetunion – immer was Brecht, den Stückeschreiber anging.

Aber er durfte hoffen nach der Niederlage Hitlers, an der er nie zweifelte, wieder in Deutschland und zumindest in den deutschsprachigen Ländern herausgebracht zu werden. Ja, er hatte schon einiges dazu getan. Er hatte nämlich mit Hilfe der Schweizerischen diplomatischen Vertretung in den USA seine in den USA entstandenen Dramen, vor allen Dingen die „Mutter Courage" und den „Galilei", sowie den „Guten Menschen" an das Schauspielhaus Zürich gelangen lassen. Und dort waren die Dramen mit enormem Erfolg aufgeführt worden.

Um so mehr verwunderte es mich, eines Tages einen Anruf von ihm zu erhalten, einen von Los Angeles nach New York. Er wußte, daß ich als Mitglied der Amerikanischen Streitkräfte immer mal wieder in Europa, vor allem natürlich in London und, nach der geglückten Invasion im Jahre 1944 auch in Paris war. Er sagte mir, er wünsche, daß ich alle Aufführungen seiner Stücke verbiete, wo immer ich Gelegenheit dazu hätte. Er dachte wohl in erster Linie an Deutschland und Österreich, wo man ja sicher schon aus Alibi-Gründen ihn gerne spielen würde.

Ich sagte ihm, das ginge nicht so ohne weiteres, ich hätte ja keinerlei Vollmacht. Prompt kam ein Luftpostbrief, mit dem er mich bevollmächtigte, wo immer ich hinkomme, Aufführungen seiner Stücke zu verbieten. Er wollte keine Aufführungen in der deutschen Originalsprache dulden, die er nicht selbst vorher inspiziert oder an denen er mitgewirkt habe.

Ich schickte ihm ein Telegramm, nachdem ich eine Aufführung der „Mutter Courage" mit der unvergleichlichen Therese Giehse in Zürich gesehen hatte und beglückwünschte ihn zu dieser Aufführung und bekam prompt die telegraphische Anweisung: „Verbieten!", was ich natürlich nicht tat. Das Zürcher Schauspielhaus war schließlich ein Emigrantentheater und das einzige, das die unter Hitler verbotenen Dramatiker zu Wort kommen ließ. Später, als Brecht dann in der Schweiz selber die Giehse näher kennenlernte, kam er gar nicht mehr auf diesen seinen Verbotswunsch zurück.

In Wien wäre es beinahe so weit gewesen. Dort wollte das unbeschädigte Theater in der Josefstadt die erste Nachkriegsspielzeit mit dem „Guten Menschen von Sezuan" beginnen. Titelrolle: Paula Wessely. Das war nun eine Aufführung ganz gegen Brecht, ohne die Härte, die Bösartigkeit, die ja eigentlich der Hauptinhalt des Stückes ist. Alles war in ein Märchenspiel à la Raimund verwandelt. Ich sagte dem Direktor, ich müsse die Aufführung im Namen von Brecht verbieten. Den Brief von Brecht brauchte ich gar nicht vorzuzeigen, meine amerikanische Uniform genügte dem entsetzten Mann, der übrigens in der Partei gewesen war. Er sagte nur, dann müsse das Theater in der Josefstadt in Konkurs gehen. Käthe Dorsch, die berühmte Schauspielerin, mit der ich damals engstens befreundet war, beschwor mich, mein Verbot nicht auszusprechen. Ich schluckte also meine Einwände hinunter, und die Aufführung fand statt.

Sie war ein enormer Erfolg – aber was wäre damals in den Nachkriegsjahren kein Erfolg gewesen, wo die Leute jedes Theater besuchten, bloß um aus den Trümmern der eigenen Heime herauszukommen, obwohl es in den Theatern, da nicht geheizt, unheimlich kalt war. Auch eine Aufführung der „Dreigroschenoper" im Berliner Hebbeltheater mit dem durchaus nicht männlichen Hubert von Meyerink in der Hauptrolle des doch sehr brutalen Mackie Messer ließ ich unbeanstandet über mich ergehen.

Aber kehren wir wieder zu Brecht zurück, will sagen zu seiner letzten amerikanischen Zeit.

Nach dem Krieg, als der Senator McCarthy sein Unwesen zu treiben begann, mußte auch Bert Brecht vor einen Untersuchungsausschuß des U. S.-Senats. Wegen seiner linken Einstellung. Er kam übrigens mit einem blauen Auge davon. Aber er wartete nicht auf eine Fortsetzung der Verhöre, sondern eilte so schnell wie möglich in die Schweiz. Im Flugzeug.

Ich traf ihn in Zürich wieder. Er hatte gerade eine Neufassung der „Antigone" in Chur inszeniert und war dabei, jetzt in Zürich den „Punttila" zu inszenieren – offiziell zeichnete der Dramaturg Kurt Hirschfeld als Regisseur, denn Brecht hatte keine Arbeitserlaubnis im Kanton Zürich erhalten. In meinem Hotel erzählte er mir, über diese Verhöre in Washington grinsend, ja, er habe unter Eid erklärt, daß er nicht Mitglied der kommunistischen Partei sei – das war er wirklich nicht und sollte es auch später nie werden. Er bemerkte noch über das Verhör: „Diese Senatoren – Idioten! So eine Frage an mich zu stellen! Wenn die Leute nur ein Stück von mir gesehen hätten, wären sie über mich im Bilde gewesen!"

Natürlich wollte er nicht in der Schweiz bleiben. Schließlich war er Deutscher. Aber es war für ihn gar nicht so einfach nach Deutschland zurückzukehren. Die verschiedenen alliierten Militärregierungen hatten das Sagen. Er flog dann schließlich via Prag nach Berlin. Damals war Berlin schon eine geteilte Stadt, wenn man auch noch zwischen den Sektoren hin- und herfahren konnte. In Ostberlin erwartete man Brecht sehnlichst. Er wäre aber lieber in Westberlin geblieben. Begreiflich bei einem, der auch während des Kriegs lieber in den Vereinigten Staaten als in Rußland gelebt hatte.

Ich trat damals mit den amerikanischen Kulturoffizieren in Verbindung. Aber die waren nicht gerade von ihm begeistert. Ich fuhr mit ihm in das amerikanische Hauptquartier. Dort wurde er von den zuständigen Offizieren gefragt, ob er Kommunist sei. Er warf mir einen ironischen Blick zu. Die Amerikaner in Berlin wußten es freilich besser als die Senatoren in Washington. Sie erklärten, sie betrachteten ihn als Kommunisten. „Folglich können Sie in Westberlin kein Theater machen!"

Ich protestierte. „Brecht ist der heute vermutlich bedeutendste deutsche Dramatiker. Was für ein Triumph für uns, wenn er statt im Osten hier im Westen wirken würde!"

Nichs half. Brecht ging. Später meinte er lakonisch: „Das hätte ich Ihnen gleich sagen können!"

In Ost-Berlin überließ man ihm sofort zwei oder drei Spieltage pro Woche im Deutschen Theater, wo er seine ersten Inszenierungen herausbrachte. Dann bekam er sein eigenes Theater, das alte Theater am Schiffbauerdamm, wo die „Dreigroschenoper" uraufgeführt worden war. Das sogenannte Berliner Ensemble entstand dort, Leitung Bert Brecht und Helene Weigel.

Aber Brecht war nicht glücklich. Denn er wußte, als Bewohner der DDR, die gerade gegründet worden war, würde er nicht mehr frei sein. Er müßte sich nach den Gesetzen der Partei richten, der er übrigens auch jetzt nicht beitrat. Er fand schließlich eine Lösung.

In Salzburg hatte man wieder mit den Festspielen begonnen, die ja in den letzten Kriegsjahren nicht mehr hatten durchgeführt werden können. Einer der leitenden Männer dort, der damals noch junge Komponist Gottfried von Einem meinte, daß von Reinhardt 1921, nach der Berliner Uraufführung von 1911, in Salzburg herausgebrachte Festspiel „Jedermann" von Hofmannsthal würde wohl nicht mehr lange halten. Ein Irrtum übrigens, es wird heute noch gespielt und alle Vorstellungen sind ausverkauft. Dies nebenbei.

Einer kam auf die Idee Brecht zu fragen, ob er ein neues Festspiel schreiben würde. Brecht erklärte sich sofort bereit. Das Stück sollte „Salzburger Totentanz" heißen und war angeblich schon in Arbeit. Brecht wollte dafür auch kein Geld, will sagen keinen Vorschuß auf Tantiemen. Seine einzige Bedingung war, daß man ihn zum österreichischen Staatsbürger mache. Dies geschah mit Windeseile, und die ganze Familie Brecht wurde österreichisch.

Dies bedeutete, daß er nun ein in der DDR lebender Ausländer war und sich nicht nach den Reisegesetzen für DDR-Bürger zu richten hatte, respektive zu behandeln war. Er konnte jederzeit irgendwohin reisen, was er auch oft genug tat. Zum Beispiel nach Frankfurt, wo der Intendant Harry Buckwitz sich dem westlichen Boykott der Brechtschen Bühnenwerke nicht angeschlossen hatte; einem Boykott, der erfolgt war, als Brecht sich 1953 als solidarisch mit den Sowjets erklärte, die mit ihren Tanks einen Streik der ostdeutschen Arbeiter niedergeschlagen hatten.

Die österreichische Staatsbürgerschaft ermöglichte Brecht noch viel mehr und viel Wichtigeres: nämlich, sein Geld in Sicherheit zu bringen. Er schloß einen Vertrag mit dem Verlag Suhrkamp in Frankfurt ab, dessen Gründer, Peter Suhrkamp, ein persönlicher Freund war. Der Vertrag besagte, daß alle seine Bücher, alle seine gesammelten Werke und alle Tantiemen, die nicht in der DDR oder anderen Ostblockländern einflößen, an den Verlag Suhrkamp zu zahlen waren – in Franken, Westmark, Dollar oder Pfunden, versteht sich, der Kommunist wollte Kapitalist werden und wurde es. Schon bei seinem Tode in den frühen sechziger Jahren ruhte sein in die Millionen D-Mark oder Schweizer Franken angestiegenes Vermögen auf einem Nummernkonto in Zürich. Es vermehrt sich noch immer.

Der erwähnte Aufstand der Arbeiter gegen die Sowjets brachte auch meine Freundschaft mit Brecht zu einem jähen Ende. Ich lebte ja damals noch immer in West-Berlin. Ich war noch immer amerikanischer Offizier, wenn ich auch nach Beendigung des kalten Krieges als solcher nicht mehr viel zu tun hatte. Ich bewohnte eine kleine Villa in Zehlendorf. Und ich rief ihn öfters an oder er rief mich an und ich schickte ihm dann mein Auto, einen U. S. Militärwagen (!), und er aß mit mir zu Abend. Er verschmähte weder den amerikanischen Wagen, der ihn auch zurückbrachte, noch die amerikanischen Rationen, aus denen die Mahlzeiten zubereitet wurden.

An dem letzten dieser Abende sagte ich zu Brecht: „Mein Artikel vor einer Woche soll auch im Osten Aufsehen erregt haben. Ein Bekannter hat mich wissen lassen, ich solle mich nicht wundern, wenn die Russen mich schnappen und aufhängen würden. Lächerlich, nicht wahr?"

Brecht: „Da hätten die Russen vollkommen recht!"

Mir verschlug es den Atem. Und Brecht: „Dieser Kalbsbraten ist vorzüglich. Kann ich noch ein Stück haben?"

Das waren ungefähr die letzten Worte von Brecht an mich. Ich habe ihn nie wiedergesehen. Er starb ja auch einige Jahre später.

Er war eben eine sehr widersprüchliche Natur. Diese letzte Bemerkung, mit der er sich betont nicht gegen meine Entführung durch die Russen stellte, war um so rätselhafter, als er die Russen keineswegs schätzte. Mehr als einmal hatte er zu mir gesagt: „Warum gehen denn diese Kerle nicht nach Hause? Hier haben sie doch gar nichts mehr verloren!" Und so sprach er sicher nicht nur zu mir.

Ja, das war Bert Brecht. Später las ich dann die von seiner Frau kurz vor ihrem Tod veröffentlichten Tagebücher. Daraus kann man vieles über den Menschen Brecht erfahren. Er war ein großer Dichter, ein hochinteressanter Dramatiker, obwohl, wenn nicht alles täuscht, nur zwei oder drei seiner Stücke in fünfzig Jahren noch gespielt werden dürften. Was bleibt sonst? Die Gedichte; beileibe nicht alle.

Billie – Billy

Ich kann mich noch des Augenblicks erinnern, nicht des Tages oder auch des Jahres, an dem ich ihn zum ersten Mal sah und kennenlernte – es dürfte etwa 1927 gewesen sein, nicht wesentlich früher, denn ich war schon bei der Zeitung. Ich kann mich auch noch des Ortes erinnern, es war das Romanische Café gegenüber der Berliner Gedächtniskirche, der Treffpunkt der Journalisten, der Literaten, der Schauspieler.

Billie, der blutjunge, hochgeschossene Bursche mit dem frechen Bubengesicht, viel älter als 21 oder 22 Jahre konnte er nicht sein. Er stellte sich vor mit einem mittelgroßen Koffer in der Hand: Billie Wilder. Er war soeben aus Wien eingetroffen und zum Romanischen Café gefahren, per Taxi, denn er wußte nicht, wo dieses selbst in Wien bekannte Café lag, mit welchen öffentlichen Verkehrsmitteln er hierher gekommen wäre, wobei, das sagte er gleich, sein letztes Geld draufgegangen war.

Einer von uns nahm ihn nach Hause, denn an ein Hotel oder auch nur eine Pension war nicht zu denken. Er war, so erzählte er, in Krakau geboren, in Wien aufgewachsen, dort auch Reporter geworden, ein erfolgreicher – wenn man ihm glauben durfte – aber durfte man? Niemand von uns hatte je von ihm gehört. Er habe sich entschlossen, in Berlin Karriere zu machen, als Journalist natürlich.

Machte er auch und erstaunlich schnell. Er wurde bei der größten deutschen Boulevardzeitung, der B.Z. am Mittag, freier Mitarbeiter. Weil er viele Ideen hatte, wurde er häufig gedruckt. Nicht genug, um davon zu leben. Da er gut tanzen konnte, eine gute Figur hatte und sich einen Smoking ausleihen konnte, stellte ihn das Hotel Eden als Eintänzer an. Da er den tanzwütigen Damen, nicht immer den jüngsten, gut gefiel, gab es reichlich Trinkgelder und gewisse, nicht zu umgehende Extraleistungen. Davon erzählte er uns oft im Romanischen, nur ein paar Schritte vom Eden entfernt, und wir rieten ihm lächelnd, das zu Papier zu bringen. Und so entstand eine Serie über seine Erlebnisse als Eintänzer, die ihn zwar den Job kostete, ihn aber als Journalist durchsetzte. Ebenfalls im Romanischen wurde das Filmprojekt „Menschen am Sonntag" geboren, nicht von Billie, von Moritz Seeler, einem merkwürdigen Mäzen der jungen Dramatiker, die er, obwohl selbst ohne Penny, lancierte und gelegentlich sogar Max Reinhardt dazu brachte, sie in einer Sonntagvormittagsvorstellung zu zeigen. Ferner war da der blutjunge Robert Siodmak, der Filmregisseur war oder wurde und von seiner späteren Frau unterstützt wurde, die damals noch anderweitig verheiratet war, schwerreich, und den Film finanzierte. Etwas zwischen Dokumentar- und Spielfilm, was eben Menschen – in diesem Fall Berliner – am Sonntag so tun und treiben, man lernt sich kennen und wieder vergessen, man verliebt sich und verliert sich.

Der Film machte Aufsehen – nicht nur in Deutschland. Die allmächtige UFA gab Billie einen Vertrag als Drehbuchautor. Als Hitler kam, verließ er sofort das Land, obwohl ihm die UFA noch gar nicht gekündigt hatte. Nicht daß er in Gefahr geschwebt hätte – er war ja schließlich Ausländer, aber er war auch Jude. Und ein sehr bewußter Jude. Antisemitismus – schon gar als Regierungsprogramm – war für ihn bösartige Idiotie. Und mit diesen „Mistkerlen" – sein Wort – wollte er nichts zu tun haben.

In Paris ging es ihm – wie den meisten Emigranten – nicht gerade gut. Er lebte in einem drittklassigen Hotel namens Ansonia, in der Nähe des Arc de Triomphe, wo übrigens auch Peter Lorre abgestiegen war. Ich in einem noch schlechteren Hotel, nur hundert Meter weit entfernt. Wir trafen uns oft. Es fiel mir auf, daß er im Gegensatz zu den meisten Emigranten, nicht drauf wartete, „morgen" zurückzukehren. Deutschland war für ihn abgeschrieben. Er krempelte beide Ärmel hoch, um es irgendwie zu schaffen. Wie, hat er mir Abend für Abend erzählt. Aber ich hab's längst vergessen. Er übrigens auch. Schließlich stellte er einen Film auf die Beine. Er hieß „Mauvais Grain", zu deutsch Unkraut, und die Hauptrolle spielte die von ihm entdeckte – und wohl nicht nur für die Leinwand entdeckte – Danielle Darrieux, damals gänzlich unbekannt. Er arbeitete an dem Drehbuch mit, andere Emigranten auch. Und er führte auch Regie neben einem Franzosen. Ein Erfolg. Aber Billy – jetzt nannte sich Billie so – wußte: Im französischen Film gab es für ihn keine Zukunft.

Der damals sehr bekannte Filmproduzent und Regisseur Joe May war sogleich nach der Machtergreifung nach Hollywood geholt worden. Das erste Projekt, das man ihm dort zuteilte, war die Verfilmung der am Broadway schon lange laufenden „Music in the Air". Das dürfte wohl im Sommer 1934 gewesen sein. Joe May holte Billy und noch einen anderen Drehbuchschreiber aus Paris nach Hollywood. Eine problematische Wahl – keiner der drei konnte einen richtigen englischen Satz sprechen, geschweige denn schreiben.

Der Film nach dem so erfolgreichen Musical wurde dann auch ein Durchfall. Und Billy lag in des Wortes wahrster Bedeutung auf der Straße, was ihn nicht eine Stunde lang mit Sorge oder Angst erfüllte. Er zog für eine Weile in das Badezimmer des kleinen Hotels, in dem er sich bisher ein Zimmer hatte leisten können. Er war ja noch so jung! Noch nicht mal 30! Und er hatte Ideen. Er konnte zu jedem Passanten, von jedem Gast am Nebentisch eines Restaurants etwas erfinden. So was lautete: Die hat einen Liebhaber und der wird ihren Mann umbringen. Oder: Der da hat einen Bankdiebstahl begangen und wird von der Polizei gesucht ...

Und er hatte viele Ideen. Er platzte geradezu vor Ideen. Wann immer ich nach Hollywood kam – ich lebte in New York – stand er am Flugplatz. Ohne eine Begrüßung begann er: „Also stell Dir vor ... da ist ein Mann ..." Und so ging es eigentlich jedes Mal, wenn man sich sah. Es war immer nur eine Idee, es war nie eine Story, geschweige denn ein Drehbuch. Eine seiner Ideen: Ein junger Mann und ein junges Mädchen kommen in ein Warenhaus. Sie will das Unterteil eines Pyjamas kaufen, er ein Oberteil. So lernen sie sich kennen. Und? Das wußte er selbst noch nicht. Mir hat er diese „Idee" mindestens zehnmal bei jedem meiner Aufenthalte in Hollywood erzählt. Vielleicht vielen anderen auch. Vermutlich. Dem Regisseur Ernst Lubitsch ebenfalls. Dem gefiel sie, und sie wurde der Beginn der Verfilmung eines französischen Lustspiels „Blaubarts 7. Frau", dem ersten größeren Drehbuchauftrag für Billy, Regie Lubitsch. Die Paramount stellte ihn als gutbezahlten Drehbuchautor ein, mit einem für europäische Verhältnisse tollen Gehalt.

Privat lief nicht alles so gut für ihn. Er hatte ein schönes Mädchen aus sogenannter guter Gesellschaft geheiratet. Sie fuhr zu den Olympischen Spielen nach Berlin, und wie er hörte, flirtete sie mit SA- oder SS-Offizieren. Als er das erfuhr, geriet er außer sich. Es war einer der seltenen Augenblicke, da ich ihn wirklich zornig sah.

Soweit ich es beurteilen kann – und ich glaube, ich konnte das damals – war er gegen einen Flirt nicht unbedingt. Sein eigenes Leben war ja voller Flirts gewesen.

Aber mit Nazis! Die haßte er, und zwar als Jude. Denn was immer er geworden war oder werden würde, er konnte nie vergessen, daß er Jude war, er wollte es auch nicht, und er konnte niemals denen vergeben, die etwas gegen Juden unternahmen, obwohl das im Jahr 1936 noch relativ wenig war. Gewiß, die Nazis hatten seine deutsche Karriere kaputtgemacht – aber war er nicht im Begriff, eine viel interessantere Karriere aufzubauen?

Er ließ sich scheiden.

Dann lernte er eine junge schöne Schauspielerin kennen und verliebte sich in sie. Er hatte seine eigene Manier, ihr das zu gestehen. Er war nicht der Mann, der sagte: „Ich liebe Dich!" er ließ sich vielmehr zu den Worten hinreißen: „Ich würde den Boden küssen, auf dem du wandelst, wenn Du nicht in einer so schlechten Gegend wohnen würdest!"

Heirat. Die junge Schauspielerin gab seinetwegen ihren Beruf auf. Diesmal ging es gut, hätte gar nicht besser gehen können.

Billy blieb noch sehr lange jung, ist es heute mit über 80 immer noch, schlank und rank, einem vielleicht etwas nachdenklicheren Bubengesicht; besonders wenn er spricht, wirkt er wie eh und je. Kaum ein Satz ohne Witz. Mehr berlinerischen als amerikanischen.

Für Lubitsch einen Film zu schreiben, das hieß mit ihm, denn er arbeitete an allen, an wirklich allen seinen Drehbüchern mit, meist war er mehr Drehbuchautor als diejenigen, die als solche zeichneten, war entscheidend für Billy. Das hat er oft und natürlich nicht nur mir gestanden. Übrigens schrieb er noch ein zweites Drehbuch für Lubitsch oder mit ihm: „Ninotschka".

Wie Lubitschs Filme waren Billys Drehbücher alle gesellschaftskritisch, sarkastisch, zynisch, aber doch nachdenklich. Und, darauf legte er entscheidenden Wert, unterhaltend. An diesen Drehbüchern lag ihm viel. Er schrieb sie nicht, wie Drehbücher gemeinhin geschrieben wurden – linke Seite: der Schauplatz, die Bewegungen, kurz die Handlung, rechte Seite der Dialog, sondern wie ein normales Theaterstück, auch ohne Nummern für die Einzeleinstellungen und ließ Drehbücher binden. Er gibt sie auch heute noch ungern aus der Hand.

Er wachte, so weit das möglich war, darüber, was der jeweilige Regisseur im Atelier aus seinen Drehbüchern machte. Er kämpfte wie ein Löwe um jedes Wort. Weil er bei der Niederschrift Schweiß vergossen hatte, wollte er nicht, daß man sein Drehbuch manipulierte. Ein Beispiel: In einem eher ernsten Film fand Charles Boyer gewisse Sätze, die er zu sagen hatte, idiotisch, sagte es auch und sprach sie – die Sätze – nicht. Billy eilte an seinen Schreibtisch und strich fast jedes Wort, das der Schauspieler in dem noch nicht gedrehten Teil zu sagen hatte. Immerhin Charles Boyer.

Louis B. Mayer, Chef der MGM und ungekrönter König von Hollywood wollte einen übrigens ernsten Film, der in einem deutschen Kriegsgefangenenlager spielt, in ein ungarisches oder bulgarisches verlegen. Grund: Das Geschäft mit Deutschland, mit dem Amerika noch nicht im Krieg war. Billy weigerte sich. Die kurze „Unterhaltung" endete mit seinen Worten: „Mr. Mayer, Sie können mich mal ..." Ein Sakrileg, ein Todesurteil für fast jeden in der Filmstadt. Nicht für Billy. Er wurde gewissermaßen automatisch zum Regisseur. Man bot ihm die Regie eines kleinen Films an. Er machten einen großen Erfolg daraus, und es war der erste Film, in dem Ginger Rogers nicht tanzte, sondern „nur" spielen mußte. Und wie sie spielte!

Übrigens schrieb Billy alle seine Filme für bestimmte Schauspieler. Und inszenierte eben da, wo sie gerade unter Vertrag standen. Einen – in der deutschen Synchronisation idiotischerweise „Küsse mich Dummkopf" genannt, nach einem französischen Lustspiel L'heure bleue, das ich Mitte der fünfziger Jahre in Paris gesehen und ihm wärmstens empfohlen hatte, – schrieb er für Jack Lemmon. Der konnte dann aus irgend welchen Gründen nicht und Jerry Lewis übernahm den Part. Er war gar nicht schlecht. Aber man sah bei jeder Bewegung, man hörte, noch in den Synchronisationen, bei jedem Wort: Jack Lemmon.

Nach Kriegsende wurde Billy, mir unbegreiflicherweise, nach Berlin gebeten, als Film-Offizier. Dabei gab es schon ein Dutzend amerikanische Film-Offiziere in der US-Zone.

Ich zweifelte, daß Billy das Angebot annehmen würde – das hätte ja eine Unterbrechung seiner noch relativ jungen amerikanischen Karriere als Filmregisseur bedeutet. Aber siehe da! Er nahm an. Er kam dann auch eines schönen Tages angeflogen, ich war zufällig auf dem amerikanischen Militärflughafen und begrüßte ihn, und er sagte gleich, länger als ein paar Wochen würde er wohl kaum bleiben können, aber ich solle das für mich behalten.

Was er getan hat? Ich weiß es wirklich nicht. Ich weiß nur, daß er ein paar Filme aus der Zeit von 1933–1945 vorführen ließ, und daß er mit verschiedenen hübschen deutschen Starlets flirtete. Ich weiß ferner, daß er einmal, als wir aus einer Bar spät nachts nicht mehr ganz nüchtern in sein Quartier fahren wollten, dem GI, der am Steuer saß, sagte, er solle am Kurfürstendamm an irgend einer Ecke halten. Dann verlangte er von dem GI auf einen Laternenpfahl zu klettern und das Schild Kurfürstendamm abzuschrauben. Er war ganz glücklich, als er dieses Schild hatte und beschloß, es als Kriegstrophäe in die Vereinigten Staaten mitzunehmen. Ob er es heute noch besitzt?

Nachher machte eine hübsche Anekdote die Runde in Hollywood. Billy Wilder sei nach Oberammergau gefahren, wo, wie man weiß, früher und auch jetzt wieder jedes zehnte Jahr Festspiele über Leben und Tod von Jesus Christus stattfanden. Dort habe man ihn gebeten, doch den Christus der letzten Jahre spielen zu lassen. Er sei ein guter Schauspieler, stehe aber jetzt, da er ein sehr hoher SS-Offizier gewesen sei, auf der schwarzen Liste. Und Billy sagte: „Natürlich darf er wieder den Jesus spielen. Es gibt nur eine Bedingung. Ihr müßt ihn mit richtigen Nägeln an ein richtiges Kreuz nageln!"

Ein makabrer Witz. Aber nicht mehr. Billy war nie in Oberammergau. Was hätte er dort auch zu tun gehabt? Er war ja Filmoffizier und übrigens auch nicht mit Entscheidungsgewalt, aber nie Theateroffizier, der allein für Oberammergau zuständig war.

Um es gleich zu sagen: Der SS-Offizier Jesus durfte nicht wieder spielen.

Billy hatte gewisse Vorlieben, was Schauspieler anging. Zum Beispiel eben Jack Lemmon, auch Matthau, Shirley McLaine und vor allem die Monroe.

Als er sie zum ersten Mal in die Hände bekam, war sie noch keineswegs der Superstar, der sie wurde. Man könnte sagen durch ihn wurde, aber sie hatte es sich wohl in der Hauptsache selbst zu verdanken. Sie war ja irgendwie einmalig.

Aber sie war auch einmalig schwierig. In Hollywood galt das Gesetz der äußersten Pünktlichkeit. Selbst Stars hatten, wenn verlangt, Punkt neun Uhr morgens drehfertig zu sein. Das bedeutete für viele, daß sie um sechs Uhr früh aufstehen mußten, denn der Weg von ihrem jeweiligen Haus bis zu dem jeweiligen Filmatelier war oft sehr, sehr lang und bedeutete eine halbe Stunde Autofahrt oder auch länger. Nur die Garbo hatte das Privileg, erst um 10 Uhr dasein zu müssen, aber dann auch drehbereit.

Für die Monroe, damals eben noch kein Star, galt, was für alle galt, auch die anderen Stars, zum Beispiel Clark Gable, Fred Astaire, Betty Grable (viele Jahre lang der Star, der die höchsten Kassen in den Vereinigten Staaten einspielte).

Die Monroe machte eine Ausnahme. Sie war weder um neun

noch um zehn drehfertig, oder zumindest sehr oft nicht. Es kam sehr oft vor, daß sie erst um elf oder zwölf das Atelier betrat. Viele Regisseure erklärten aus diesem Grunde nicht mit ihr arbeiten zu können. Sie bewunderten Billy ob seiner Geduld. Er sagte: „Ich ärgere mich auch! Und in Wien hatte ich mal ne Tante, die hieß Melanie, die wäre, hätte man es von ihr verlangt, um sechs Uhr früh drehfertig gewesen. Bloß, wer hätte Tante Melanie sehen wollen?"

Übrigens ihm lag mehr am Schreiben als am Inszenieren. Das hat er mir oft gesagt. Es mag vielleicht stimmen. Schreiben konnte er ja, was er wollte. Inszenieren nur das, was seine Schauspieler konnten. Die konnten allerdings unter ihm sehr viel.

Als sein väterlicher Freund Ernst Lubitsch viel zu früh starb, stand neben Billy, dem untröstlichen, der übrigens ebenfalls europäische und jüdische Regisseur William Wyler. „Kein Lubitsch mehr!" flüsterte der traurig.

Und Billy: „Schlimmer, keine Lubitsch-Filme mehr!" Wie recht er hatte, obwohl es gewagt war, in diesem Augenblick so zu sprechen. Aber Billy erlaubte sich selbst in den Augenblicken großer Trauer keine Sentimentalitäten.

Die tolle Josy

Die Sache begann im Frühjahr oder Sommer 1935 in Paris. Es war rund anderthalb Jahre her, daß mich die größte französische Zeitung „Paris-Soir" in die Vereinigten Staaten als Sportkorrespondent geschickt hatte, und ein knappes halbes Jahr, daß ich zum Korrespondenten der Zeitung – Politik, Film, Theater, Sport eingeschlossen – avanciert war. Ich war 1934 zweimal nach Paris gekommen, damals reiste man noch per Schiff sechs Tage, das waren die einzigen Ferien, die ich mir nehmen konnte; ich war ja schließlich ein Emigrant und hatte viele Menschen zu ernähren. Beim zweiten Aufenthalt in Paris, 1935 also, gab mir der elegante Herr Hervé Mille, der zweitwichtigste Mann des Blattes, einen Auftrag: „Wir wollen die Geschichte von Harlem bringen. So viele Folgen wie drin sind. Aber Du mußt jemanden finden, der als Autor zeichnet, sagen, wir, den Bürgermeister von Harlem?"

Den konnte ich schon deshalb nicht dazu bringen, weil es ihn gar nicht gab, denn Harlem ist ein Stadtteil von New York und keine Stadt. Aber ich wußte schon – der „Paris-Soir" wollte einen großen Namen haben.

Ein paar Wochen später las ich in der New York Times, Josephine Baker, der berühmte Star, amerikanische Bürgerin, die seit ihrer ersten Reise nach Europa, das war zehn Jahre her, nie mehr zurückgekehrt war, würde mit der „Ile de France" eintreffen, um eine Hauptrolle in den „Ziegfeld-Follies" zu übernehmen. Ziegfeld war zwar schon lange tot, aber die nach ihm benannte Revue wurde jährlich oder doch fast jährlich neu herausgebracht. Ich fuhr also mit vielen anderen Journalisten, denn es gab ja auf jedem großen Dampfer Prominente – die zu interviewen waren – zur sogenannten Quarantäne hinaus, dem Punkt, wo die eintreffenden Schiffe warten mußten, um den Lotsen an Bord zu nehmen, und die Zoll- und Einwanderungsbeamten begannen die Pässe und Visa zu kontrollieren.

Ich sah Josephine Baker sofort, nicht zuletzt, weil sie von Fotografen umringt wurde. Aber ich drang leicht zu ihr vor, denn ich vertrat ja schließlich den „Paris-Soir", und da sie in Paris lebte und vor allem dort auftrat, war ich einmal – das kam selten genug vor – wichtiger als die amerikanische Presse. Sie sah herrlich aus. Sie war – man kennt sie ja von unzähligen Bildern, nicht eigentlich schön oder auch nur hübsch, aber wie könnte man es anders ausdrücken? – sie war einmalig. Die stets lächelnden Augen, der immer lachende Mund, die graziösen Bewegungen einer Katze, der Körper eines Knaben, den ich bald besser kennenlernen sollte als das Publikum, das sie halbnackt auf der Bühne sah. Ich verliebte mich sofort in sie – aber das taten viele.

Josephine stellte mich ihrem Mann vor, einem italienischen Conte, klein, mit schmalen Augen, mit winzigem schwarzem Schnurrbart. Sie stellte mich auch dem berühmten Pariser Friseur oder Coiffeur namens Antoine vor – dem ersten, dem viele mit dem gleichen Namen folgen sollten, der für kleine Kosmetikapparate in den USA Propaganda machen sollte und als wichtigstes Gepäckstück einen gläsernen Sarg mit sich führte ... Er bestand darauf, daß ich ihn mir ansähe. Ich tat es, zusammen mit Josephine, die gut mit ihm befreundet war. Er erklärte, dieser Sarg sei kein Publicity-Gag, er führe ihn „für alle Fälle" immer bei sich. Als das hinter uns lag, sagte ich zu ihr: „Paris-Soir will eine Geschichte von Harlem. Ich dachte an Sie als Autor ..."

Weiter kam ich nicht. Sie war begeistert und klatschte vor Freude in die Hände. „Wundervoll!" „Sie wollen also meine Lebensgeschichte schreiben!"

Ich wiederholte, worum es der Zeitung ging. Und sie wiederholte, worum es ihr ging. Und ich ahnte schon, wie schwach eine große Zeitung im Vergleich mit dieser Frau sich erweisen würde.

„Wir wohnen im St. Moritz!" erklärte der Italiener, und wir fuhren alle in dieses damals noch recht feudale Hotel am Central Parc South. Dort war tatsächlich eine Zimmerflucht reserviert worden für den Conte und die Contessa samt Bedienung; Josephine hatte ihre übrigens ebenfalls schwarze Zofe mitgebracht. Als man aber im Hotel sah, daß die Contessa eine Farbige war, vereisten die Mienen der Empfangschefs, und man erklärte dem Conte, er sei willkommen, aber seine Frau ... Und dieser Kerl, der natürlich seit Jahren von dieser Frau lebte, zog ein. Und Josephine, ihre Zofe und ich standen auf der Straße.

Natürlich hätte sie in ein Hotel im Negerviertel Harlem gehen können, und es gab ausgezeichnete Hotels dort, zwei oder drei durchaus vergleichbar mit den besten in Manhattan. Aber wie kam sie eigentlich dazu? In Paris, in ganz Europa war sie ein Star – und hier sollte sie eine Frau zweiter Klasse sein? Doch in jedem Hotel, wo ich in den nächsten zwei Stunden für sie vorsprach, war die Reaktion die gleiche. „Leider ..., leider ... wir würden ja gerne! Aber unsere Gäste ..."

Das Jahr: 1935.

Man bedenke: Diese Frau sollte in wenigen Wochen im Winter Garden auftreten – dem größten Revuetheater New Yorks, aber die New Yorker Hotels blieben ihr verschlossen. Ich brachte sie schließlich dort unter, wo ich wohnte, im „Bedford", wo damals fast alle prominenten Emigranten lebten, unter ihnen die Geschwister Mann, später Thomas Mann und Frau. Sie konnte dort nicht lange bleiben, denn sie hatte sich in den Kopf gesetzt, einige Windhunde zu erwerben, ich glaube, es waren vier oder fünf, und die tobten sich im Hotel aus, das heißt sie erschienen überall da, wo eine Tür offen war, in Zimmern irgendwelcher Gäste, auch ständig im Restaurant und in der Halle – das ging der Hotelleitung doch ein wenig zu weit.

Ich fand schließlich ein sündhaft teures Duplex-Appartement, ein Penthouse, für sie, im 17. oder 18. Stock einer nahe gelegenen Straße, mit Dachgarten und alle, auch die Hunde, waren zufrieden. Mit Ausnahme des Conte, der, da seine Frau sich weigerte, seine Hotelrechnung zu bezahlen, erst gar nicht mehr in ihre Wohnung kam, sondern verschnupft abreiste. Wenig später ließ sie sich von ihm scheiden.

Josy – wie ich sie bald nennen durfte – war eine ungewöhnlich reizvolle Frau. Am liebsten spielte sie wie ein kleines Kind. Sie gab ein Vermögen für Spielsachen aus – Puppen, elektrische Eisenbahnen, Puppenhäuser und dergleichen – und konnte stundenlang auf dem Boden kauern. Da mußte man mithalten, ob man wollte oder nicht. Und dann das Essen! Ich habe nie vorher oder nachher eine Frau so viel essen sehen wie Josy. Jede Mahlzeit begann mit einem Riesentopf Spaghetti. Dann erst fing das stets reichliche Menü an. Suppe, Fleisch in rauhen Mengen, Gemüse, Salat, Dessert. Und sie nahm nie ein Gramm zu!

Wenn sie nackt war – und sie war es oft und im Bett immer – hatte man das Gefühl, als sei ihr Körper aus Stahl. Wenn man sie anfaßte, hatte man das Gefühl, in Butter zu greifen, so unendlich weich und zart war sie. Wie soll man es beschreiben? Sie war unbeschreiblich.

Wenn man mit ihr ausging, was sie in jener Zeit der Proben oft genug mit mir tat, trug sie nicht nur ein teures Pariser Modellkleid, nicht nur sagenhaft teuren Schmuck, sondern auch allerhand billigen Modeschmuck, den sie am Morgen für ein paar Cents bei Woolworth gekauft hatte. Ich machte es mir schließlich zur Regel, immer eine halbe Stunde zu früh zu ihr zu kommen, um ihr die lächerlichen Schmuckstücke auszureden und abzunehmen. Vielleicht behing sie sich auch nur, damit ich in Aktion treten konnte.

Sie war wohl die verspielteste Frau, die ich je gekannt habe. Als sie später – nach einer höchst erfolgreichen Saison, wieder nach Europa zurückgekehrt war, wohnte ich natürlich bei ihr in ihrer Villa im Vorort Le Vésinet, heute längst ein Teil von Paris. Dort war alles nur Spiel. Das Personal mußte stets irgendwen spielen. Sie selbst war die Mutter, die Zofe die Tochter, der Chauffeur der Vater, die Köchin die Großmutter, der Gärtner der Großvater. Ich bekam auch sogleich eine Rolle zugeteilt – ich weiß nicht mehr welche, und sie paßte genau auf, daß alle ihre Rollen spielten und zwar immerfort. Niemand durfte auch nur für eine Minute aus seiner Rolle fallen und sie etwa als Madame anreden oder gar siezen. Einmal brachte ich meinen kleinen Sohn Michael mit, der damals – er war fünf Jahre alt – mit seiner Mutter nach Paris gekommen war. Josy vergötterte ihn sofort und spielte immerzu mit ihm. Wenn sie zu einer Probe ins Casino de Paris mußte, nahm sie ihn mit, und dann saß der Knirps in der ersten Reihe des immensen verdunkelten Zuschauerraums und war baß erstaunt. Und rief einmal ganz laut: „Nackt", was ja die Damen fast waren.

Als er wieder nach Berlin zurück mußte, grübelte sie tagelang über das Problem, was sie ihm zum Abschied schenken solle. Ein Andenken natürlich! Schließlich schickte sie ihm mit handschriftlicher Widmung versehen ein fast lebensgroßes Foto von sich – völlig nackt. Wie gesagt, er war fünf Jahre alt und konnte das Geschenk noch nicht gebührend würdigen. Seine Mutter meinte denn auch, es sei besser, das Foto gar nicht nach Berlin mitzunehmen, die Großmütter würden das doch etwas merkwürdig gefunden haben.

Um die Geschichte für den Paris-Soir schreiben zu können, überredete ich Josy, mit mir nach Harlem zu fahren, wo die Neger-Society im feinsten Hotel ein Fest für sie veranstaltete. Schon damals gab es „bessere" und „feine" Leute in Harlem, die sich etwa so anzogen wie die „feinen" Weißen in Manhattan, große und teure Autos fuhren.

Ich fand, sie solle allein nach Harlem fahren, ich dachte, das sei hübscher für sie und auch für die Gastgeber. Sie könne mir ja dann erzählen, wie alles gewesen sei. Aber sie verlangte, daß ich mitkäme. Es wurde dann keine sehr gelungene Festlichkeit, das war allein ihre Schuld. Denn um zu unterstreichen, daß sie schließlich doch anders war als die Damen und Herren aus Harlem, bestand sie darauf, während des ganzen Abends französisch zu sprechen, was außer mir nur wenige der Anwesenden verstanden oder gar sprechen konnten.

Josy war maßlos eifersüchtig – nicht auf die eine oder andere Frau etwa, die mich interessiert hätte. Damals interessierte mich wirklich keine außer ihr. Sie war eifersüchtig auf Zeit. Sie wollte, daß man immerfort bei ihr war und nahm prinzipiell nicht zur Kenntnis, daß ich einen Beruf hatte. Ich mußte sie zu jeder Probe bringen und wieder abholen. Ich mußte mit ihr – und den Hunden – frühstücken und zu Abend essen.

Die Story, die ich schrieb und für die Josephine Baker als Autorin zeichnete, hieß „Dix Ans après" – zehn Jahre später –, ein von Alexandre Dumas übernommener Titel, der sich auf den Umstand bezog, daß Josephine vor zehn Jahren aus den Vereinigten Staaten abgereist war und nun ihr Comeback machte. Natürlich schrieb ich auch über Harlem, aber sozusagen nur am Rande. Im wesentlichen handelte es sich ja um Josys wirklich interessante Lebensgeschichte – und für die Pariser würde vor allem der Teil, der vor Paris spielte, also in den Negervierteln von Philadelphia und New York, fesselnd sein – hoffte ich. Die Proben zu den „Ziegfeld-Follies" fanden in New York statt, dann sollte die Revue etwa eine Woche lang in Boston „ausprobiert" werden – dieses Ausprobieren war in Amerika üblich.

Ich hatte mit dem „Paris-Soir" vereinbart, daß die erste Folge meiner Reportage an dem Tag erscheinen sollte, an dem sich in Boston zum ersten Mal der Vorhang heben würde. Die Reportage begann auch mit den Worten – ich zitiere aus dem Gedächtnis: „Musik, es wird dunkel, der Vorhang hebt sich. Im Scheinwerferlicht – Josephine Baker!"

Ich fuhr nicht mit ihr nach Boston. Ich hatte wirklich eine Menge in New York zu tun und – was ich natürlich nicht verriet – ich war ganz froh über diese Verschnaufpause. Und daher kam ich auch nicht nach zwei oder drei Tagen nach, wie ich Josy hoch und heilig versprochen hatte, sondern wollte erst zur Premiere nach Boston fahren.

Seltsamerweise kam kein Anruf von ihr, der mich nach Boston beorderte. Um so besser, dachte ich. Aber dann kam ein Telex aus Paris: „Sind ratlos stop Josephine verbietet Abdruck der Serie."

Ich antwortete: „Bringt Serie auf meine Verantwortung!"

Und dann nahm ich den nächsten Zug nach Boston.

Josy wollte sich ausschütten vor Lachen, als ich ihr Hotelzimmer betrat. „Na also! Das hättest Du doch viel einfacher haben können!"

Meine Affaire mit Josy dauerte vier Jahre. Mal kam sie nach

New York, um dort zu spielen, mal trafen wir uns in Paris, immer in ihrem Haus.

Vor Beginn des Krieges, im Jahre 1939 also, heiratete sie wieder – einen blutjungen, hübschen Kerl, den Sohn eines Bankiers. Er hieß Ralph Levi. Sie stellte ihn mir vor, will sagen, sie führte ihn mir vor. Es schien mir, als warte sie darauf, daß ich meinen Segen gab. Für mich war das ganz in Ordnung; solange ich in Amerika lebte, konnte ich – damals war das eben noch so – Josephine nicht heiraten, und in Paris konnte ich nicht leben, jedenfalls meinen Beruf nicht ausüben. Dieser Ralph war wirklich reizend, und ich konnte mir vorstellen, daß sie sehr glücklich sein würde. Aber dann kam der Krieg. Er wurde eingezogen oder meldete sich freiwillig als Flieger und nach ein paar Wochen wurde er abgeschossen oder stürzte ab. Sie teilte mir das telegraphisch mit, ich war damals schon wieder in New York.

Eine Zeitlang hörte ich dann nichts mehr von ihr. Ich erfuhr erst durch gemeinsame Freunde, daß sie Paris verlassen habe, bevor die Nazis dort einzogen, sie wäre als rassisch minder sicher sogleich gefangen genommen worden, vielleicht auch umgebracht. Sie tauchte – auch das erfuhr ich durch Dritte – wieder in Algier auf, und dort traf ich sie Ende 1942, also rund ein Jahr, nachdem die Vereinigten Staaten in den Krieg verwickelt worden waren und die ersten amerikanischen Soldaten in Algier landeten. Ich war noch vor ihnen von London aus hingeflogen worden, wo Robert Murphy, mein Vorgesetzter damals, sie erwartete. Über die glattablaufende Landung der Amerikaner ist ja so viel geschrieben worden, daß ich es mir hier ersparen kann. Jedenfalls meldete sich Josephine sehr bald bei uns. Sie wollte eine Gala-Soirée für die Amerikaner geben. Zu mir: „Du mußt natürlich kommen."

„Aber natürlich!" Die Sache fand in einem riesigen Saal statt, voll von amerikanischen und französischen Offizieren und Soldaten. Eine Jazzband spielte und Josy trat auf, in einem goldenen Abendkleid. Jubel. Sie sang ein Chanson. Stärkerer Jubel. Sie verschwand. Erst nach 15 Minuten kam sie wieder in einem anderen Kleid. Abermals Jubel. Neues Chanson. Enormer Jubel. Pause von 15 Minuten. Sie trat in einer neuen Création auf.

Jubel. Chanson. Jubel. Als sie abermals abging, gingen auch schon einige wenige Zuschauer. Nach dem vierten oder fünften Chanson wanderten bereits Hunderte zu den Ausgängen. Nach dem zehnten Kleid waren wir nur ein kleiner Kreis. Wir hatten das Gefühl, der Oper „Parsifal" beigewohnt zu haben. Josy weinte bitterlich, als ich sie in ihrer Garderobe besuchte. Sie war nicht dazugekommen, alle ihre Kleider herzuzeigen. „Und ich hatte es doch so gut gemeint. Ich dachte, es würde den Jungen Spaß machen!"

Ich sah sie dann während des Krieges, freilich erst nach unserer Landung in der Normandie, gelegentlich in Paris wieder. Dann wiederum sehr ausführlich und so, als sei eigentlich gar nichts in der Zwischenzeit geschehen, in New York, wo sie in einer Show auftrat. Nach der Show in ihrem Hotelzimmer erzählte sie mir von ihrer Idee. Sie dachte an ein Stück oder auch nur eine Szene in einer Show, in der sie eine nicht mehr ganz junge Negerin spielte, die Frau eines Farmers oder so, die viele, viele Kinder hatte. Was ich davon hielte? Ich hielt gar nichts davon, ich glaubte, das Publikum wolle sie nicht als Mutter sehen, sondern eben als Girl, elegant oder möglichst unbekleidet.

Einige Jahre später begriff ich, daß es sich nicht nur um ihren Wunsch handelte, als Mutter aufzutreten. Sie wollte Mutter sein. Sie adoptierte eine ganze Anzahl von Kindern verschiedenster Nationalitäten und Rassen. Obwohl sie viel Geld verdiente, konnte sie das Schloß, das sie und ihr damaliger Mann – ich habe längst vergessen, wer das war – gemietet oder gekauft hatten, nicht halten. Sie mußten es abgeben. Die Fürstin von Monaco, der ehemalige Filmstar Grace Kelly, hatte Verständnis für ihren Wunsch, Kinder großzuziehen und unterstützte sie. Sie bekam in Monaco ein Haus, in dem das möglich war. Ich glaube, sie mußte sehr wenig dafür bezahlen. Einmal habe ich sie dort besucht, freilich, wir waren beide nicht mehr die alten. Ich war längst anderweitig gebunden, sie hatte überhaupt kein Interesse mehr an, sagen wir: Sex.

Aber die zwölf Kinder großzuziehen, kostete trotz aller Großzügigkeit von Grace Kelly doch viel mehr Geld als sie hatte. So mußte sie, ziemlich alt schon – sie ging auf die siebzig

– wieder auftreten. Sie war seit Jahren nicht mehr auf der Bühne erschienen und mußte sehr hart trainieren. Und das, obwohl sie in den letzten Jahren einige Herzanfälle gehabt hatte. Ich sprach sie damals. Es ging ihr gar nicht gut. Aber sie sagte, sie müsse das nun durchhalten, die ganze Show, die den Gegenwert von rund DM 2 Millionen gekostet hatte, stehe und falle mit ihr. Sie konnte nur noch ein paar Mal spielen. Dann Zusammenbruch, und etwa 24 Stunden nach Einlieferung in die Intensivstation einer Klinik war sie tot.

Grace Kelly, oder wie sie sich jetzt nannte, die Fürstin Gracia, die die letzte Nacht an ihrem Bett verbracht hatte, teilte uns schluchzend mit: „Ja, sie ist an den Kindern gestorben, für die sie sich verantwortlich fühlte, obwohl es ja nicht die ihren waren ..."

Ich denke doch, daß sie die ihren waren.

Damit wäre die Geschichte eigentlich zu Ende. Die sollte, wenigstens für mich, noch ein Nachspiel haben. Das war in den ersten Wochen des Jahres 1986. Ich las, daß irgendein deutschsprachiger Sender, ich glaube, es war ein deutscher, eine Sendung über Josephine Baker bringen würde, erst gegen Mitternacht. Ich beschloß, ihn mir anzusehen. Und ein großer Teil ihres Lebens, das ich ja kannte, zog noch einmal an mir vorüber – natürlich nur in Form von Filmaufnahmen, die man von ihr gemacht hatte. Da war auch eine Szene, die auf der Gare du Nord gedreht worden war, als sie dem Zug entstieg, der sie von Le Havre, der Endstation des Dampfers, mit dem sie aus New York gekommen war, nach Paris brachte. Der Kommentator sagte: „Diesmal bringt sie keine Hunde mit, sondern – ein Schwein!"

Und in der Tat, an der Leine führte sie ein dickes Schwein.

Und ich rief zum Erstaunen derer, die mit mir zusammen die Sendung sahen: „Aber das ist doch mein Schwein!"

Es dürfte allerdings „mein" Schwein gewesen sein. Und damit hatte es folgende Bewandtnis.

Damals, während ihrer ersten New Yorker Saison, als wir uns so eng befreundeten, hatte Josy beschlossen, einen Night Club zu eröffnen. Das heißt, irgendwer hatte für sie einen Night

Club finanziert. Sie gab eigentlich nur ihren Namen und sang ein paar Chansons.

Als der Tag, oder besser die Nacht der Eröffnung nahte, sagte sie zu mir: „Eigentlich könntest Du mir ein nettes Geschenk machen!" Und als ich nickte, fuhr sie fort: „Ein kleines Schwein! Ein Glücksschwein! Das überreichst Du mir nach meinem ersten Auftritt!"

Ich erklärte mich einverstanden. Aber siehe da, es war ganz unmöglich, ein kleines, lebendes Schwein in New York City aufzutreiben. Der Grund dafür: Ein Verbot, das nicht nur Schweine, sondern auch anderes lebendes Vieh betraf. Ich wollte schon aufgeben, als man mir riet, eine Firma zu besuchen, die den vielversprechenden Titel führte „Ideas Unlimited", ein kleiner Laden auf der Fifth Avenue, zwischen der 40. und 50. Straße, glaube ich. In diesem Laden, so versprach der Bekannte, konnte man alles beschaffen. Ein Kamel aus Ägypten oder einen Ozeandampfer, Orchideen aus Südfrankreich oder einen Knabenchor aus Griechenland.

Ich sagte, ich bräuchte ein Schwein, ein möglichst kleines aber lebendiges, und nannte das Datum. Der Mann überlegte, meinte, das sei nicht ganz einfach, es gehe gegen das Gesetz, aber es werde sich schon machen lassen.

Und an dem betreffenden Tag, das war der Tag vor der Eröffnung des Night Clubs, erschien ich im Laden, und siehe da, ein kleiner Korb mit einem sehr kleinen Schwein, das wirklich reizend aussah, stand für mich bereit. Ich brachte den Korb mit dem Schwein in mein Hotel. Natürlich kamen alle meine Freunde zusammen, um das Schwein zu bewundern, ich erinnere mich noch daran, es waren Klaus und Erika Mann, es war ein Musiker aus München, es war ein Modezeichner aus Paris ... Sie alle konnten sich nicht genug tun am Anblick des kleinen Schweins. Mit einem Mal war es verschwunden. Niemand wußte, wo es geblieben war. Wir suchten den wirklich nicht sehr geräumigen Korridor des betreffenden Stockwerks ab. Nichts. Wir stürzten die Treppe nach oben und nach unten und fanden dann irgendwo das sehr verängstigste Schwein. Am nächsten Abend brachte ich es dann in dem Korb in den Night Club. Und paßte auf, daß es nicht entwischte. Und als mir Josephine das verabredete Zeichen gab, stand ich auf, brachte den Korb mit dem Schwein auf das Podium und sagte ein paar passende Worte. Und alle klatschten.

Und ich verbeugte mich und setzte mich wieder auf meinen Platz, von dem ich mich noch mehrmals erhob, um mit Josephine zu tanzen.

Ich kam immer mal wieder in diesen Night Club, aber immer nur als Gast. Nur einmal blieb ich etwas länger, bis alle gegangen waren, und suchte dann Josephine in ihrer Garderobe auf. Dazu mußte ich hinter die sogenannte Bühne, die ja wirklich kaum eine solche zu nennen war, und sah mich plötzlich einem sehr großen und unendlich fetten Schwein gegenüber. Ich wunderte mich, hatte Josephine sich eine Schweinezucht angelegt? Ich ging in ihre Garderobe und fragte sie und sie lachte: „Das ist Dein Schwein!" Und als sie mein Erstaunen sah: „Wir füttern es wohl ein bißchen zu sehr! Weißt Du, in diesem Laden wird ja auch gegessen und die wenigsten Gäste essen auf, was sie bestellt haben. Und bevor wir die Reste wegwerfen, bekommt sie das kleine Schwein ...!"

„... das gar nicht mehr so klein ist!"

„Nein, bei Gott nicht!"

Da Josephine immer ein treuer Mensch gewesen war, jedenfalls immer demjenigen treu, den sie gerade mochte, konnte sie es nicht übers Herz bringen, das Schwein in New York zurückzulassen. Sie brachte es irgendwie auf das Schiff, wie habe ich natürlich nie erfahren, und nach Paris. Auch weiß ich nicht, wie sie das Schwein in den Zug brachte. Ich weiß nur, daß es mir ihr zusammen dem Zug entstieg.

Das war das letzte Mal, daß ich das Schwein – und Josephine sah.

Von Kopf bis Fuß – Marlene

Ich kann sagen, daß ich dabei gewesen bin. Bei der Geburt von Marlene Dietrich. Das ist nicht wörtlich zu nehmen, sie ist ja ein bißchen älter als ich. Sondern im übertragenen Sinn. Ein hübsches, junges Mädchen, ungewöhnlich hübsch, ungewöhnlich nett, und man sah sich – im Berlin der zwanziger Jahre sah man sich eben immer mal wieder – in Cafés oder auch in Restaurants oder im Theater – aber niemand glaubte ernstlich, daß etwas Besonderes aus diesem Mädchen werden würde. Es wäre eine sehr reiche Heirat drin gewesen, aber sie war ja schon verheiratet, und zwar mit einem gar nicht reichen Mann, sondern mit einem hübschen kleinen Angestellten der Joe May-Filmgesellschaft, und hatte eine kleine Tochter.

Rückblickend muß man sagen, daß es geradezu unverständlich ist, wie lange es dauerte, bis sie entdeckt wurde. Um so erstaunlicher, als sie in Berlin, der Theatermetropole der Welt und auch – damals – einer der Metropolen des europäischen Films, aufwuchs, die auffallend hübsche und – wichtiger – aufregend junge Dame, sozusagen unter den Augen der größten Regisseure, Theaterdirektoren und Filmproduzenten. Und sie ging wohl auch mit manchen ins Bett, die sie hätten lancieren können, aber aus Spaß daran, nicht aus Karrieresucht! Sie hatte sehr lange nicht das Bedürfnis, Karriere zu machen, jedenfalls in ihren jungen Jahren, als andere schon Karriere gemacht hatten. Sie hatte, das sei gleich hier verraten, eigentlich nie den Wunsch, ein Star zu werden.

Warum trotzdem nichts geschah? Warum trotzdem keiner

versuchte, sie zu lancieren, was sich später ja als gar nicht schwierig erwies?

Sie wollte es eben nicht, denn sie wollte nur ihren Spaß haben. Und hatte ihn auch.

Ich hatte sie in winzigsten Rollen auf der Bühne gesehen, wo sie kaum zwei oder drei Sätze zu sagen hatte und im Cabaret, wo sie ganz nett war und auch in Filmen war sie gelegentlich als quasi Statistin beschäftigt.

Ich sah sie auch öfter auf Presse-Photos. Ihr Mann, Rudolf Sieber, wie gesagt ein kleines Würstchen bei Joe May, vor und in den zwanziger Jahren mächtiger Filmproduzent, kam nachts zu uns auf die Redaktion eines kleinen Berliner Boulevardblattes, um Bilder eines im Entstehen begriffenen Joe-May-Films anzubieten und vergaß nie, auch Photos einer sehr schönen jungen Dame zu zeigen. „Das ist nämlich meine Frau! Eine großartige Schauspielerin!" Wir alle fanden, daß sie toll aussah.

Als ich sie kennenlernte, sie saß mit gemeinsamen Bekannten am Tisch des Nachtlokals Jockey am Wittenbergplatz, also in der Nähe des Kurfürstendamms, und sie war und blieb ihr Leben lang Kurfürstendamm, schien sie sehr glücklich zu sein in der kleinen Berliner Wohnung mit Mann und Tochter, in kleinsten Verhältnissen, denn soviel verdiente ihr Mann nicht und sie fast gar nichts, weil sie eben gar nichts war. Oder doch? Eine tüchtige Berliner Hausfrau. Entdeckt wurde sie von dem hochbegabten Hollywood-Regisseur Josef von Sternberg, ursprünglich aus Wien und kein „von". Eher das Gegenteil ...

Der Stummfilmstar Emil Jannings war aus Hollywood 1928 nach Berlin zurückgekehrt. Er war in Berlin ein Star geworden, er blieb es in Hollywood, wenn möglich wurde er ein noch größerer Star, aber der Tonfilm paßte ihm nicht. Das heißt, er konnte im Gegensatz zu vielen Filmstars sprechen, er war ja ein guter Bühnenschauspieler, er hatte große Rollen bei Max Reinhardt gespielt, aber Englisch hätte er nie ohne Akzent sprechen können. Und Jannings, immer sehr schlau, von einer vielleicht noch schlaueren Frau begleitet, wußte, im Tonfilm würde er allenfalls Dialektrollen spielen können. Einen, der aus Deutschland oder Österreich oder meinetwegen aus Polen kam. Da er eben kein akzentfreies Englisch sprechen konnte. Wie auch später weder die Garbo noch die Dietrich noch Charles Boyer oder Conrad Veidt in einem amerikanischen Film je die Rolle eines Amerikaners oder einer Amerikanerin spielen sollten.

Jannings sah das voraus, ging nach Deutschland zurück. Die Ufa, wo er Karriere gemacht hatte, war nur zu froh, ihn wieder zu haben und – natürlich – mußte er einen Tonfilm drehen. Den ersten Tonfilm seines Lebens und, wie die Ufa hoffte, den ersten deutschen Tonfilm. Diese Hoffnung ging nicht in Erfüllung, andere Gesellschaften machten vor der Ufa Tonfilme, aber nur zwei oder drei.

Jannings sah mit einem Blick, daß kein deutscher Filmregisseur eigentlich wußte, wie man einen Tonfilm machte und er verlangte einen versierten Tonfilm-Regisseur. Also, einen aus Hollywood. Die Wahl fiel auf Josef von Sternberg, er hatte in Hollywood einen sehr erfolgreichen Stummfilm mit Jannings gedreht und er kannte sich auch schon in Fragen des Tonfilms aus.

Und er sollte einen Film machen, der nach einem Roman von Heinrich Mann geschrieben worden war, genauer geschrieben werden sollte. Die Ufa war damals schon in den Händen von Alfred Hugenberg, einem deutschnationalen Politiker, der auch einen großen Zeitungsverlag in Berlin hatte. Undenkbar, daß er seine Erlaubnis erteilt hätte, ein Buch des eher als links geltenden Heinrich Mann zu verfilmen! Man ließ ihn in dem Glauben, es handle sich um Thomas Mann, der damals international bereits so berühmt war, daß Hugenberg sich nur freuen konnte, ihn verfilmen zu lassen. Es wurden auch sehr bedeutende Literaten, darunter Carl Zuckmayer engagiert, ein gewisser Vollmöller, die aber nichts Rechtes zustande bekamen, und so wurde, wie schon in Stummfilmzeiten, der ehemalige Journalist Robert Liebmann, der unzählige Filme geschrieben hatte, hinzugezogen, und es entstand „Der Blaue Engel". Er handelte von einem ehrwürdigen Gymnasialprofessor, der bei Heinrich Mann „Professor Rat" heißt und als Professor Unrat verspottet wird, der von einer kleinen Tingeltangeltöse verführt wird und zugrunde geht.

Josef von Sternberg, ein kleiner, drahtiger Mann, fuhr von Hollywood nach New York, nahm einen großen Luxusdampfer nach Europa. An Bord las er das noch nicht endgültige Drehbuch und war ganz angetan. Die mächtige Ufa hatte ihm als Gegenspieler von Jannings den ihm und überhaupt außerhalb Berlins noch unbekannten Hans Albers vorgeschlagen. In seinem Berliner Hotel erfuhr er, daß dieser Albers allabendlich die Hauptrolle in der Revue „Zwei Krawatten" spiele. Er ging also in das nahe Theater. Er sah Hans Albers und war zufrieden. Ja, der wäre der Richtige für die allerdings kleine Rolle des jungen Mannes, der dem alternden Professor die Verführerin abspenstig macht. Er fand auch einige andere Schauspieler ganz vorzüglich und engagierte sie sogleich.

Aber wer sollte die Verführerin spielen? Die junge Dame aus dem drittklassigen Kabarett? Von Sternberg wußte es wenige Minuten nach Beginn der Vorstellung. Da war eine junge Dame, sie spielte gar keine große Rolle, aber sie war die Richtige. Wie hieß sie doch gleich? Ein Blick ins Programm. Marlene Dietrich! Er sah sofort in ihr etwas, was bis dahin noch keiner gesehen hatte. Bevor er das Theater verließ, war er entschlossen: diese Dietrich mußte er haben!

In der Ufa sah man das anders. Die Partnerin von Jannings in dem ersten Ufa-Tonfilm, da mußte ein Star her! Verschiedene Namen waren im Gespräch. Der Produzent Erich Pommer schlug die von Fritz Lang entdeckte Brigitte Helm vor, auch die etablierte Schauspielerin Lucie Mannheim.

Niemand wollte die Dietrich. Die meisten der Herren, die ein Wort mitzureden hatten, wußten nicht einmal, daß es sie gab. Erich Pommer, der Produzent, wußte es wohl, sah auch, daß es da Möglichkeiten gab, bezweifelte aber, daß die Dietrich „ziehen" würde.

Es gab harte Kämpfe in der Ufa.

Die Dietrich hörte davon. Sie war einmal ins Atelier gerufen worden, hatte eine Probeaufnahme gemacht, hatte irgendein Lied geträllert, ihr fiel gar nichts Vernünftiges ein, es war ein Schlager von Vorgestern, alle waren ziemlich überzeugt, daß sie nicht die Richtige sei. Nur Josef von Sternberg wankte nicht.

Und sie selbst? Sie saß in ihrem Lieblingsnachtlokal am Wittenbergplatz und meinte, es sei schon ganz gut, wenn sie die Rolle nicht bekäme. Sie war gar nicht begierig darauf, aus ihrem Kleinbürgerdasein herausgerissen zu werden. Eine kleine Rolle – warum nicht? Aber eine so große? Natürlich war sie geschmeichelt, daß von Sternberg sie haben wollte. Aber es würde ja doch nichts werden ...

Jannings, und besonders Frau Jannings waren – im Gegensatz zu den anderen Fachleuten – der Ansicht, daß die Dietrich goldrichtig sei. Und fürchteten, daß sie der Star des Films werden würde, als der sich doch Jannings empfand. Aber er hütete sich, diese Bedenken laut werden zu lassen.

Sternberg blieb eisern. Es kam dazu, daß er erklärte, wenn er die Dietrich nicht bekäme, würde er erst gar nicht mit dem Film beginnen, sondern nach Hollywood zurückkehren. Das wollte nun wirklich niemand. Und Pommer, der als Produzent entscheidend war, sagte sich schließlich, wenn ein so erfahrener Filmregisseur so dumpf entschlossen war, die Dietrich spielen zu lassen, dann sei sie vielleicht wirklich die beste Besetzung.

Und so begannen die Dreharbeiten. Und die Bühnenarbeiter, Beleuchter, Regieassistenten, und vor allem die anderen Schauspieler, die mitwirkten, sahen verblüfft, was sich jetzt im Atelier abspielte. Es war eine Verwandlung der Dietrich. Es war die Geburt einer neuen Dietrich, der Dietrich, die sehr bald ein Begriff in der Welt sein sollte. Auch gelegentliche Besucher des Ateliers – von Sternberg gehörte nicht zu den Regisseuren, die Zuschauer nicht mögen, er hatte sehr gern Publikum, wenn er arbeitete – rissen vor Staunen die Augen auf. Ich gehörte zu ihnen. Ich kam dann sehr oft, denn ich hatte das Gefühl, daß hier etwas ganz Besonderes passierte. Und dieses Gefühl hatte nicht nur ich, das spürten alle, die das Glück hatten, dabeizusein.

Einer der Anwesenden, nur zwei oder drei Tage lang gegen Ende der Dreharbeiten Anwesenden war ein gewisser Mr. Schulberg, einer der wichtigsten Produzenten der Paramount, bei der von Sternberg unter Kontrakt stand. Und der Paramount hatte Sternberg telegraphiert, sie müßten die Dietrich unbedingt nach Hollywood holen. Und Paramount hatte

Mr. Schulberg geschickt und der telegraphierte nur ein Wort: „Engagieren!"

Aber das war nicht ganz einfach. Als die Dietrich für fünftausend Mark den Vertrag mit der Ufa abschloß, hatte die Ufa eine Option auf ihren nächsten Film verlangt. Für eine etwas höhere Gage, die aber immer noch unter zehntausend Mark lag – eine lächerliche Summe, selbst für damalige Zeiten. Freilich, die Dietrich war ja noch niemand.

Als Pommer den fertigen Film sah, war er überzeugt, die Ufa würde von dieser Option Gebrauch machen und die Dietrich würde ein Ufa-Star werden – in Zukunft oder vielleicht schon gelegentlich ihres zweiten Filmes, zu einer wesentlich höheren als der vorgesehenen Gage.

Aber es kam anders. Als der Film Herrn Hugenberg und den anderen Mitgliedern des Aufsichtsrats vorgeführt wurde, war Pommer krank, lag zu Bett, konnte nicht kommen. Und Hugenberg und die anderen Herren waren alles andere als entzückt. Und natürlich hatten sie inzwischen herausbekommen, daß der Stoff von Heinrich Mann stammte, was sie sehr ärgerte, was aber jetzt nicht mehr zu ändern war. Aber auch der Film selbst ging ihnen ganz gegen den Strich. Der war ja unsittlich, unmoralisch! Wieviel Fleisch diese Dietrich zeigte!

Hugenberg hätte den Film am liebsten gar nicht herausgebracht. Aber das war undenkbar. Da war der Vertrag mit Jannings, der ohne Zweifel geklagt hätte. Nein, in Gottes Namen man sollte diesen Film herausbringen. Aber dann Schluß mit der Dietrich.

So konnte die Paramount sie engagieren. Schon für ihren ersten Film sollte sie $ 50 000 erhalten. Dabei wußte man gar nicht, ob sie drüben einschlagen würde.

Die Berliner Premiere, die sogenannte Uraufführung vom „Blauen Engel", fand im Gloria-Palast statt. Ein rauschender Erfolg. Die Dietrich wurde gefeiert – Jannings und die anderen natürlich auch. Eine Stunde später saß sie im Zug nach Hamburg oder Bremen – ich weiß das nicht mehr so genau –, von wo sie sich am nächsten Morgen nach Amerika einschiffen sollte.

Die Repräsentanten der Paramount erwarteten sie am Pier in

New York. Sie taten entzückt, aber sie waren ein bißchen skeptisch. Die Dietrich, für europäische Begriffe eine eher schlanke Dame, war für den amerikanischen Geschmack viel zu dick. Sie sollte erst einmal abnehmen!

Was sie auch gehorsam tat. Dann die Fahrt nach Hollywood. Ihr erster Film, natürlich mit Sternberg als Regisseur, begann nur wenige Wochen später. Er hieß „Marokko". Sie war keineswegs der Star des Films, jedenfalls war sie nicht als solcher gedacht. Die Hauptrolle spielte der auch im Personenverzeichnis als erster aufgeführte Gary Cooper. Die Dietrich erschien erst als zweite auf dem Personenverzeichnis. Außerdem spielte noch Adolphe Menjou mit und viele andere bekannte Filmschauspieler aus Hollywood.

Als der Film schon zur Hälfte abgedreht war und viel Geld gekostet hatte – das taten Filme ja immer –, stand noch einmal alles in Frage. Die Dietrich hatte – natürlich – mit Sternberg ein Verhältnis, das wußte jeder Mensch in Hollywood. Das hielt man auch für ganz selbstverständlich, bloß war es in Amerika nicht Sitte, daß dergleichen an die Öffentlichkeit kam. Aber irgendwie geschah es. Irgendeine Klatschtante hatte zuviel geredet oder geschrieben. Damals konnte ein Star durch einen Skandal von einem Tag auf den anderen erledigt sein. Und Marlene war noch kein Star.

Aber sie war auch nicht die Frau, die vorsichtig sein konnte oder auch nur wollte. Und da gab es eine Frau von Sternberg, die keine Lust hatte, hinzunehmen, daß sie lächerlich gemacht wurde, obwohl sie seit langem nicht mehr mit ihrem Mann zusammenlebte. Sie drohte, die damals noch sehr mächtigen Frauenvereine ins Bild zu setzen. Und wenn die losschlugen und einen Boykott der Dietrich-Filme beschlossen hätten! Nicht auszudenken!

Die Paramount nahm Sternberg ins Gebet. Er sagte, er liebe diese Frau und würde lieber mit ihr in der Wüste leben, in der er sie gerade filmte, als ohne sie in einem Königspalast. Wörtlich!

Man versuchte, mit der Dietrich zu reden. Die erklärte, sie habe sich noch nie in ihre Privatangelegenheiten hineinreden lassen. Man solle sie doch nach Berlin zurückschicken, wenn sie nicht genehm sei. Sie erzählte das auch einigen ihrer Bekannten, darunter mir, der sich gerade in journalistischer Mission in Los Angeles befand.

Die Dietrich nach Berlin zurückschicken! Nicht die Paramount! Denn ihr erster amerikanischer Film „Marokko" schien ein sehr aufregender Film zu werden. „Der Blaue Engel" war übrigens in den USA. noch gar nicht gezeigt worden.

Was tun? Man beschloß, den Mann der Dietrich nach Hollywood kommen zu lassen, um dem Land und auch den Frauenvereinen zu demonstrieren, wie glücklich sie verheiratet war. Er kam auch mit dem nächsten Dampfer und wurde, wie das üblich war, noch am New Yorker Pier interviewt. Ob er seine Frau liebe? Und ob! Was er am meisten an ihr liebe? Er gab nicht die erwartete Antwort. Er sagte schlicht: „Sie macht so gute Eierkuchen!"

Gelächter bei der Presse, die das natürlich für einen dummen Witz hielt. Gelächter und Schmunzeln überall in Amerika aus dem gleichen Grund. Kein Mensch nahm den doch offenbar betrogenen Ehemann ernst. Der Witz der Geschichte: Herr Sieber hatte die reine Wahrheit gesprochen. Er liebte an seiner Frau nicht den Vamp, nicht die aufregende Geliebte – das war einmal gewesen –, sondern die Frau, die ihm stets ein behagliches Heim gegeben hatte, und die hingebungsvolle Mutter des Kindes.

Nein, das war nicht die ungeheuer aufregende Dietrich, die das Publikum in „Marokko" zu sehen bekam, einen Film, der enormen Erfolg hatte, wie dann auch der „Blaue Engel", der erst später gezeigt wurde. Die Dietrich war die Verführung in Person, die Dietrich war nicht die liebende Mutter, die ihrem Mann das Essen kochte. Die Dietrich – hatte Glamour.

Kein Geringerer als Alfred Hitchcock bestätigte das. Er machte in den nächsten Jahren Filme mit Damen, die wir mit dem Begriff Glamour verbinden. Etwa Grace Kelly oder Ingrid Bergman. Er sagte einmal, über dieses Thema befragt: „Sie alle haben keinen Glamour. Auch die Garbo hat keinen Glamour. Glamour hat überhaupt nur die Dietrich!"

Dabei wußte er gar nicht viel mit ihr anzufangen, er nahm sie nur für einen seiner Filme, sie ging ihm ein wenig auf die Nerven, weil sie gar nicht abwartete, wie er eine Szene sah, sondern sie von vorneherein so spielte, wie er sie sah. Es ist vielleicht übertrieben zu sagen, daß er sich bei der Dietrich irgendwie überflüssig vorkam. Aber er erklärte einmal wörtlich: „Sie ist ein Profi. Sie ist ein besserer Profi als jeder Beleuchter oder Regisseur!"

Nun, für eine besonders gute Schauspielerin hielt er sie wohl nicht, schon gar nicht eine, die ihm so zusagte, wie die bereits erwähnten Damen.

Also, sie hatte Glamour und sie war ein Star. Und sie wußte auch, was man von einem Star verlangte, nämlich, wie ein Star zu leben. Und das tat sie auch. Sie lebte mit ihrer kleinen Tochter Maria, die sie maßlos verwöhnte, in einem herrlichen Haus mit Swimming-Pool und Tennis-Court und der richtigen Adresse. Ihr Wagen war todschick und wurde von einem todschicken Chauffeur in einer todschicken Livree gefahren, ihre Kleider, ihre ganze Aufmachung war letzter Schrei. Aber hinter dieser Fassade verbarg sich – die Berliner Hausfrau.

Nur wir, die wir sie von früher gut kennen, also vor allem die Hitler-Emigranten, wußten das. Wir konnten ihr keine größere Freude bereiten, als uns von ihr Berliner Spezialitäten, etwa Rouladen oder auch Schmorbraten kochen zu lassen. Natürlich hatte sie, nebst anderem Gesinde, auch eine Köchin, eine perfekte, versteht sich. Aber spätabends, wenn die längst zu Hause war, konnte man Marlene glücklich machen, wenn man sagte, man habe Hunger. Und dann marschierte sie in die Küche und kochte und kochte und kochte. Dann spülte sie noch das Geschirr, ja, wischte den Küchenboden sauber.

Noch in einem anderen Punkt war sie sehr bürgerlich. Sie wußte, daß sie Verpflichtungen hatte, und sie hielt sich daran. Wie selbstverständlich sorgte sie für ihren Mann, obwohl sie seit langem nicht mehr mit ihm lebte, und sie sorgte für seine Freundin. Sie ließ sich nie scheiden, obwohl er mit einer anderen lebte und obwohl sie mit manchen anderen lebte. Sie hatte noch in Berlin etwas mit dem Schriftsteller Erich Maria Remarque gehabt, vor ihrer Entdeckung durch Sternberg. Sie hatte auch mit Remarque etwas in der Hollywood-Zeit. Sie hatte etwas mit dem Franzosen Jean Gabin, später mit Fritz Lang und John Wayne. Nicht daß sie ihre Freunde wechselte wie ihre Wäsche. Hier wird über einen Zeitraum von etwa dreißig Jahren gesprochen. Denn sie blieb sehr lange eine sehr erregende Frau.

In ein, zwei Jahren war sie in Hollywood zum Weltstar geworden und prompt kam von Goebbels, inzwischen Propagandaminister, ein Ruf: „Heim ins Reich!" Sie hatte in den Augen der Nazis keinen Makel. Sie entstammte einer alten preußischen Offiziersfamilie, war blond und blauäugig, war so arisch wie alle Nazis gern ausgesehen hätten. Und versprach das große Auslandsgeschäft, das den Nazis fast automatisch entging, nachdem sie die Juden aus der Filmproduktion entfernt hatten. Die offerierte Gage war schon deshalb höher als ihre schon sagenhafte Hollywood-Gage.

Sie lehnte kühl ab. Kopien des Absagebriefes – in Deutschland wurde er natürlich nie veröffentlicht – schickte sie an alle ihre Freunde, auch an mich. Ein Satz wird mir immer im Gedächtnis bleiben. „Deutschland ist natürlich auch mein Land. Aber ich kann nicht in einem Land arbeiten, in dem meine besten Freunde und Männer, die mich gemacht haben, ihres Lebens nicht mehr sicher wären." Sie erwähnte einige Namen, ich glaube, Reinhardt, Lubitsch, Erich Pommer und natürlich auch von Sternberg. Da man sie nicht bekommen konnte, wurde dann Zarah Leander nach Berlin geholt, respektive dort aufgebaut, als Vamp vom Dienst, deren Ruhm dann freilich kaum über die Grenzen Deutschlands und des von Deutschland besetzten Europas drang und die so dringend benötigten Devisen nicht in den Mengen brachte, die Marlene herangeschafft hätte.

Marlene ließ ihren Mann und seine Freundin in die USA kommen und sorgte bis zu deren Lebensende für sie. Sie kümmerte sich auch um die anderen Hitler-Emigranten, besonders um diejenigen, die in Not waren. Sie holte im letzten Moment vor dem Krieg Remarque aus der Schweiz in die USA und Gabin aus Frankreich, bevor die Deutschen dort einmarschierten. Sie sorgte dafür, daß René Clair noch aus dem besetzten Frankreich entkam und viele andere auch. Als Hitler den USA den

Krieg erklärte, sagte sie ihre nächsten Filme ab und meldete sich zur Truppenbetreuung.

Sie war, begreiflicherweise, sehr gefragt, und das bedeutete für sie Arbeitstage bis zu zwanzig Stunden und keineswegs gefahrlose. Nach dem Krieg hatte sie überhaupt kein Geld mehr. Aber sie machte noch einige sehr erfolgreiche Filme in Hollywood und einen, auf Wunsch Gabins, in Paris, der allerdings durchfiel.

Da sie für so viele gesorgt hatte, da sie niemals ein vernünftiges Verhältnis zu Geld gehabt hatte, war sie nicht Dollar-Millionärin geworden, sie hatte so gut wie gar kein Geld mehr, auch nach zwei Nachkriegsfilmen, die Billy Wilder mit ihr gemacht hatte.

Und dann wußte sie, daß ihre Filmkarriere zu Ende war. Sie war wirklich nicht mehr die verführerische Frau, als die das Publikum sie sehen wollte. Sie war nach Ansicht von Fachleuten, der sie sich anschloß, nicht mehr photographierbar.

Aber sie brauchte Geld, nicht so sehr für sich, als für andere. So mußte sie sich nach einer neuen Beschäftigung umsehen. Den Erfolg ihrer Filme bildeten fast immer die Chansons, die sie sang „Ich bin von Kopf bis Fuß ...", aber auch die Chansons in „Marokko" und in ihren anderen Filmen, etwa die „Boys in the backroom", in dem Wildwestfilm „Destry Rides Again". Auf diesen Erfolgen baute sie eine zweite Karriere auf als abendfüllende Chansonsängerin. Sie sang stundenlang vor ausverkauften Häusern am Broadway, in London, in Paris, in Rio, in Rom und zahlreichen anderen Metropolen. Nur in der Bundesrepublik wurde sie geradezu geschnitten. Die Deutschen, die nicht müde wurden und werden zu beteuern, sie seien keine Nazis gewesen, wollten von ihr nichts mehr wissen, die ja bewiesen hatte, daß sie keine war.

Dann, schon weit über 60 und nach einigen Stürzen auf der Bühne oder einmal sogar von der Bühne herunter, die nicht ganz ohne Folgen blieben, mußte sie auch mit den Chanson-Abenden aufhören. Sie zog sich nach Paris zurück in eine sehr kleine Wohnung, in einer allerdings sehr vornehmen Gegend.

Wovon sie lebt? Reich ist sie nicht, wenn auch vielleicht nicht so bitterarm, wie gemunkelt wurde. Sie hat eben doch in der Zeit, in der sie so unheimlich verdiente, für andere so viel getan – für ihre Familie, für die Familie ihrer Tochter, für die Emigranten, für die Arbeiter in den Filmstudios, für alle, die sich an sie wandten, für ... für ...

Sie, die nun auf die 90 zugeht, ist zur freiwilligen Einsiedlerin geworden, öffnet nur noch die Briefe einiger weniger Freunde, die ihre Telephonnummer streng geheim halten. Obwohl täglich ein Mädchen erscheint, um für sie zu kochen und aufzuräumen, besteht ihr größtes Vergnügen noch immer darin, den Küchenboden aufzuwischen und was Berlinisches zu kochen.

Warum zeigt sie sich nicht mehr? Will sie, daß die Welt sie als schöne, aufregende Frau in Erinnerung behält, die sie natürlich in ihrem Alter gar nicht mehr sein kann? Die Garbo, zum Beispiel, hat keine solchen Hemmungen, man sieht sie in New York, man sieht sie in Zürich, man sieht sie in dem kleinen schweizerischen Kurort Klosters. Die Dietrich sieht niemand mehr. Nicht einmal in dem Film, den sie mit Maximilian Schell gemacht hat. Man hört nur ihre Stimme, die Stimme einer Berlinerin.

Der Gedanke liegt nahe, daß sie vielleicht so leben will, wie sie, wäre sie nie ein internationaler Star geworden, in Berlin gelebt hätte. Vielleicht in einer nicht so eleganten Gegend, aber was tut schon die Gegend, wenn es sich um eine Frau handelt, die nur nachts ihre Wohnung verläßt, wenn niemand sie sehen kann – und was vielleicht entscheidender für sie ist, wenn sie niemanden sehen muß. Ja, der Kreis hat sich geschlossen.

Die sensationellen Kinder Thomas Manns

Erika Mann, im November 1905 geboren, und ihr Bruder Klaus, fast auf den Tag ein Jahr später, waren die ältesten Kinder von Thomas Mann und ließen es uns, die sie kannten und auch die übrige Welt nie vergessen, obwohl zumindest Klaus angeblich darunter litt, mit dem Vater verglichen zu werden.

Nein, schon dieser Satz tut dem liebenswerten, gutmütigen und gutartigen jungen Mann Unrecht. Er litt wirklich. Er wollte nicht der Sohn eines berühmten Mannes sein, er wollte er selbst sein – und natürlich berühmt werden.

Man könnte einwenden, und wir, seine Freunde, haben es weiß Gott oft genug getan, daß die für ihn verletzenden Vergleiche mit dem großen Vater zu verhindern gewesen wären, hätte er sich eines Pseudonyms bedient. Aber gerade das wollte er nicht, denn er profitierte natürlich davon, daß er der Sohn des Großen war – er bekam leichter Verlage, seine Artikel wurden fast von allen Zeitungen, denen er sie sandte, gedruckt, er hatte Zugang zu Stars von Bühne und Film und natürlich auch der Literatur, die für einen unbekannten Jüngling nicht zu sprechen gewesen wären.

Erika und Klaus machten, Ende der zwanziger Jahre, also noch blutjung, viel von sich reden. Sie waren so interessant! Waren sie ... sie waren doch Zwillinge! Waren sie nicht. Sie hatten ein Verhältnis miteinander! Hatten sie nicht, obwohl sie sich in der breitesten Öffentlichkeit so benahmen, als ob. Viele fanden ihr Benehmen abscheulich, zumindest schamlos, aber die Öffentlichkeit war eher amüsiert als entrüstet.

Es gab ja immer was über die beiden zu reden. Er war schwul!

Stimmte – und er versuchte nie, ein Geheimnis daraus zu machen. Im Gegenteil. Er sprach früher oder später immer wieder von seinen Affairen – und wen er immer gerade „gehabt" hatte, obwohl das damals noch strafbar war. Auch davon, daß Erika lesbisch sei, was nicht unbedingt stimmte. Jedenfalls sah sie höchst interessant aus, es hieß, sie sei besonders klug und es würde was Tolles aus ihr werden. Fragt sich nur, was. Sie war mal so, mal so. Was sie damals wollte, war schockieren, wohl auch den betont korrekten Thomas Mann.

Sie taten alles, um Aufsehen zu erregen, sie machten zusammen eine Weltreise, die im wesentlich finanziert wurde durch Celebritäten, die sie aufsuchten und anpumpten. Sie schrieben ein albernes Buch über diese Reise, das auch noch verlegt wurde. Weil so aufregend! Waren sie. Und höchst begabt. Aber blutige Dilettanten in fast allem, was sie taten. Aber sie waren reizend und amüsant.

Sonst waren sie grundverschieden. Ich lernte Erika 1921 beim Münchner Fasching kennen, es war mein erstes Semester. Wir tanzten. Sie wirkte sehr stark auf mich, andere Mädchen waren schöner, aber sie war ungemein anziehend und apart und eher wie ein Junge. Sie lud mich spontan ins Haus der Eltern ein. Ich werde nie die Worte vergessen, mit denen sie mich dem von mir bereits verehrten Thomas Mann vorstellte: „Gefällt er Dir? Mir gefällt er!" Dabei hatte sie noch keinen Versuch gemacht, mich zu verführen oder sich von mir verführen zu lassen. Das kam später und war in unser beider Leben nicht weiter von Bedeutung. Ich wurde rot, als ich merkte, daß Thomas Mann mich musterte. Er schien belustigt.

Damals lernte ich auch Klaus kennen, der wohl für den Fasching noch zu jung war. Ein netter Junge, schien mir, nicht mehr, nicht weniger. Er besuchte noch ein Internat, aus dem er, zum Bedauern der Familie, und lange vor dem Abitur entwich, nicht zum Leidwesen der Schulleitung, denn er hatte schon allerhand angestellt. Er hatte wohl was mit anderen Jungen des Internats. Das nannte man damals unsittlich. Ein paar Jahre später hätte niemand mehr darüber ein Wort verloren ...

Er wollte Schriftsteller werden. Begreiflich, denn der Vater war es und war mit seinen Büchern berühmt geworden, und hatte viel Geld verdient. Und auch Onkel Heinrich war ein bekannter Schriftsteller, wenn er auch nicht so viel Geld verdiente wie der jüngere Bruder Thomas. Jedenfalls muß der junge Klaus geglaubt haben, sich mit Schriftstellerei einen Namen zu machen und genug Geld für ein luxuriöses Leben zu verdienen – denn einen gewissen Luxus hatte er immer für sich gewünscht.

Als entwichener Schüler und angehender Schriftsteller besuchte er viele Berühmtheiten, die auch Homos waren, wie etwa André Gide oder Jean Cocteau, und sie empfingen ihn, weil er der Sohn des berühmten Vaters war. Er schrieb über sie und auch später vor allem über Homos, etwa Hermann Bang oder Tschaikovsky. Einmal, später, viel später, schon in der amerikanischen Emigration, sagte er zu mir allen Ernstes: „Es gibt zwei Arten von Männern, solche die wissen, daß sie schwul sind, und solche, die es nicht wissen."

Er hatte nach der Flucht aus dem Internat ein paar Monate lang Theaterkritiken für ein Berliner Blatt geschrieben, obwohl er nicht das Geringste von Theater verstand. Dann hatte er genug davon, sehr zur Erleichterung der Redaktion.

Er wußte, daß er nichts von Theater wußte, aber das hinderte ihn nicht daran, in Hamburg, an dessen Kammerspielen die Schwester wirkte, gleich zwei Stücke zu schreiben und Erika zwang das Theater, sie zur Aufführung zu bringen. Mit den Geschwistern in den Hauptrollen, und auch Pamela Wedekind mußte mitspielen, nicht weil sie damals eine recht gute Schauspielerin zu werden versprach, sondern weil sie die Tochter eines berühmten Dramatikers und angeblich die Verlobte von Klaus war – natürlich nichts als alberner Klatsch. Und der unglückliche junge Gustaf Gründgens, von Erika gerade geheiratet, mußte auch mitspielen und sogar Regie führen.

Damals wurden die Weichen für die Geschwister Mann gestellt, wohl ohne daß sie es ahnten. Sie begriffen nicht, daß der frühe Erfolg des jungen Gründgens damit zu tun hatte, daß er seinen Beruf – als Schauspieler und Regisseur – verdammt ernst nahm, kurz, ein Profi war. Und dasselbe galt für Pamela Wedekind, wenn sie auch vielleicht keine sensationelle Begabung hatte. Sie würde es doch wohl schaffen. Die Geschwister Mann aber waren blutige Dilettanten. Und der Dilettantismus sollte ihr Schicksal bleiben – nicht nur auf der Bühne, vor allem im Leben.

Die beiden Stücke von Klaus wurden totale Durchfälle. Das störte die Geschwister nicht weiter, sie zogen mit dem Stück durch die Lande, allerdings kam nur Pamela mit, Gründgens, obwohl noch mit Erika verheiratet – nicht mehr lange – zog sich aus dem Unternehmen diskret zurück.

So kam die kleine Gruppe auch nach Berlin und Reinhardt ließ sie, aus Hochachtung für den Vater, in den Kammerspielen auftreten. Werner Krauß, der an den Reinhardt-Bühnen wirkte, schrieb an die Bühnentür mit Kreide: „Hier können Familien Theater spielen!" Das war nicht nur ein Witz. Das war die Reaktion eines hundertprozentigen Profis gegen den Versuch von Dilettanten, in sein Fachgebiet einzubrechen. Und das war, das bewies die mangelnde Reaktion des Publikums, die auch in Berlin die Vorstellungen durchfallen ließ, ein sehr berechtigter Protest.

Das verstanden Erika und Klaus einfach nicht. Jedenfalls damals nicht. Sie sahen in diesem Protest nichts anderes als eine Variation des um die Jahrhundertwende bekannten Angebots Berliner Gartenwirtschaften: „Hier können Familien Kaffee kochen!"

Nein, das nahmen die Geschwister nicht ernst. Erika ging an das Münchner Residenztheater und spielte, Klaus schrieb. Und dann kam der entscheidende Punkt in beider Leben. Die Stunde der Wahrheit, als Hitler die Macht ergriff. Dies muß für sie gesagt werden und kann nicht oft genug gesagt werden: Sie erkannten viel früher als diejenigen, die von Politik mehr verstanden oder jedenfalls hätten verstehen müssen, was das bedeutete.

Klaus verließ Deutschland sofort und kämpfte mit Wort und Schrift gegen das Nazitum. Er ging zuerst nach Amsterdam, dann nach Paris, schließlich nach New York. Er schrieb Artikel und hielt Vorträge gegen den Faschismus – er lernte erstaunlich schnell Englisch. In Amsterdam hatte er eine Zeitschrift herausgegeben, später gründete er eine in New York, beide von erstaunlichem Niveau, beide allerdings recht kurzlebig – wer sollte Anti-Hitler Zeitschriften auf die Dauer finanzieren?

Als Hitler Amerika den Krieg erklärte, meldete sich Klaus freiwillig zur Armee. Es war gar nicht so leicht für ihn, dort unterzukommen. Denn da gab es einen Paragraphen 4 F, der Homos ausschloß. Ich mußte, von Klaus instruiert, schwören, er sei „normal". Andere Freunde mußten das auch.

Unsere Meineide hatten immerhin die Wirkung, daß Klaus nicht sofort abgelehnt wurde, was bei seinem Lebenswandel – von dem jeder, der es wollte, wissen mußte – eigentlich selbstverständlich gewesen wäre. Es kam zu einer sogenannten „Untersuchung".

Wie sah die aus? Klaus wurde zu einem Psychiater bestellt. Wir, seine Freunde, überlegten krampfhaft, was ein Psychiater etwa über die sexuellen Gewohnheiten von Klaus herausfinden sollte. Wir wunderten uns, denn wie gesagt, diese Gewohnheiten bildeten ja kein Geheimnis. Aber wir versuchten doch, Klaus zu präpieren, das heißt, sich so zu benehmen, als sei er völlig normal. Ich weiß nicht mehr, was ich mir darunter vorstellte, noch weniger, was die anderen Freunde sich darunter vorstellten.

Aber was nun geschah, war folgendes: Der Psychiater fragte Klaus, ob er eine Freundin habe und Klaus erwiderte forsch, er habe deren mehrere. Ob der Doktor das glaubte oder nicht, blieb für uns alle schleierhaft. Schließlich ging er zum Fenster und sah hinaus. Dann winkte er Klaus und deutete auf das Fenster eines gegenüberliegenden Hauses und auf ein Mädchen, das an diesem Fenster stand, vielleicht auch sich aus ihm lehnte. Und er sagte etwa: „Die muß einen tollen Busen haben!"

Und Klaus, der sich ein Leben lang nie für die Busen von irgendwelchen Damen interessiert hatte, nickte eifrig. „Ja, einen tollen Busen!"

Und damit hatte er die Prüfung bestanden und war in der amerikanischen Armee.

Er war bis zum Ende mit dabei, er kam wirklich an die Front, arbeitete auch vorübergehend an der amerikanischen Armeezeitung mit, landete in Sizilien, zog mit den Truppen durch Italien und fand sich eines Tages in München.

Und dort trafen wir uns wieder – wirklich rein zufällig. Ich war mit der 7th Army gekommen, meist mit dem Hauptquartier der betreffenden Armeegruppe, und über Heidelberg, Dachau, nach München gelangt. Bevor es weiterging, d. h. wir weiterfuhren – das Kriegsende sollte ich ironischerweise in Berechtesgaden verbringen –, verabredeten wir uns, daß ich nach München zurückkehre und dann eine Deutschland-Tournee mit dem Jeep machen würde, den mir die Armee zur Verfügung stellte. Zweck dieser Reise war es, zu erforschen, wie die Bevölkerung die Niederlage hinnahm.

Ich sah keinen Grund dafür, Klaus nicht mitzunehmen, lud ihn ein, und wir fuhren los. Er war ziemlich erschüttert über das, was er zu sehen bekam. Ein unermüdlicher Kämpfer gegen Hitler, der natürlich gewollt hatte, daß Amerika in den Krieg zog, um ihn zu vernichten, hatte er sich doch die Zerstörung in Deutschland weniger furchtbar vorgestellt.

Und dann war der Krieg zu Ende. Er wurde ausgemustert – ich nicht, ich blieb in Berlin – er fuhr nach Amerika zurück. Aber er spürte bald, daß er dort keine Aufgaben mehr hatte. Die Zeitschrift, die er gegründet hatte, war längst eingegangen. Sie hatte sich eigentlich nie erhalten können. Eine Zeitlang hatte Klaus die Bekannten seines Vaters um Subventionen gebeten und sie auch erhalten. Aber schließlich wollten die nicht mehr. Und ich erinnere mich noch, daß er zu den Eltern nach Kalifornien fuhr, um Thomas Mann um Geld zu bitten – nicht für sich selbst, sondern für die Zeitschrift. Und daß der Vater ablehnen mußte. Ich erinnere mich auch noch eines Telegramms – ich war vorübergehend immer mal wieder in Washington oder New York – Klaus käme mit dem und dem Zug, ich solle ihn abholen und ein bißchen nett zu ihm sein, denn er sei sehr enttäuscht über die Absage der Eltern. Ich ging auch zur Grand Central Station und tat, was ich konnte.

Wie gesagt, ich fuhr immer nur für kurze Zeit und im Rahmen meiner Arbeit für die Armed Forces nach New York, Washington und auch London, ich war meist in Berlin stationiert, ich war einer der Berater des General Clay und hatte als solcher eine requirierte Villa in Zehlendorf.

Eines Tages tauchte Klaus auf, jetzt wieder Zivilist, und ich lud ihn ein, bei mir zu wohnen oder auch zu essen, wenn er Lust dazu hatte. Er blieb dann auch einige Zeit, und es wäre beinahe zu einem Zusammentreffen mit seinem ehemaligen Schwager Gustaf Gründgens gekommen, gegen den er den Roman „Mephisto" geschrieben hatte – darüber an anderer Stelle. Aber in letzter Minute scheiterte das Zusammentreffen, denn Klaus sagte: „Das würde mir Eri nie verzeihen!" Erika konnte nicht verzeihen – schon gar nicht ihrem ersten Mann.

Klaus war verletzt, daß ihn Deutschland nicht mit offenen Armen empfing. Er hatte vergessen oder verdrängt, daß er ja, als er Deutschland verließ, noch keineswegs „durchgesetzt" war, als Schriftsteller, versteht sich. Er hatte sich auch in Amerika nicht durchsetzen können, aber immerhin war er doch ein wenig bekannt geworden, und er setzte voraus, daß man das in Deutschland wußte. Er setzte wohl auch voraus, daß man seinen Mut im Kampf gegen Hitler – den hatte er von der ersten Stunde an gezeigt – honorieren würde.

Wir hatten lange Unterhaltungen darüber. Ich konnte ihm nicht klarmachen, daß man von diesem Kampf des Emigranten Klaus Mann so gut wie nichts wußte. Von Thomas Mann wußte man wenigstens einiges, nämlich, daß er via BBC wöchentlich eine Botschaft an das deutsche Volk gesandt hatte, in dem er ihm riet, sich von Hitler zu lösen. Diese Botschaften hatten Thomas Mann zwar nicht populär gemacht, das war auch nicht der Zweck der Übung, populär war Thomas Mann vielleicht nie, aber berühmt war er schon sehr lange. Kein Deutscher war sich darüber im unklaren, daß Thomas Mann zu denen gehörte, die Hitler abgelehnt und Deutschland verlassen hatten. Von Klaus hatte man überhaupt nichts gehört, und das hatte seinen Grund darin, daß man gar nichts von ihm hören wollte, weil er eben ein relativ Unbekannter gewesen und noch bei der Rückkehr war.

Wir hatten, wie gesagt, lange Unterhaltungen darüber. Ich sagte ihm, daß es ein Leichtes für ihn sein müsse, eine Stellung an einer deutschen Zeitung zu finden, aber er wollte das nicht, er wollte – ja, was wollte er eigentlich? Er wußte es selbst nicht. Anerkannt werden. Geliebt werden.

Aber wie konnte die weitere Öffentlichkeit in seiner Heimat ihn, den sie gar nicht kannte, anerkennen oder lieben? Er fuhr wieder nach Kalifornien zurück und machte einen Selbstmordversuch. Ich erinnere mich deutlich, daß mir seine Mutter – die Eltern hatten das Haus in Kalifornien verlassen, waren aber vorläufig und nur vorübergehend in der Schweiz – von diesem Selbstmordversuch berichtete, ich schrieb an Klaus einen langen Brief, in dem ich ihm heftige Vorwürfe über diesen Selbstmordversuch machte und beschwor, wieder an die Arbeit zu gehen, am besten in seiner ehemaligen Heimat. In Deutschland war er zwar nicht bekannt, aber er hatte genug Freunde von ehedem und ich kannte ein halbdutzend Chefredakteure, die ihn sofort eingestellt hätten, und sei es auch nur des Namens wegen.

Er versprach zu kommen, aber er kam nicht. Er machte einen zweiten Selbstmordversuch, der ebenfalls scheiterte. Der dritte – in Cannes – glückte. Dann wurde viel darüber geschrieben, er sei daran „zerbrochen", daß er als Schriftsteller in Deutschland nicht anerkannt, gedruckt, verbreitet worden sei und dergleichen mehr. Das mag mitgespielt haben. Aber ich glaube, behauptete es damals und tue es heute noch, er starb an einer Art Mid-life Krise. Alternde Homosexuelle, die weder Geld genug haben, noch die Anziehungskraft der Jugend besitzen, die Klaus einmal besaß, um junge Freunde zu gewinnen oder zumindest neue ...

Der Bruder Golo Mann, damals fast unbekannt, später ein bekannter und bedeutender Historiker, schrieb über den Grund dafür, daß Klaus aus dem Leben scheiden wollte, das hätte auch mit seiner Mittellosigkeit zu tun gehabt. So konnte man es auch ausdrücken. Wenn er genug Geld gehabt hätte, um nicht von dem finanziellen Erfolg seiner Bücher oder sonstigen Arbeiten abhängig zu sein, der sich eben nie überzeugend einstellte, wenn er genug Geld gehabt hätte, um sich, sagen wir es brutal, Jungens zu kaufen, dann ... Oder wenn, wie es das halbe Leben lang der Fall gewesen war, Erika damals bei ihm gewesen wäre! Aber sie war weit fort von ihm und das in jeder Beziehung.

Gehen wir ein wenig zurück. Die junge Erika hatte also Schauspielerin werden wollen. Wäre auch eine geworden, vielleicht keine sensationell erfolgreiche, aber doch eine, die den Namen verdient, wenn sie nur Ausdauer gehabt hätte oder auch etwas Pflichtbewußtsein diesem Beruf gegenüber. Aber sie brach die Karriere sehr früh ab, als sie noch keine geworden war. Undenkbar für sie, die bald hier, bald dort sein wollte, wo was los war, ein Engagement über mehrere Jahre, vielleicht sogar ein Leben lang durchzustehen. Sie machte Verträge, um sie, wenn es ihr paßte, zu brechen. Das Finanzielle? Nun, das würde der „Zauberer", so nannten beide den Vater, der sich gelegentlich eines Maskenballes als Zauberer maskiert hatte, erledigen.

Die Entscheidung ihres Lebens traf sie mit viel Mut, als der Nazionalsozialismus in Deutschland im Kommen war. Sie gründete ein politisches Kabarett „Die Pfeffermühle" und sang und spielte antifaschistische Chansons und Sketche, Texte, die Klaus oder sie selbst geschrieben hatte, mit ihrer Freundin, der herrlichen Schauspielerin Therese Giehse. Enormer Erfolg in München. Aber auch ein sehr gefährlicher, als Hitler an die Macht gekommen war. Vorerst spielte sie unbeirrt weiter. Erst als sie hörte, die Polizei sei hinter ihr her, flüchtete sie mit ihrem Ensemble in die Schweiz. Auch dort war es nicht ganz ungefährlich, gegen Hitler zu „spielen". Dafür sorgten schon die schweizerischen Hitler-Sympathisanten, die sich „Frontisten" nannten, obwohl sie nie daran dachten, an irgendeiner Front zu kämpfen, was wohl auch für sie als Schweizer gar nicht möglich gewesen wäre, deren einzige „Front" in jüdischen Zivilisten bestand, die sie verprügelten, besonders wenn sie, die Juden nämlich, allein daherkamen.

Um diese Zeit war Erikas deutscher Paß abgelaufen. Sie war natürlich längst ausgebürgert, und auf jeden Fall gab es keine Chance für sie, einen neuen deutschen Paß zu bekommen. Ohne Ausweis zu sein war damals für Emigranten besonders schlimm, die ja damit rechnen mußten, sehr schnell einen Ort zu verlassen oder ein Land, um anderswo Unterschlupf zu finden. Der englische Dichter Auden erklärte sich bereit, Erika zu heiraten, er selbst war nie an Frauen interessiert, ging also kein Risiko ein. Um dieselbe Zeit stellte auch die Freundin Erikas, die Schauspielerin Giehse, fest, daß auch ihr deutscher Paß ablief und Auden erklärte sich bereit, einen Bekannten aufzutreiben, der die Giehse heiraten würde. Als die beiden jungen Damen in dem englischen Nest ankamen, an dessen Bahnhof man sich verabredet hatte, trafen sie auf drei Männer. Sie waren erstaunt. Der junge Mann, der die Giehse zu heiraten bereit war und es dann auch tat, erklärte: „Ich mußte ihn mitbringen! Man kann ihn nicht allein lassen!" Der künftige Ehemann der Giehse war nämlich – Irrenwärter.

Erika zog mit ihrem Kabarett nach Amsterdam, auch in belgische Städte und landete schließlich in New York. Ich warnte sie. Ein deutschsprachiges, politisches Kabarett in New York, wo man nur Night Clubs besuchte, um sich zu amüsieren, nicht aber, um sich politisch zu informieren? Nein, das konnte nicht gutgehen. Man brauchte kein Prophet zu sein, um das zu sagen. Ich kannte die Stadt, ich hatte immerhin schon seit Ende 1933 in New York gelebt. Erika schlug meine Warnung in den Wind. Die „Pfeffermühle"-Premiere fand in einem kleinen Theatersaal in einem Penthouse eines Wolkenkratzers nahe der 42. Straße und der Lexington Avenue statt. Der Saal faßte 150 Personen. 75, durchwegs geladene, kamen. Am Ende klatschten etwa zehn. Die Presse war schon vorher gegangen.

Als ich mein benachbartes Hotel Bedford aufsuchte, in dem damals auch Erika und Klaus abgestiegen waren, sagte der Portier, sie erwarte mich in ihrem Zimmer. Sie war schon zu Bett gegangen. Sie gab zu, ich hätte recht gehabt. Was nun? Zum ersten Mal sah ich sie verzweifelt. Es kam, glaube ich, zu drei Vorstellungen.

Sie zog mit Lectures – Vorträgen über oder gegen die Nazis oder das Leben von Thomas Mann im Land umher. Sie schrieb zwei eher mittelmäßige politische Bücher. Als der Krieg in Europa ausbrach, meldete sie sich als Kriegs-Korrespondentin. Irgendein Blatt, ich glaube, ein englisches, schickte sie nach

Europa. Man versprach sich Sensationen von ihr. Immerhin war sie die Tochter von Thomas Mann! Sie hatte in den letzten Jahren ja auch immer mal wieder einiges geschrieben.

Das war alles schön und gut gewesen, aber nun sollte sie berichten. Und das konnte sie nicht. Das hatte sie nie gelernt, und, obwohl viele Leute das nicht glauben, auch Journalismus muß gelernt sein.

Aber da gab es noch etwas anderes. Erika war weniger Beobachterin als Hasserin. Und sie war sehr leicht dazu zu bewegen, zu hassen. Sie haßte zum Beispiel das Land, das sie gerettet hatte – Amerika. Wir haben nie herausbekommen, warum das der Fall war. Sie lag, ohne ausgesprochene Kommunistin zu sein, auf der kommunistischen Linie. Die Kommunisten warfen den westlichen Alliierten vor, die Sowjetunion nicht durch eine sogenannte „zweite Front" zu entlasten. Als ob Moskau die Engländer entlastet hätte, als sie die einzigen waren, die gegen Hitler kämpften!

Aber als Erika nun mit den Truppen nach Deutschland kam, zeigte sich, wie sehr sie die Deutschen haßte. Jawohl „die" Deutschen. Nicht etwa, wie wir alle, die Naziverbrecher und vielleicht auch die Mitmacher und Mitläufer. Erika machte sozusagen sämtliche Einwohner Deutschlands dafür verantwortlich, was die Nazis angerichtet hatten. Darüber konnte man mit ihr gar nicht reden. Wenn ich sie fragte, was in jenen Tagen immer mal wieder geschah, ob sie von den Deutschen verlangt hätte, daß sie alle, alle emigrierten, schwieg sie, und ich hörte dann – nicht nur ich, jeder der mit ihr zu argumentieren versuchte – wir nähmen die Deutschen in Schutz!

Mit mir brach sie sehr bald. Vergessen die Jahre der unbedingten Freundschaft zwischen uns. Als sie hörte, daß ich mich für den Dirigenten Furtwängler einsetzte, weil mir sehr bald klar geworden war, daß er nun wahrhaftig kein Freund Hitlers gewesen war, war ich nur noch „Herr Riess" für sie, und als sie erfuhr, daß ich mich für Gründgens einsetzte, der damals – in den ersten Monaten nach Kriegsende – noch in sowjetischer Haft war, das Opfer eines Mißverständnisses – in seinen Papieren war als sein Beruf das Wort Generalintendant abgekürzt auf

General Int. vermerkt, was die Sowjets, die nach Berlin kamen, als General der Intelligence, also der Spionage oder Abwehr ansahen –, da explodierte sie förmlich. Man durfte in ihrer Gegenwart meinen Namen überhaupt nicht mehr nennen. Schließlich verfälschte sie sogar die Autobiographie ihres inzwischen toten Bruders durch Sätze gegen mich, die im amerikanischen Original nie gestanden hatten. Warum?

Sie mußte ganz einfach hassen, hassen, hassen. Lieben konnte sie längst nicht mehr.

Schließlich wurde sie die Sekretärin ihres Vaters. Sie sorgte dafür, daß er nicht nur Westdeutschland besuchte, sondern aus dem gleichen Anlaß – es war ein Goethe-Gedenktag – auch nach Weimar, also in die DDR fuhr. Sie ließ durchblicken, daß Thomas Mann, der damals schon viel zu alt war, um das zu durchschauen, im Grunde genommen mit dem Osten sympathisierte. Sie hatte es längst aufgegeben, eine persönliche Karriere zu machen oder sagen wir, ihre schriftstellerischen Bemühungen fortzusetzen, von den schauspielerischen ganz zu schweigen.

Als Thomas Mann starb, nahm sie in jeder Beziehung die Zügel in die Hand. Sie gab seine Briefe heraus, aber unterschlug seine Briefe an ihre „Feinde". Sie verkaufte seine Romane an den Film, immer mit der Auflage, daß sie das Drehbuch schreiben müsse, sie, die nie eines geschrieben hatte!

In den späteren Jahren hatte sie viele nicht recht erklärliche Unfälle und Knochenbrüche. Schließlich stellten die Ärzte fest, es handele sich um eine Entkalkung des Körpers. Sie würde also immer wieder einmal irgend etwas brechen, vielleicht einen Finger, vielleicht eine Hand, vielleicht einen Arm oder ein Bein... Sie wurde eigentlich nie mehr ganz gesund.

Und dann setzten schwere Kopfschmerzen ein. Die Ärzte stellten fest: Gehirntumor. Man versuchte eine Operation, aber es stellte sich heraus, daß Erika sterben müsse. Sie litt sehr. Ihre Mutter, mit der ich noch Jahre danach freundschaftliche Beziehungen unterhielt, rief mich an. Erika wollte mich sprechen!

Ich war erstaunt. Aber ich fuhr sofort in die Klinik in Zürich, wo ich um diese Zeit ja bereits lebte. Erika war nur ein Schatten ihrer selbst. Sie versuchte zu lächeln. „Ja, nun ist es bald so weit", sagte sie oder so etwas ähnliches. Und dann sagte sie etwas, was mir nie aus dem Kopf gehen wird. Sie sagte, das ganze Leben sei doch eigentlich sinnlos und diejenigen, die überhaupt nie auf die Welt gekommen wären, seien zu beneiden. Sie besah sich die Blumen, die ich mitgebracht hatte, und dann nickte sie und schloß die Augen. Sie war wohl sehr müde, die Mutter meinte, das sei die Wirkung der Medikamente, die sie nehmen mußte. Jedenfalls fühlte ich, daß unser letztes Gespräch etwas anders verlaufen war als die paar Gespräche, die wir vor dem endgültigen Bruch geführt hatten.

Diese bösen Gespräche waren nun doch nicht die letzten gewesen und darüber war ich eigentlich froh. Ich muß oft an die Worte Erikas denken, als ich die Tür hinter mir schloß. War das Leben wirklich so sinnlos? Hätte das Leben eines Menschen, der so viel Begabungen besaß wie Erika, die eigentlich alles hatte, was man sich wünschen konnte, nicht sinnvoller verlaufen können? Mußte es dahin kommen, daß sie, wie ja auch der von ihr, von uns allen so geliebte Bruder Klaus fast schon vergessen sind und wenn wir wenigen, die sie kannten, nicht mehr leben, ganz vergessen sein werden?

Einmalig: Die Massary

Es ist schwer, fast zu schwer, denen, die sie nicht kannten, wenigstens von der Bühne her, ein Bild von ihr zu machen. Nicht, daß dieses Bild mir nicht viele, viele Jahre nach ihrem Tod im Jahre 1969 vor Augen stände, als hätte ich sie gestern das letzte Mal gesehen oder gesprochen. Das gilt wohl für alle, die sie kannten, ja, die sie auch nur einmal auf der Bühne miterlebt haben. Ich sage, es ist schwer, denn sie war unvergleichbar.

Man kann von ihr nicht sagen, sie war wie die oder jene. Sie war eben nicht die oder jene. Man kann von ihr nicht sagen, sie war ein großer Revuestar wie etwa die Mistinguett oder entsprechende Stars aus England oder den U.S.A. Das war sie auch. Man kann nicht sagen, sie war eine große Operettensängerin wie etwa Mary Miller, die Mutter des in den letzten Jahren zu Weltruhm gelangten J. R. Ewing aus Dallas. Das war sie auch. Sie war auch eine außerordentliche Schauspielerin. Ja, wie bezeichnet man sie nun am besten? Wohl als einmalige Persönlichkeit.

Ich lernte sie durch ihren Mann kennen, den herrlichen Charakterspieler und Komiker Max Pallenberg. Der hatte mit ihr eine Weltreise gemacht und war mit ihr nach Berlin zurückgekehrt, um an der Volksbühne ein Theaterstück zu spielen. Ich war noch ein blutjunger Reporter und wurde von meiner Zeitung ins Theater geschickt, um ihn zu interviewen. Mir fiel keine geistvollere Frage ein, als „wie gefällt es Ihnen wieder in Berlin?" Und er: „Wie kann es mir gefallen, wo ich doch mit einem Scheißensemble spielen muß?"

Ich erschrak etwas, aber wir kamen dann doch ins Gespräch, das sich zu einem Artikel verarbeiten ließ.

Später müssen ihm Bedenken gekommen sein. Und er war wohl erleichtert, als er das Interview las, in dem der oben zitierte Satz nicht vorkam. Und als wir uns irgendwann wiedertrafen, ein paar Wochen später, dankte er mir und lud mich zu sich ein. Er bewohnte mit seiner Frau, Fritzi Massary, eine Villa unweit vom Knie, einem Platz in Berlin, der heute Ernst-Reuter-Platz heißt. Er stellte mich ihr vor, was eine große Auszeichnung war. Er sagte: „Das ist der junge Mann, von dem ich Dir erzählt habe!"

Ihrem erstaunten Blick entnahm ich, daß er nichts dergleichen getan hatte, aber sie spielte mit.

Sie war keineswegs das, was man eine schöne Frau nennt. Sie war klein, allerdings sehr schlank und hatte herrliche Beine und herrliche Hände. Und ihre Augen! Ich habe nie vorher und nie nachher solche Augen gesehen! Sie waren wie Porzellan! Wie Kristall! Nein, wie Brillanten! Ich hatte das Gefühl, daß sie noch in tiefster Dunkelheit leuchten würden.

Hier in wenigen Worten ihr Werdegang: Sie stammte aus Wien, wo sie als Friederike Massarek geboren wurde, Sproß einer guten jüdischen Familie, die wohl aus der Tschechoslowakei oder Polen gekommen war. Sie ging sehr früh zum Theater, genauer zur Operette. Sie spielte an einer Reihe von kleineren Bühnen, schließlich in Prag. Dort traf sie einen aristokratischen Offizier der k. und k. Armee, verliebte sich in ihn und bekam von ihm ein Kind. Er konnte sie nicht heiraten, ein Aristokrat, der in der Armee war, heiratete keine Schauspielerin. Später überlegte er es sich anders, aber dann hatte sie keine Lust mehr dazu. Dieses Kind, eine Tochter, konnte sie alleine aufziehen.

Dann wurde sie nach Berlin geholt. Von dem sagenhaften Direktor des Metropol, das ganz große Revuen herausbrachte, wie etwa das Casino de Paris. Sie wurde schnell der Star dieser Revuen, die alljährlich wechselten. Neben ihr brillierte Giampetro, ehemals bei Reinhardt, ein sagenhaft eleganter Bursche mit einem Glatzkopf und einem Monokel, das mit ihm verwachsen zu sein schien. Er spielte meist – parodistisch – preußische Offiziere. Alle Frauen Berlins waren in ihn verliebt. Die Massary auch ein wenig. Aber er nicht in sie. Er beanstandete das kleine Format ihrer Brüste.

Sie soll erwidert haben: „An denen wirst Du noch einmal krepieren!"

Alles spricht dafür, daß dies geschah, denn ein paar Jahre später, als er, genau wie jener Offizier in Prag sich zu spät zu ihr bekehrte und sie nein sagte, erschoß er sich. So jedenfalls hieß es.

Während des Weltkrieges endeten die großen Revuen im Metropol-Theater. Ich weiß nicht warum, ich habe das später nie erfahren, und so wichtig war es auch nicht: Das Metropol-Theater stellte sich auf Operetten um. Die großen Operettenkomponisten jener Tage schrieben ihre tragenden Rollen eigens für „die" Massary. Das war Leo Fall, ihr Lieblingskomponist, das war Franz Lehar, das war Oscar Straus, das war Emmerich Kalman.

Wenn sie eine Rolle spielte, war das Stück gemacht. Wenn sie die Rolle nicht spielte, war es gar nicht sicher, ob die betreffende Operette ein Erfolg werden würde.

Ich habe nie vorher und nie nachher einen Schauspieler oder eine Schauspielerin erlebt, die mit solcher Sicherheit ein Theater füllen konnte wie sie. Freilich, sie arbeitete hart. Sie nahm nach wie vor ganz regelmäßig Gesangsstunden, als wolle sie zur großen Oper. Sie lebte fast wie eine Nonne, wenn sie abends spielen mußte. Sie ging dann fast nie aus, besuchte fast nie Gesellschaften und gab nie selbst welche. Sie war zwei Stunden vor Beginn der Vorstellung in der Garderobe.

Also ihre außerordentlich große Leistung erklärt sich nicht nur durch ihr Talent. Es war auch, wie ja fast alle Leistungen auf dem Gebiet des Theaters, ein Resultat harter Arbeit.

Die sie sich bezahlen ließ. Ihre Gage, etwa seit Anfang der zwanziger Jahre war die Hälfte der Abendkasse, ohne Abzug. Also nicht etwa nach Abzug der Lustbarkeitssteuer oder war es sonst an Steuern gab. Nein, schlicht die Hälfte von dem, was eingekommen war. Es zahlte sich aus. Solange sie eine Operette spielte, war das Theater Abend für Abend ausverkauft. Von dem Tag, an dem sie nicht mehr spielte – sie spielte in Berlin eigentlich „nur" hundertmal, dann vielleicht noch dreißig oder fünfzigmal in Wien – war das Theater nur mäßig voll, je nach Beliebtheit der Operette. Übrigens spielte sie später nur Stücke ohne Musik und Tanz. Sie fand, als sie ungefähr fünfundvierzig Jahre alt war, nun sei es Zeit, nicht mehr „herumzutollen". Der Ausdruck stammt von ihr. Sie erwies sich als ausgezeichnete Konversationsschauspielerin.

Aber auch schon vorher, als sie ziemlich alberne Revuen oder Operetten spielte, fand sich zu ihren Premieren die Kritikerelite ein. Diejenigen, die sonst nicht im Traum daran gedacht hätten, reines Amüsiertheater zu begutachten, waren zur Stelle und schrieben Lobeshymnen. Ich habe nie in meinem Leben eine ablehnende Kritik über die Massary gelesen. Es waren immer Hymnen.

Was war nun ihr Geheimnis? Sie konnte singen, sehr gut sogar, sie konnte tanzen, sie konnte Konversation machen. Aber das konnten andere auch, wenn auch vielleicht nicht so vollendet. Was war es, das sie so einmalig erscheinen ließ? Es war das, was man im Theater Präsenz nennt. In dem Augenblick, in dem sie eine Bühne betrat, sah man nur noch sie. Sie brauchte niemals deutlich zu werden. Sie brauchte, zum Beispiel, nie gewagte Dekolletés zu tragen oder den Rock zu lüpfen. Wenn sie den Rock zehn Zentimeter hob, wenn nur zehn Zentimeter ihrer Beine sichtbar wurden, war das schon ein erotisches Erlebnis. Die Massary arbeitete nur mit Andeutungen. Man sah fast nichts von ihr, was zu jenen Zeiten „verboten" oder auch nur „gewagt" war, und glaubte doch alles zu sehen.

Ihren Mann hatte sie sich selbst ausgewählt. Max Pallenberg war, wie gesagt, ein herrlicher Komiker und Charakterspieler, aber als Mann keineswegs attraktiv, eher häßlich. Auf der Bühne freilich konnte er zaubern. Sie lernte ihn 1910 oder 1911 kennen in München, wo Max Reinhardt „Die schöne Helena" von Offenbach mit ihr und ihm inszenierte. Sie verfiel ihm augenblicklich. Mir sagte sie später, viel später, als sie schon eine alte Frau war: „Ich sah nur noch ihn. Er wußte es nicht. Er war sichtlich erstaunt, als ich ihm nach einer Aufführung den Schlüssel zu meinem Hotelzimmer in die Hand drückte."

So begann es. Ein paar Jahre lebten sie miteinander, wie man das damals nannte. Dann, 1918, kurz nach Kriegsende heirateten sie. Es war eigentlich nur noch eine Formsache.

Man muß es Pallenberg lassen. Er kümmerte sich sehr um seine Frau. Er sorgte dafür, daß er eine Woche, bevor sie Premiere hatte, spielfrei war, um in ihren letzten Proben zu sitzen. Er verwaltete ihr Geld, das heißt er schickte es mit seinem Geld an die Amstel-Bank in Holland, die zu dem Rothschild-Konzern gehörte, wo er es sicher wähnte.

Er hatte ihretwegen immer mal wieder Krach mit der Presse. Als im Berliner Ullstein-Verlag eine neue Zeitung herauskam, „Tempo", und die in ihrer ersten Nummer etwas Negatives über die Massary brachte, schrieb er einen wütenden Leserbrief. „Als langjähriger Leser Ihrer Zeitung muß ich ..." Ganz Berlin lachte.

Als das Berliner Tageblatt in einem Artikel die Massary etwas älter machte als sie war, schrieb er nicht nur eine Entgegnung, er wollte den Feuilleton-Chef verklagen. Ich sagte damals: „Seien Sie doch froh. Es kommt doch nicht darauf an, wie alt Ihre Frau ist, sondern wie sie aussieht und wirkt. Ein Kompliment für sie, wenn man sagen würde, die Massary ist 70!"

Pallenberg war für sich selbst nicht annähernd so dünnhäutig. Nach einem Verriß in Berlins populärster Boulevardzeitung „B.Z. am Mittag" erklärte er achselzuckend: „Wer liest schon die B.Z.?"

Als während der Wirtschaftskrise, also einige Jahre vor Hitler, die Amstel-Bank ihre Pforten schloß, und die Massary und er in Gefahr waren, einige Millionen zu verlieren, fuhr er nach Holland. Vergeblich. Er konnte nichts erreichen. Darauf ließ er sich ein Stück schreiben „Die Bank Nemo", das die – angeblich – dreckigen Geschäfte einer Bank und ihr Verhalten den Kunden gegenüber entlarvte. An Anspielungen auf die holländische Bank fehlte es nicht. Dieses Stück spielte er in Berlin, in Wien, in zahlreichen Provinzstädten ein halbes Jahr lang, bis einer der

Rothschilds, ich glaube es war der in Paris, ihn wissen ließ: „Hören Sie auf damit, Sie bekommen Ihr Geld!"

Er bekam sein Geld und das Geld der Massary.

Das Erstaunliche war, der gar nicht attraktive Mann, freilich von starker Wirkung auf Frauen, betrog seine, doch so unendlich attraktive Frau am laufenden Band. Nicht gerade so, daß man es unbedingt merken mußte, aber diejenigen, die ihn kannten, wußten, daß es so ziemlich in jeder Stadt, in der er gastierte, in Wien, in Prag, in Marienbad, in München ... irgend eine Dame gab, die nicht unbedingt eine Dame sein mußte. Was ihm zum Verhängnis werden sollte.

Ich weiß nicht, ob Fritzi etwas davon wußte. Da sie ungewöhnlich gescheit und lebensklug war, glaube ich heute, daß sie es wußte, aber darüber schwieg.

Dann kam Hitler. Da sowohl die Massary als auch ihr Mann rassisch nicht genehm waren und ihnen Hitler überhaupt nicht genehm war, verließen sie Berlin. Pallenberg sagte damals jedem: „Dieser Hitler sieht doch aus wie ein Heiratsschwindler!" Womit er gar nicht so unrecht hatte. Nur darauf kommen mußte man.

Bei ihrer Abreise ereignete sich etwas Seltsames, will sagen, es ereignete sich eigentlich nichts. Keiner der zahlreichen Schauspieler, keine der zahlreichen Schauspielerinnen, kein Regisseur, kein Kapellmeister, niemand, mit dem die Massary gearbeitet hatte erschien bei ihr, um sich von ihr zu verabschieden. Es gab nur eine Ausnahme. Das war Hans Albers. Er kam zu ihr und sagte ihr, wie unendlich leid es ihm täte, daß sie ginge, und er hoffe, sie würde bald zurückkommen!

Natürlich gab es auch andere, die ihren Fortgang bedauerten. Aber sie wagten nicht, es auszudrücken. Von Käthe Dorsch will ich nicht sprechen. Sie war ihre beste Freundin und traf sie natürlich auch in Wien oder in der Schweiz, wo die Massary die nächste Zeit verbrachte. Sie spielte nur noch wenig. Sie hatte eigentlich keine Lust mehr dazu. Und war klug genug zu wissen, daß man einen Erfolg auf der Bühne nicht ewig verlängern kann und hatte genug Erfolge gehabt. Und dann, knapp anderthalb

Jahre nach ihrer Emigration aus Deutschland geschah das Schreckliche.

Pallenberg war nach Prag gereist um dort zu gastieren und sollte nun in Karlsbad ein paar Gastspiele geben. Irgendeinen Schwank im dortigen Kurtheater. Er wollte ein Flugzeug nehmen, das um 12 Uhr – die genaue Zeit weiß ich nicht mehr – Prag für den kurzen Flug verließ. Der Grund: Da war eine junge Frau oder noch ein Mädchen, mit der er ein paar nette Stunden verbringen wollte.

Die Einzelheiten habe ich erst nach Kriegsende erfahren, als ich in Berlin war als Offizier der Militärregierung. Ein deutscher Freund nahm mich mit in eine sogenannte schwarze Bar, das heißt in eine, die eigentlich ohne polizeiliche Genehmigung existierte. Die hübsche Bardame, die natürlich glaubte, ich sei Amerikaner, obwohl ihr mein Deutsch hätte verraten müssen, woher ich stammte, machte mit mir Konversation. Sie sagte, es sei ein glücklicher Zufall, daß sie mich bedienen könne. „Eigentlich müßte ich schon tot sein!" Auf meinen erstaunten Blick erzählte sie:

„Ich war damals in Prag und sollte mit einem Mittagsflugzeug nach Karlsbad. Da trat ein Mann auf mich zu, der bekannte Schauspieler Max Pallenberg – Sie kennen vermutlich seinen Namen gar nicht, aber er war damals sehr beliebt – und sagte zu mir, er müsse eilig nach Karlsbad, habe aber nur eine Karte für das Flugzeug in zwei Stunden erhalten. Ob ich nicht mit ihm tauschen könne. Ich tat es. Und was soll ich Ihnen sagen? Das Flugzeug, das er mit meiner Karte bestieg, stürzte nach wenigen Minuten ab. Alle Passagiere tot. Auch Pallenberg, natürlich!"

Die Bardame war sichtlich erstaunt, als ich ihr gereizt entgegnete: „Ich wollte, Sie hätten in dem Flugzeug gesessen!" Die dürfte diese Reaktion eines „Amerikaners" nie begriffen haben.

Übrigens: Ich habe darüber nie gesprochen, geschweige denn geschrieben, nicht so lange Fritzi lebte. Es war wichtig für sie, diese Zusammenhänge nicht zu kennen, denn sie liebte ihren Bully, wie sie ihn zu nennen pflegte, über alles.

Für sie war mit seinem Tod, den sie in ihrem Haus am Attersee, unweit Salzburg erfuhr, eigentlich alles zu Ende. Sie war nun entschlossen, nie wieder aufzutreten. Sie brach diesen Schwur nur einmal, nämlich als Noel Coward eigens für sie ein Theaterstück schrieb „Operette", in dem sie eine Rolle spielte, die nicht unbedingt perfektes Englisch von ihr verlangte. Sie ließ sich überreden, dieses Stück zu spielen. Es war übrigens, wie sie vorhergesagt hatte, kein großer Erfolg. Es lag wohl auch an ihr. Sie wollte nicht mehr.

Sie hat auch nie wieder gespielt. Sie ging dann nach New York, wo sie ein paar Jahre lebte. Ich sah sie zwei-dreimal die Woche. Wir duzten uns längst, wir waren wirklich gute Freunde geworden. Ich zweifle nicht einen Augenblick, daß der Hauptgrund für sie war, daß ich ihren Bully so gut gekannt hatte, und daß ich gewissermaßen durch seine Vermittlung an sie geraten war.

Immer wieder schleppte sie mich in irgendein Theaterstück. Ich wußte sehr bald warum. Nach einer Weile sagte sie leise zu mir mit Blick auf den Hauptdarsteller: „Wäre das nicht eine Rolle für Bully gewesen?"

Immer wieder Bully.

Dann zog sie nach Kalifornien in das Haus, das ihre Tochter Liesel und ihr Mann Bruno Frank gekauft hatten. Aber nach seinem Tod wollte Liesel nicht mehr in Hollywood bleiben, und Fritzi war ganz zufrieden mit ihrem hübschen Haus nebst kleinem Garten und Swimming-Pool.

Sie lebte sehr zurückgezogen. Sie empfing nur wenige. Ihre besten Freunde waren Thomas Mann und Bruno Walter, der große Dirigent, und Alfred Polgar, der so viele Artikel über sie geschrieben hatte und, als sie sich entschloß nicht mehr aufzutreten, das klassische Wort umprägte: „Wir werden ihresgleichen nicht mehr sehen."

Nach Kriegsende kam sie öfters nach Europa, meist um ihre Tochter zu besuchen, die sich mit ihrem zweiten Mann in München niedergelassen hatte. Gelegentlich erschien sie auch in Zürich und wohnte dann im Hotel Dolder und rief mich an, ich solle sie doch besuchen.

Damals lebte ich eben auch schon in Zürich mit meiner Frau,

der Schauspielerin Heidemarie Hatheyer, die von der Massary sehr geschätzt wurde.

Ich erinnere mich noch, daß wir beide auf der Terrasse des Hotels Dolder saßen und über dies und jenes sprachen. Sie, eine sehr elegante, sehr distinguierte, alte Dame, die sehr leise sprach und durchaus nicht auffallen wollte und wohl auch nicht auffiel. Wer kannte sie damals, rund 25 Jahre nach ihrem Abschied noch? Liesel näherte sich uns. Wie so viele Schwerhörige sprach auch sie etwas sehr laut, was Fritzi ein bißchen störte. Von weitem rief Liesel ihrer Mutter zu: „Fritzi, der Curt hat wieder geheiratet!"

Fritzi nickte. „Ich weiß."

Liesel näherkommend und wenn möglich noch lauter: „Eine Schauspielerin!"

„Ich weiß." Fritzi gab sich betont leise: „Ich weiß."

Und Liesel nun an unserem Tisch gelandet: „Eine sehr gute sogar!"

Und Fritzi, nun die Rolle als distinguierte Dame der Gesellschaft vergessend, ganz wieder jüdisches Mädchen aus Wien, ebenfalls recht laut: „No, a schlechte wird er heiraten!"

Das nächste Mal sah ich sie 1967, also rund zwei Jahre vor ihrem Tod. Sie war noch immer fit. Sie sprang jeden Tag vom Sprungbrett mit Kopfsprung in ihren Swimming-Pool. Sie lief jeden Tag zwei Stunden spazieren. Sie aß immer noch vorsichtig. Sie hatte immer noch die Figur eines jungen Mädchens.

Zwei Jahre später war sie tot. Es kam ganz plötzlich. Des Nachts fiel sie aus ihrem Bett und brach sich einen Hüftknochen und drei Tage später war sie hinüber. Sie wollte keine Operation. Sie sagte, sie hätte genug gelebt.

Bei jenem letzten Treffen, erzählte sie mir eine Geschichte, die sie nicht vielen erzählt haben dürfte, sie wurde jedenfalls nie publiziert.

„Einmal, so 1927 oder 28 war ich bei Max Reinhardt eingeladen. Der Dirigent Bruno Walter war auch dabei. Und Reinhardt sagte, er würde gerne mit mir die Oper Carmen inszenieren. Und Bruno Walter meinte, er würde sie gerne dirigieren. Ja, meine Stimme reiche dazu durchaus! Ich sagte, ich wolle es mir überlegen. Nach zwei Tagen sagte ich nein, ich wolle doch lieber nicht."

„Warum denn nicht? Es wäre doch ein großer Erfolg für Dich gewesen", fragte ich.

„Es war ein großer Erfolg für mich, daß diese beiden Großen bereit waren, mit mir zu arbeiten. Das genügte mir durchaus."

Lubitsch und der Lubitsch-Touch

Er war genau zehn Jahre älter als ich. Und ich war zwölf oder ein paar Monate älter, als ich ihn kennen lernte. Er war in einem sogenannten Filmatelier, ich glaube in der Berliner Friedrichstraße „tätig", das heißt er räumte auf, schaffte Müll weg und Requisiten herbei und wieder weg. Oder träumte von einer Rolle im Film. Für seine „Mitarbeit" bekam er zwischen 3 und 5 Mark pro Tag, die konnte er brauchen neben seiner dürftigen Monatsgage von 100 Mark am Deutschen Theater in Berlin.

Jawohl, dort trat er auf, wenn auch nur in kleinsten Rollen. Ich hatte ihn als einen der Handwerker im „Sommernachtstraum" gesehen – und war wenig beeindruckt, es sei denn von seiner auffallenden Häßlichkeit.

Später erzählte er mir einmal wie er Schauspieler wurde. Er ist in Berlin aufgewachsen – im östlichen Berlin, wo der Vater ein gutgehendes Konfektionsgeschäft betreibt und annimmt, der Sohn werde es mal übernehmen. Doch der hat andere Pläne. Mit 16 verläßt er das Gymnasium. „Ich will Schauspieler werden!" Davon träumt er Tag und Nacht. Der alte Lubitsch, übrigens ein strenggläubiger Jude, zerrt den Sohn vor den Anprobierspiegel. „Bei dem Ponem?" (Jiddisch für Gesicht) Aber auch im Geschäft erweist sich der Knabe als „unbetamt" (ungeschickt). Trotzdem arbeitet er beim Vater, schon um das Geld für den Schauspielunterricht bei Viktor Arnold zu verdienen. Der weiß: „Du wirst nie den Romeo spielen, aber ..." Kleinstrollen in 2. oder 3. Besetzung oder vor allem komische Rollen lehrt der große Reinhardt ihn spielen.

Im Filmatelier wird man aufmerksam, dank Arnold, der dort

gelegentlich spielt. Schließlich darf auch der Junge mal einiges spielen, und diese Filme zeitigen außerordentliche Erfolge, denn man ist schon im Krieg, und die Berliner sind für Komik auf der Bühne und besonders im Kino dankbar. Es entstehen mit dem jungen Lubitsch solche Werke wie etwa „Der Stolz der Firma" oder „Die Firma heiratet" oder „Schuhpalast Pinkus", in denen er meist einen tolpatschigen Lehrling oder einen Commis spielt, alle ziemlich gräßlich und nicht in einem Atemzug zu nennen – was später öfters geschieht – mit Chaplins ersten Mac Seennet Kurzfilmen, die man übrigens in Europa noch nicht kennt, in Deutschland gar nicht kennen kann bis einige Jahre nach Kriegsende, also Anfang der zwanziger Jahre.

Lubitschs Kriegsfilme sind so erfolgreich, daß er sogar seine eigene Filmgesellschaft aufmacht, die aber prompt pleite geht. Paul Davidsohn holt ihn, ein emigrierter polnischer Jude, der in Paris die ersten Filme gesehen hatte, und in Berlin eine Filmgesellschaft namens Union AG gründet. Der kleine, dickliche Mann muß ein Genie gewesen sein. Denn er hat den Riecher, ausgerechnet Lubitsch als Regisseur zu engagieren, ausgerechnet, denn es sollen vor allem todernste Filme entstehen.

Er hat die rechte Wahl getroffen. Auch mit seinem Star, der soeben aus Warschau von Reinhardt importierten Tänzerin Pola Negri, die ungewöhnlich schön und rassig wirkt, aber kaum eine Schauspielerin ist. Lubitsch umgibt sie mit den einzigen echten Schauspielern, die er kennt, denen vom Deutschen Theater, mit dem bildhübschen Harry Liedtke, mit dem kräftigen und schaupielerisch voller Fantasie steckenden Emil Jannings, die er alle zu Stars machen wird.

So entstehen längere Filme wie „Die Augen der Mumie Ma", „Carmen", später, als die Union AG in die neugegründete UFA eingeht – Generaldirektor natürlich wieder Davidsohn –, wird sie mit fast uneingeschränkten Mitteln ausgestattet, wenn man so etwas von Filmen, die gegen Kriegsende und bald nach ihm herauskommen, sagen darf, und er dreht „Madame Dubarry".

Ich war, wie übrigens auch andere Bekannte von Lubitsch oder von Schauspielern oft mit dabei, als solche Filme, oft zwei oder gar drei im Monat entstanden. Im Stummfilmatelier, wo stets Lärm herrschte, störte niemand. Lubitsch ließ sich schon gar nicht stören. Unglaublich wie dieser kleine, häßliche Mann die Schauspieler beherrschen konnte und das Äußerste aus ihnen herausholte.

Das sagte ihm jeder, meist in seiner Stammkneipe Mutter Mänz, unweit vom Kurfürstendamm und auch unweit vom Romanischen Café. Und das freute ihn auch. Wobei er nie unerwähnt ließ, das alles habe er im Deutschen Theater gelernt, von Max Reinhardt, natürlich. Vor allem auch die Beherrschung von Massen. In der Tat, manchmal waren es mehr als tausend Statisten, die er in Superfilmen, zum Beispiel „Madame Dubarry" oder „Anna Boleyn" oder „Das Weib des Pharao" brauchte.

Die „Dubarry" war als „Passion" schon bald nach Kriegsende ein solcher Erfolg in den USA, daß die Negri und Lubitsch sofort nach Hollywood engagiert wurden. Wo die Negri allerdings kaum noch Erfolg hatte.

„Ich werde drüben nicht ankommen!" prophezeite Lubitsch finster. „Ich gehöre nicht nach Amerika. Ich gehöre nach Berlin. Die zahlen mir zwar eine tolle Gage, da konnte ich nicht nein sagen, aber die werden froh sein, wenn sie mich schnell wieder loswerden!" Diese Worte fielen vor vielen Zeugen bei Mutter Mänz, wo sich seine trauernden Freunde versammelt hatten.

Er sollte recht und unrecht behalten. Recht, denn sein erster Film mit – immerhin – Mary Pickford, Publikumsliebling par excellence, ein Riesenschinken, fiel durch. Zu Unrecht, denn schon sein zweiter Film „Mariage Circle" wurde ein Sensationserfolg und richtungsweisend. Es war kein Monumentalfilm mehr, einen solchen hat Lubitsch überhaupt nie mehr gemacht, nur noch, oder fast nur noch Gesellschaftsfilme. Im Gegensatz zu Cecil B. de Mille, der mit solchen angefangen hatte und später nur noch Monumentalfilme drehte.

Damals prägte der Filmkritiker des „New Yorker", eine aufkommende Zeitschrift, die sehr sophisticated war und Lubitsch gewissermaßen entdeckte und alle seine Filme lobte, den Begriff vom Lubitsch-Touch, den die Welt übernahm ohne sich viel dabei zu denken, als daß Lubitsch eben alles „irgendwie anders und amüsanter" mache als die anderen Regisseure.

Ich fragte ihn einmal nach der Bedeutung des Begriffs – ich sah ihn immer mal wieder: 1924, 1925 in New York, 1928 in Paris, kurz darauf in Berlin, 1934 wieder in New York, ab 1935 sehr oft in Hollywood. Als Antwort lächelte er immer nur. Erst kurz bevor der Krieg begann, als ich ein offizielles Interview für den Paris-Soir mit ihm machte, sagte er mir – fast wörtlich: „Die meisten Leute glauben, es handle sich da um Gags. Unsinn! Natürlich gibt es in meinen Filmen genug Gags wie in allen amüsanten Filmen."

Er erläuterte: „Nimm ‚Trouble in Paradise'. Die Sache beginnt mit einem Song von einem sehr schönen jungen Gondoliere gesungen ‚O sole mio'. Dann sehen wir näher kommend die Gondel und sie enthält – Kehricht! Ein Gag. Dieser Beginn wäre nicht wichtig, macht die Leute aber lachen.

Doch im selben Film wird der ungewöhnlich charmante internationale Taschendieb Gaston, als solcher nicht erkannt, von der superreichen und schönen Madame Colet als Privatsekretär engagiert. Er hat das irgendwie zustande gebracht, denn er will sie ganz einfach bestehlen. Er bringt es fertig, daß sie sich in ihn verliebt. Wie? Das Publikum sieht nur Ansätze dazu. Dann – Abendgesellschaft bei der Colet. Spät nachts brechen die Gäste auf – lachend, lärmig. Die Kamera schwenkt von ihnen, die über die Treppe entschwinden, auf den Garderobenständer. Ein einsamer Männerhut hängt dort – natürlich der von Gaston. Also, ist das nicht viel amüsanter als Küsse, Liebeseufzer, vielleicht auch ein aufgewühltes Bett, was die Zensur wohl gar nicht zugelassen hätte? Genügt nicht der Hut, damit das Publikum alles weiß?"

Oder – ich fasse zusammen was mir Lubitsch über seinen Film „Die lustige Witwe" erzählte. Die Operette spielt nur in Paris, in dem Palais des Gesandten des Königreichs Marschowia, dem Pariser Palais der in Marschowia geborenen blutjungen Witwe des reichsten Mannes dieses Staates, die mehr als halb Marschowia von ihm geerbt hat. Und das Königreich müßte, falls sie einen Franzosen heiraten und Französin werden würde, pleite gehen. Also wird der Frauenliebling und Hauptmann der Leibgarde, Graf Danilo, auf sie angesetzt.

Das genügt Lubitsch nicht. Er will mit dem Anfang beginnen. Also Marschowia. Wie will er im Film zeigen, daß es sich um einen so winzig kleinen Staat handelt? Durch eine Karte Europas, auf der das Land nur mittels einer Lupe zu entdecken ist. Wie zeigen, daß alle Frauen Danilo verfallen? Er reitet durch die Straßen – alle Frauen starren ihm aus ihren Fenstern nach. Wie zeigen, daß er der lustigen Witwe verfallen ist? Er bringt ihr ein Ständchen, das aber sein Bursche singt, weil er eine bessere Stimme hat. Danilo begnügt sich mit dem Dirigieren des Burschen.

Auch die schöne und junge Königin hat ein Verhältnis mit Danilo. Wir sehen wie der ältere und reichlich dicke König sich gerade aus dem Bett erhoben hat, sich ankleidet und den Raum verläßt. Die Königin scheint noch zu schlafen. Im Gang trifft er dann den dort vorschriftsmäßig „wachenden" Danilo. Der salutiert, und kaum ist der König vorbei, macht er kehrt und geht, als sei es die selbstverständlichste Sache der Welt, ins königliche Schlafgemach.

Nicht so die Kamera und damit auch nicht das Publikum. Wir warten vor der Tür und werden belohnt. Denn gleich kommt der König zurück. Er hat vergessen seinen Uniformgürtel anzuschnallen. Er geht wieder ins Schlafgemach zurück. Wird er? Muß er nicht? Wir sehen nur die Tür. Bald erscheint er wieder – lächelnd. Er hat also nichts bemerkt! In der Hand hält er den vergessenen Gurt. Er tut ein paar Schritte, will ihn anlegen – vergeblich! Der Gürtel ist viel zu kurz für seinen Bauch. Jetzt dämmert es ihm. Wieder zurück ins Schlafzimmer. Da ein Skandal vermieden werden muß, schickt man Danilo als Attaché nach Paris, wo er auch gleich etwas in der Sache „Witwe" unternehmen kann.

Und die verliebt sich sehr bald in ihn und ist glücklich. Aber das erfahren wir nicht durch Küsse oder Liebesgestammel wie schon sooft gehabt. Eben noch haben wir sie als trauernde Witwe in ihrem Schlafzimmer gesehen – alles in Schwarz: die Tapeten, die Möbel, die Türen, der Bodenbelag, sogar der Pudel in der Mitte des Raumes. Jetzt sehen wir den Raum wieder – und alles ist weiß – auch der Pudel in der Mitte. Die Herrin ist verliebt und da wäre schwarz nicht mehr die richtige Farbe.

Türen spielen bei Lubitsch überhaupt eine entscheidende Rolle – die Pickford beklagte sich ja darüber, er sei kein Regisseur von Schauspielern, sondern einer von Türen. Die Türen sind deshalb für ihn so wichtig, weil sie uns die direkte Einsichtnahme in eine wichtige Szene untersagen, dafür aber die viel lustigeren Indizien auskosten lassen.

In „Ninotschka" kommen drei ausgehungerte Russen, sogenannte Offizielle, schäbig wirkend, in ein Pariser Luxushotel und verlangen telefonisch Zigaretten. Wir sehen dann nur den Korridor. Ein reizendes Zigarettenmädchen mit sehr kurzem Rock erscheint und geht durch die Zimmertür, die sich wieder schließt. Wir hören ungeheures Hallo von drinnen und gleich darauf erscheint das etwas derangierte Zigarettenmädchen und eilt fort. Offenbar auf der Flucht vor Zudringlichkeiten.

Nein, eben nicht. Sie erscheint gleich darauf wieder, begleitet von zwei weiteren Zigarettenmädchen. Ungeheure Begeisterung seitens der drei Russen, die wir nicht sehen – wir sehen eben nur die Tür – die aber durch die Tür deutlich zu uns dringt.

Noch ein Beispiel. In „Angel" ist Marlene Dietrich mit einem sehr hohen Tier im englischen Außenministerium verheiratet. Da er sie – Konferenzen im Ausland – stark vernachlässigt, fliegt sie einmal nach Paris und verbringt eine Nacht mit einem Mann, den sie eher durch Zufall kennengelernt hat und der nun glaubt, nicht mehr ohne sie leben zu können. Und als sie verschwunden ist, überall nach ihr sucht. Und die Unbekannte als die Frau eines Kriegskameraden wieder findet – die Sache spielt in den dreißiger Jahren, als die beiden Männer nicht mehr ganz blutjung sind. Marlenes Mann lädt ihn ein, nachdem er ihn auf irgend einem Empfang wieder getroffen hat, zum Lunch am folgenden Tag. Der Gast erkennt durch ein Photo auf dem Schreibtisch des Gastgebers, wer die überall Gesuchte ist. Auch sie weiß durch einen Blick von der Balustrade in den niedriger gelegenen Salon, wer da gekommen ist. Der Gatte ahnt nichts. Man erwartet, daß irgend etwas während der Mahlzeit geschieht. Was immer – da gäbe es vielleicht eine interessante, aber möglicherweise auch peinliche Szene.

Nun, wir sehen nichts von dieser Szene, es sei denn die Tür, die von dem Speisezimmer zur Küche führt. In der befinden wir uns nun und sehen nur die aus dem Speisezimmer zurückkehrenden Diener. Und siehe da. Die Lady hat von ihrem Kotelett nicht einen Bissen genommen, der Gast hat das seine immerhin in kleine Teile zerschnitten, aber auch nichts zu sich genommen. War das Fleisch vielleicht nicht in Ordnung? rätselt man in der Küche. O doch! Der Hausherr hat seine Portion vollkommen verspeist. Nun wissen wir Bescheid, obwohl wir die quälende Mahlzeit nicht eine Sekunde gesehen haben, und finden das noch recht amüsant.

Dieser „Lubitsch-Touch", erklärte mir der Meister, ist keineswegs wie mancher Kritiker glaubt, ein spontaner Einfall, sondern mühsame Arbeit am Drehbuch, immer in der Richtung Publikum, dem man eben nur Stichworte geben darf, respektive Stich-Szenen, um die Zusammenhänge ahnen zu lassen. Jedes Wort wird hundertmal hin- und hergedreht. Könnte man dies oder das nicht flüssiger und witziger gestalten? Damit dem Zuschauer schon früher ein Licht aufginge?

Das ist die Frage, mit der sich Lubitsch täglich herumquälte. Denn gleichgültig wer immer auf dem Vorspann für das Drehbuch verantwortlich zeichnete, verantwortlich war immer er selbst. Nicht der Regisseur Lubitsch, der Drehbuchautor Lubitsch schuf den Lubitsch-Touch.

Der beruflich so erfolgreiche Mann – er galt zeitweise als Hollywoods bester Regisseur, war viele Jahre Produktionschef bei der Paramount, konnte mit jedem Star drehen, sie rissen sich geradezu um ihn, drehte aber nur mit denen, die er mochte – in Nebenrollen tauchen in allen seinen Filmen immer wieder dieselben Akteure auf – er bekam an Gagen was er wollte, hatte alles, nur glücklich war er nicht. Seine erste sehr schöne Frau betrog ihn schon in Berlin. In Hollywood erwischte er sie mit seinem Drehbuchautor Hanns Krähly, den er aus Berlin importiert hatte. Er ließ sich von ihr scheiden und ließ die Branche wissen, er würde nie wieder für ein Studio arbeiten, das Krähly beschäftigte. Von dem hörte man dann später auch nur noch wenig.

Die zweite Frau, eine ebenfalls sehr hübsche Engländerin, die ihm eine Tochter schenkte, zog das Leben in London dem in Hollywood vor. Als der zweite Weltkrieg ausbrach wollte sie allerdings so schnell wie möglich nach Kalifornien zurück. Und es gelang mir, dank gewisser Beziehungen – Lubitsch bat mich darum –, sie nebst Kind aus England herauszubekommen zu einem Zeitpunkt, als das nur noch schwer möglich war – später wurde das übrigens wieder etwas besser. Aber auch diese Ehe hielt nicht. Lubitsch war privat sehr einsam, obwohl sich eigentlich eine Welt darum riß, mit ihm zusammen zu sein. Denn er war immer gut aufgelegt und die Geschichten, die er erzählte, waren köstlich.

Er hatte immer Berlin als seine Heimat betrachtet und wollte immer dorthin zurückkehren, schaffte es aber wegen zu vieler Verpflichtungen nur zweimal. Doch er blieb dem Paß nach Deutscher.

Erst als Hitler kam wurde er, jetzt in Blitzesschnelle, Amerikaner. Mit diesem neuen Deutschland wollte er nichts mehr zu tun haben.

Aber er lebte nicht mehr lange. Das Herz. Die viele zu harte Arbeit und die viel zu vielen und zu schweren Zigarren, von denen er nicht lassen konnte, trotz zahlloser ärztlicher Warnungen. Als das Herz stillstand, war er erst Mitte fünfzig.

Ich besuchte ihn ein paar Wochen vorher. Damals war das Ende absehbar. Ob er es wußte? Er machte nie die geringste Andeutung, er klagte nicht, auch wenn er starke Schmerzen hatte. Aber er hatte seinen letzten Film abbrechen müssen, den dann sein Freund Preminger für ihn zu Ende führte.

Es war 1947, ich war gerade aus Berlin zurückgekommen. Er wollte alles über Berlin wissen. Er ließ mich erzählen, und erzählen, bis die Schwester, die ihn damals schon bewachte, meinte, nun sei es genug.

Ich war schon in der Tür als er mir nachrief: „Du weißt doch wann ich herübergekommen bin?" „Natürlich, 1922/1923!" „Und 1935 hat mit dieser Goebbels ein Arbeitsverbot erteilen lassen. Komisch nich?"

„Grotesk!"

„Ja. Eigentlich ein echter Lubitsch-Touch, was? Finde ich jedenfalls!"

G. G.

Ich lernte Gustaf Gründgens Mitte, Ende der zwanziger Jahre kennen, als er, von Max Reinhardt nach Berlin gerufen, gerade dort eingetroffen war. Und zwar auf einer der (in Mode kommenden) Cocktailparties. – Er haßte sie, aber er wußte, daß er, als ein Berliner Neuling, hingehen mußte.

Nein, das mit dem Kennenlernen stimmt nicht ganz, wie ja vielleicht alles irgendwie nicht stimmt, wenn es um G. G. geht. Man lernte ihn nicht einfach so kennen, auch wenn man ihn kennen lernte. Nur einige wenige, denen er es erlaubte, durften ihn schließlich kennen. Ich gehörte zu diesen Ausnahmen, er hat es mir oft genug, in fast vorwurfsvollem Ton bestätigt.

Er kam von den Hamburger Kammerspielen, einem kleinen, aber künstlerisch hochkarätigen Theater, das allerdings finanziell auf schwachen Beinen stand. Er war dort sogleich nachdem er sein Engagement angetreten hatte, der Star geworden, mit rund zwanzig Rollen pro Spielzeit, meist tragenden und einem halben Dutzend Inszenierungen. Erika Mann, die Tochter des großen Jahrhundert-Erzählers, hatte ihn geheiratet – nicht umgekehrt, wie man damals glaubte. Und ihn eines Tages wieder verlassen, unter Hinterlassung erheblicher Schulden, als sie keine Lust mehr hatte, Theater zu spielen.

In Berlin führte er ein hektisches Leben, um es milde auszudrücken. Er spielte, er filmte, er trat in Operetten auf, machte Kabarett, schrieb Chansons, um seine Schulden loszuwerden. Vergeblich. Denn seine Art zu leben – wenn man will, sein Lebenswandel – war sehr kostspielig, nicht zuletzt weil er ihn Erpressungen aussetzte.

Diese ständige Unsicherheit deprimierte ihn, denn er, der immer wie ein Playboy wirkte, stets elegant, damals noch mit blondem Haar und bildhübsch, Monokel im Auge, manchmal in beiden Augen, dessen Leben so „unordentlich" war und das in jeder Beziehung, auch was das Intimste anging, war im Grunde einer, der eine typisch preußische Beamtenordnung schätzte, wie sich später herausstellen sollte.

Er kam auch, zumindest vorläufig, künstlerisch auf keinen grünen Zweig in Berlin. Reinhardt hatte ihn zwar geholt, aber wußte nicht, wie man ihn einsetzen konnte oder sollte – es war die Zeit, als Reinhardt gar nicht mehr an Berlin interessiert schien. Jeder am Theater Interessierte kannte G. G., aber den, der in Hamburg den Danton und den Hamlet gespielt hatte, kannte man in Berlin noch nicht. Er wurde vorerst nicht ganz ernst genommen, denn seine großen Erfolge waren Rollen in Stücken, die meist nicht ernst genommen wurden – Gesellschaftskomödien, Operetten.

Sein Durchbruch im Film: Der Ganovenchef in Fritz Langs „M", als der er für einen plötzlich verstorbenen Darsteller einsprang. Sein Durchbruch als Regisseur, in einem völlig neuen, vom Staub befreiten „Figaro", sein Durchbruch als Darsteller: der Mephisto, wo er den Faust – immerhin Werner Krauß – an die Wand spielte, im Staatstheater, kurz vor Hitlers Machtergreifung.

Bald darauf holte in Göring, dem, als preußischem Ministerpräsidenten, sämtliche preußische Staatstheater unterstanden – alle anderen wurden von Goebbels „dirigiert", als Intendant. Wie es zu dieser Berufung kam, die alle Welt verwunderte – am meisten G. G. selbst? Das hatte damit zu tun, daß der Intendant der Oper, übrigens ein in jeder Beziehung erfolgreicher Beamter, in G. G. auch einen korrekten Beamten witterte, der im etwas verlotterten Staatstheater Ordnung schaffen würde.

Das hatte auch damit zu tun, daß Görings Freundin und spätere Frau, Emmy Sonnemann, ursprünglich Schauspielerin, G. G. mochte und ihn wärmstens empfahl. Auch damit, daß Göring den Schauspieler Gründgens interessant fand und sich nicht vorstellen konnte, daß ein guter Schauspieler nicht auch ein guter Intendant sein könnte. In der Regel ein Irrtum – aber G. G. erwies sich als Ausnahme von der Regel.

Typisch, daß er sich für das erste Jahr nur als „stellvertretender Intendant" verpflichtete. Nämlich bis die „Nazistücke" – seine Formulierung – unter dem Druck der Partei, wie er wußte, bereits angenommen, abgespielt sein würden, was, wie er richtig vermutete, sehr bald der Fall sein dürfte. Er führte dann, als er die volle Verantwortung für das Theater übernahm, im Gegensatz zu vielen anderen deutschen und später österreichischen Theaterdirektoren, kein Nazistück mehr auf.

Aber er tat etwas anderes. Er holte sich die jetzt verweisten Schauspieler Max Reinhardts, Werner Krauß, Paul Hartmann, Emil Jannings, Hermine Körner, vor allem aber die jüdisch „versippten", die unter Goebbels keine andere Chance hatten, als sich umzubringen; wie etwa Theo Lingen oder Paul Bildt oder Otto Wernicke. Damit erreichte er zweierlei. Er machte großartiges Theater, und er sorgte dafür, daß sein Haus in jeder Beziehung eine Insel wurde in dem Nazisumpf, in dem die meisten Bühnen zu versinken drohten. Den Gruß „Heil Hitler" gab es in seinem Haus nicht. Wenn jemand so grüßte, bekam G. G. einen Lachkrampf.

Und er rettete viele, viele Leben. Er war wahrscheinlich der erfolgreichste Mann des sogenannten inneren Widerstands, den nachher so viele geleistet zu haben vorgaben. Das war nur möglich dank der Hilfe zweier Frauen, die Einfluß auf Göring hatten, nämlich Käthe Dorsch, in ihrer Jugend als Soubrette einige Jahre die Freundin von Göring, lange bevor es eine Nazipartei gab, und natürlich Emmy Sonnemann, die spätere Frau Görings, die weit davon entfernt war, antisemitisch zu fühlen, ihre beste Freundin war eine Jüdin. Sie war auch kein Mitglied der Partei, jedenfalls nicht bis 1943, als ein erzürnter Hitler davon erfuhr und sie schleunigst als Ehrenmitglied aufnahm.

Dieser innere Widerstand von Gründgens war natürlich nur einigen wenigen bekannt. Wäre er bekannt geworden, hätte er das vermutlich mit seinem Leben gebüßt. Auch die Emigranten, darunter meine Wenigkeit, ahnten nichts. Wir erfuhren nur, daß G. G. in die Dienste Görings getreten war und empfanden das als „Verrat". Er war ja schließlich einer der Unsrigen gewesen, und viele von uns glaubten, irrtümlicherweise übrigens, er sei sogar Mitglied der kommunistischen Partei.

Und wir empfanden es als ganz in der Ordnung, daß Klaus Mann, wie wir alle, diesen „Umfall" ungeheuerlich fand. Und auch privat hatte er noch ein Hühnchen mit seinem einstigen Schwager zu rupfen, eben, weil die Ehe mit Erika ein Mißerfolg gewesen war. Sein Leben lang der Schwester hörig, gab er Gustaf an dem Debakel die Schuld. Und so schrieb er seinen Anti-Gründgens-Roman „Mephisto".

Verständlich, ja selbstverständlich. Auch für mich, der Klaus oft sah, als er an dem Roman arbeitete.

Als ich dann fast unmittelbar nach Kriegsende, ich war mit der U. S. Army nach Berlin gekommen, herausfand, daß G. G. unter den Nazis eine sehr honorige und riskante Rolle gespielt hatte, fand ich es unanständig, „Mephisto" in Deutschland erscheinen zu lassen. Das fanden übrigens alle Deutschen, die den Roman gelesen hatten, und das waren erstaunlich viele, wenn man bedenkt, daß er in Amsterdam erschienen und im Hitlerdeutschland natürlich verboten war.

Diese Einstellung verstand Klaus Mann nicht, oder wollte sie nicht verstehen. Er behauptete – was nun wirklich nicht der Wahrheit entsprach – er habe im „Helden" des Romans gar nicht seinen ehemaligen Schwager schildern wollen. Es fand sich aber kein deutscher Verlag für diesen Schlüsselroman und Klaus Mann nahm sich verzweifelt – nicht nur darüber, aber auch darüber, das Leben.

Um diese Zeit war ich bereits mit G. G. eng befreundet. Das begann damit, daß am Tag nach dem Einmarsch amerikanischer Truppen in Berlin – am 3. Juli 1945 – mich viele Freunde von einst bestürmten, die irgendwie herausbekommen hatten, daß ich bei der Vorhut war, und verlangten, daß ich etwas unternehme, um G. G. freizubekommen. Auf diese Weise erfuhr ich, wie er sich unter den Nazis aufgeführt hatte, und vor allem, daß er von den Russen verhaftet und in ein Lager gesteckt wurde. Und niemand wußte eigentlich, warum. Später kam übrigens heraus, daß sie den Beruf, der in seinem Paß vermerkt war,

„Generalint." als General der Intelligence verstanden hatten. Eine ganze Anzahl von Schauspielern und sonst irgendwie mit dem Theater Verbundenen versuchten ihn frei zu bekommen. Ich interessierte General Clay, der ebenfalls verlangte, man solle doch diesen verdienten Mann freilassen.

Er kam dann auch frei, allerdings erst Anfang 1946. Er ließ es sich nicht nehmen, mir für meine Mithilfe an seiner Befreiung persönlich zu danken, obwohl meine Rolle in dieser Geschichte wirklich eine eher untergeordnete war. Das Hauptverdienst an seiner Freilassung gehörte dem Schauspieler-Sänger Ernst Busch, dem eingefleischten Kommunisten, den Gründgens davor bewahrt hatte unter den Nazis umgebracht zu werden. Und natürlich seiner Frau, der Schauspielerin Marianne Hoppe, die sich die Füße wund lief in Sachen ihres Mannes.

Die Russen ließen G. G. freilich nur gehen, nachdem er sich verpflichtet hatte in „ihrem" Deutschen Theater, das ja im Osten lag, zu spielen.

Darüber große Empörung der amerikanischen Militärregierung, denn G. G. hätte natürlich entnazifiziert werden müssen, nicht, weil er Schlimmes getan hatte, ganz einfach weil er eine sehr hohe Position unter den Nazis innegehabt hatte. Es wäre eine Formsache gewesen, aber die Russen setzten sich darüber hinweg. Das bedeutete für G. G., daß er nun im Westen nicht spielen konnte. Natürlich hätte man ihn im Westen entnazifizieren können, aber das wäre eine Ohrfeige für die Russen gewesen, und das wollte General Clay vermeiden.

Die Sache schien hoffnungslos. Ich war in der Lage, den gordischen Knoten zu durchschneiden. Ich machte darauf aufmerksam, daß G. G. zwar im Osten gespielt habe, als Regisseur aber im Westen noch entnazifiziert werden könne, das würden die Russen wohl hinnehmen.

Die Schauspielerin Käthe Dorsch, die damals in Wien lebte, fand sich bereit, in den Kammerspielen – neben dem Deutschen Theater – ein Stück von Shaw zu spielen, falls Gründgens entnazifiziert worden sei. Das lief innerhalb von wenigen Minuten über die Bühne und so war Gründgens für den Westen gerettet.

Schon vorher hatte ich eine sehr unangenehme Geschichte

für ihn oder eigentlich gegen ihn zu erledigen. Marianne Hoppe, die junge, schöne und hochbegabte Schauspielerin war ja mit ihm verheiratet. Ich will hier nicht auf die Frage eingehen, inwieweit diese Ehe eine Notwendigkeit gewesen war, um G. G. s bei den Nazis verfemte Veranlagung zuzudecken. Jedenfalls war es keine erfüllte Ehe, wenn er auch seine Frau schätzte und sie ihn. Als Berlin von den Russen besetzt wurde und er selbst verhaftet, traf sie einen Jugendfreund aus Frankfurt wieder. Er war nach England emigriert und mit den englischen Truppen nach Berlin gekommen. Verständlich, daß aus dem Treffen mehr wurde als nur ein Treffen. Und alle billigten die Affaire und auch, daß die Hoppe eines Tages schwanger wurde. Gustaf würde das schon verstehen! hieß es allgemein. Ich war der gleichen Meinung.

Aber kaum war G. G. in Berlin zurück und erfuhr von seiner Frau, was geschehen war und was geschehen würde, da reagierte er ganz anders. Und eines Morgens erschien ein deutscher Anwalt, der ein guter Freund Käthe Dorschs und auch Marianne Hoppes war, voller Aufregung vor mir. G. G. sei so empört, daß er seine Frau „wegen Ehebruchs mit einem alliierten Offizier" verklagen, respektive aus diesem Grund sich von ihr scheiden lassen wolle. Nur ich sei in der Lage, das zu verhindern.

Ich machte dem Anwalt klar, daß es zu dieser Scheidung nie kommen würde, weil es um diese Zeit noch gar nicht möglich war, einen alliierten Soldaten oder gar einen Offizier vor ein deutsches Gericht zu bekommen. Das widersprach dem Besatzungsrecht oder wie immer man das damals nannte. Der Anwalt meinte, aber auch schon ein solcher Versuch sei doch für seine Mandantin schrecklich peinlich. Ich versprach zu tun, was ich konnte. Ich ließ, noch am gleichen Abend, mit meinem Jeep G. G. vom Theater abholen, um bei mir ein spätes Nachtessen einzunehmen.

Und dann sagte ich ihm, was der Zweck dieser Zusammenkunft sei. Er war ganz aufgebracht. „Sehen Sie!" Damals siezten wir uns noch. „Als ich im Lager saß, habe ich mich immer auf die Zukunft mit Marianne und den Kindern gefreut. Ich dachte, wir würden uns eine kleine Wohnung nehmen, und dann käme Weihnachten, und dann säßen wir alle, Marianne, ich und die Kinder unter dem Christbaum."

Ich traute meinen Ohren nicht. Und dann sagte ich: „Herr Gründgens, soll ich der einzige Mensch sein, der nicht wissen darf ...?" Ich sagte das etwas drastischer. Ich machte mich darauf gefaßt, daß G. G. einen Riesenkrach machen würde. Aber ich hoffte, er würde lachen.

Er lachte. Er verlangte nur noch einmal etwas gerichtlich von Marianne, nämlich, als die einen Sohn geboren hatte, der natürlich Gründgens hieß, natürlich, denn er war ja gezeugt worden, als Marianne und G. G. noch verheiratet waren. Er wollte keinen Sohn eines anderen mit dem Namen Gründgens ausgestattet wissen. Marianne gab sofort nach.

Wie gesagt, wir wurden Freunde. Das bedeutete für ihn vor allem einmal, daß ich täglich, ja stündlich, auch mitten in der Nacht, für ihn zu sprechen war. Er war ein Menschenfresser. Wenn er einmal jemanden an sich heran ließ, und das tat er, wie bereits gesagt, sehr selten, dann mußte der auch immer für da sein. Es war für ihn eine Selbstverständlichkeit, daß ich zu seinen letzten Proben kam, vor allem wenn er spielte oder inszenierte. Das hing natürlich auch damit zusammen, daß er auch als Regisseur immer Schauspieler war, das heißt, er hatte es im Gegensatz zu den meisten anderen Regisseuren sehr gern, wenn man ihm bei der Arbeit zusah.

Aber er gab auch etwas auf mein Urteil. Der Grund dafür war nicht, daß ich so viel mehr vom Theater verstand als andere, sondern daß ich gewissermaßen ohne persönliches Interesse war. Ich suchte keine Stellung bei ihm, infolgedessen mußte ich nicht immerfort ja sagen. Wenn mir etwas nicht gefiel schüttelte ich nur den Kopf, falls noch etwas zu ändern war. Zu einem der unzähligen Zeitungsleute, die ihn einmal befragten, warum er mich immer wieder nach Düsseldorf und später nach Hamburg holte, sagte er – ich zitiere aus dem Gedächtnis: „Der Riess ist einer, der nicht nach der Generalprobe sagt: dies ist eine sehr gute Aufführung, bloß die drei Hauptdarsteller müssen umbesetzt werden und die Dekorationen müssen neu gemacht werden!" Mit einem Wort, ich hielt den Mund, auch wenn ich etwas nicht so gelungen fand und ich wußte, da war nichts mehr zu machen.

Manchmal, aber das geschah erst gegen Ende seines Lebens, rief nicht er mich, sondern irgend jemand aus dem Ensemble, der Dramaturg oder einer der Hauptdarsteller an, ich solle doch mal kommen, es sei mit G. G. – sie nannten ihn alle den Chef – nicht mehr auszukommen.

Übrigens bekam ich nicht immer Dank für meine Urteile. Er beschimpfte mich dann manchmal in Anwesenheit vieler anderer, man sehe es mal wieder, ich verstände doch nichts vom Theater. Ich ging dann beleidigt fort, aber wenige Tage später holte er mich zurück und siehe da, er hatte sich die betreffende Sache überlegt. Dann sagte er nicht etwa, ich hätte recht gehabt, sondern er sagte, da kann ich wörtlich zitieren, dafür gibt es unzählige Zeugen: „Du siehst, ich fresse Dir aus der Hand!"

So war er eben und so blieb er eigentlich bis zuletzt.

Aber zurück zu „Mephisto". Nach Klaus Manns Freitod erschien seine ursprünglich in den USA geschriebene Autobiographie „Der Wendepunkt" in Deutschland. Gefälscht, verfälscht. Da gab es eine Stelle, an der der Autor über die Entstehung des „Mephisto" berichtete und erklärte, er habe seinen Ex-Schwager nicht portraitieren wollen. Daraufhin versuchte Erika Mann, den „Mephisto" irgendwo unterzubringen. Der Erbe von Gründgens prozessierte. Er konnte die Originalausgabe der Autobiographie vorzeigen, in der Klaus Mann das genaue Gegenteil bekundet hatte. Der Roman wurde also verboten.

Am Rande: G. G. hatte mir mindestens ein halbes Dutzend mal gesagt, er würde keinen Finger rühren, um diesen Roman verbieten zu lassen.

Der „Mephisto"-Roman erschien dann aber trotzdem, allerdings auch erst nach seinem Tod. Ein Verlag druckte ihn trotz Verbot. Und machte ein gutes Geschäft. Das hatte der Verlag gewittert und das allein war der Grund dafür, daß er sich über das Verbot hinwegsetzte. Nicht etwa Kampf für die Meinungsfreiheit. Meinungsfreiheit ist nicht identisch mit Verleumdungs-Freiheit, selbst wenn die Verleumdung als solche ursprünglich vom Autor als solche nicht empfunden werden konnte. Es war auch nicht, wie verbreitet wurde, die Absicht des Verlages, dem zu kurz gekommenen Klaus Mann Hilfestellung zu leisten. Der Verlag hat nichts mehr von ihm publiziert.

Und jenseits aller Urteile über Klaus Manns Kunst: ein Buch von Klaus Mann hätte sich wohl kaum mit ein paar tausend Exemplaren verkauft. Der Renner war nicht Klaus Mann, sondern Gründgens. Ein Buch, das Einblick ins intime Leben eines Mannes wie Gründgens gestattete – jawohl, das wollte man. Kaufen und lesen, auch wenn man längst wußte, daß vieles in dem Buch gar nicht stimmte, vor allem seine sexuellen Exzesse mit einer Negerin.

Und das alles, obwohl inzwischen bekannt geworden war wie mutig sich G. G. unter Hitler verhalten hatte, daß er ein hervorragendes Theater gemacht hatte, daß er Juden beschützt hatte, daß er sich auch in Düsseldorf als Theaterleiter bewährte, in stärkerem Maße dann in Hamburg.

Das beste Nachkriegstheater in Deutschland, vermutlich in Europa. Er war zu seiner Zeit zweifellos der beste Theaterdirektor der Welt, einer der hervorragendsten Regisseure, und ein immer interessanter, aufregender Schauspieler, der die Theater stets füllte, so daß der Theaterdirektor Gründgens sich veranlaßt sah, den Schauspieler Gründgens viel zu oft einzusetzen, weil er ja als preußischer Beamter dafür zu sorgen hatte, nicht nur nicht die eher geringfügigen Subventionen zu überschreiten, die man ihm zur Verfügung stellte, sondern noch Geld zu erübrigen und an die betreffende Stadt zurückzuführen. Man bedenke! Man bedenke, daß heute kaum einer der Leiter subventionierter Theater nicht sein Budget überzieht. Was natürlich auch damit zu tun hat, daß das Theater von Gründgens fast immer ausverkauft war, während die Theater heute ...

Aber 18 Jahre nach Kriegsende wurde er müde, seine Kräfte waren verbraucht. Er litt schon in den letzten Kriegsjahren, in der für ihn so gefährlichen Zeit, unter schwersten Migräneanfällen. Sein Verbrauch von schmerzlindernden Mitteln nahm gefährliche Ausmaße an, obwohl er nie gefährliche Drogen nahm, wie oft gemunkelt wurde. Nein, er nahm von denen, die seine Ärzte als ungefährlich bezeichneten, viel zu viele.

Aber er arbeitete auch viel zu viel. Ein Theater in der Ruinenstadt Düsseldorf wieder aufzubauen, war höchst schwierig. Seit Beginn der Hamburger Zeit hatte er zuviel an Kraft verbraucht. Und dann litt er an einer unheilbaren Krankheit, einer Art Entkalkung, wovon er freilich nichts oder nur wenig wußte, und was mir seine Ärzte auch erst nach seinem Tod berichteten.

Im Sommer 1963 trat er als Intendant in Hamburg zurück. Er war nicht, wie später behauptet wurde, lebensmüde, er wollte nur nicht mehr die schwere Verantwortung tragen. Er wollte mit einem jungen Freund eine Weltreise unternehmen und ein Jahr später sich immer mal wieder als gastierender Schauspieler zeigen. Er war damals sehr glücklich. Er führte mir noch die vielen Anzüge vor, die er sich für die Reise, die ja durch sehr heiße Länder führen sollte, hatte machen lassen. Er ließ auch seine Zähne richten. Er war wie neugeboren.

Am 4. Oktober 1963 klingelte mein Telefon. Hamburg. Axel Springer war am Apparat. „Sie schreiben uns doch den Nachruf?"

„Nachruf?"

„Er war doch ihr bester Freund! Gustaf Gründgens, natürlich!"

So erfuhr ich von seinem Tod. In den Zeitungen wurde damals von Selbstmord auf Manila gemunkelt, was sinnlos war. Der Ordnung halber: Er starb an einem Riß in der Magenwand – Folge der bereits erwähnten Entkalkung. Seine Hamburger Ärzte hatten immer damit gerechnet, daß so etwas passieren könne. Es wäre nicht lebensgefährlich gewesen, wenn man ihn sofort operiert hätte, was in Hamburg oder in irgend einer anderen großen Stadt auch sicher geschehen wäre, nicht zuletzt, weil es sich da um etwas sehr Schmerzhaftes handelt. Aber Gründgens empfand, als dies geschah, kaum Schmerzen. Denn er hatte sehr viele Schmerzmittel genommen, um ruhig schlafen zu können. Er fühlte sich nur unwohl und glitt so in den Tod hinüber.

Der große Furtwängler

Natürlich kannte ich ihn gut, wenn auch nicht persönlich. Ich war in meiner Schulzeit sehr oft in die Philharmonischen Konzerte gegangen, die damals Arthur Nikisch leitete, dann aber, nach seinem Tod, Furtwängler übernahm. Und da hörte ich ihn und bewunderte ihn sehr. Als dann Hitler kam und viele Musiker, auch nichtjüdische, wie zum Beispiel der bedeutende Violinist Adolf Busch ebenso wie der große Operndirigent Fritz Busch das Land verließen, stellte ich keinerlei Überlegungen darüber an, warum Furtwängler in Deutschland geblieben sei. Warum eigentlich nicht?

Dann, in den späten dreißiger Jahren, hörte ich immer mal wieder von Leuten, die es eigentlich wissen sollten oder mußten, Furtwängler sei ein Nazi. Mitten im Krieg, im Herbst 1943, als ich – das hatte mit Militärischem zu tun – auf abenteuerliche Weise in die Schweiz kam, hörte ich, daß ein „Propaganda-Konzert", das Furtwängler in Zürich habe abhalten wollen, durch Massenproteste verhindert worden sei, daß aber ein ebensolches Konzert in Winterthur stattgefunden habe, weil die Feuerwehr oder die Polizei mit Wasserwerfern oder anderen „Waffen" gegen die Massen vorgegangen sei. Gab es überhaupt in Winterthur Massen?

Wie dem auch sei, die Sache brauchte mich nicht zu interessieren. Sie hatte nichts zu tun mit meinen Aufgaben während des Weltkrieges.

Und dann stand er vor mir. Ich befand mich auf einer Reise durch sämtliche deutschen Städte, die von den Westmächten besetzt waren, um zu sehen, was die Theater spielten und bekam

am laufenden Band „Nathan der Weise" zu sehen – aus Alibi-Gründen natürlich. Nach dem Krieg wollte niemand ein Antisemit gewesen sein. Auch das Burgtheater oder genauer gesagt das Ensemble des Burgtheaters, das aus dem zerbombten, übrigens durch SS-Leute zerbombten Haus, in das Variété-Theater Ronacher übersiedelt war, spielte den „Nathan". Ich saß in der Direktionsloge, aus der mich der amerikanische Filmoffizier Ernst Haeussermann, später Burgtheaterdirektor, holen ließ, um mich Furtwängler vorzustellen, der bleich, erschöpft und zitternd vor Kälte neben ihm stand. Er fragte mich, ob ich ihm helfen könne.
In welcher Beziehung?
„Ich bin doch verboten. Als angeblicher Nazi. Dabei war ich nie .."
„Hier in Wien kann ich nichts für Sie tun."
„Mr. Haeussermann sagte mir, Sie hätten einen gewissen Einfluß in Berlin."
Am nächsten Morgen saßen wir in einem ungeheizten Raum, zitternd vor Kälte, obwohl wir die Mäntel anbehalten hatten. Die Sache war die: Furtwängler war tatsächlich „verboten" in Deutschland und natürlich auch in Österreich, weil er Nazi war oder gewesen war. Aber, so führte er aus, er sei eben nie einer gewesen. Das entsprechende Gerücht sei dadurch entstanden, daß er 1936 ein Telegramm Toscaninis, die New Yorker Philharmoniker als sein Nachfolger zu übernehmen, angeblich mit einem Telegramm beantwortet habe, sein Platz sei im Dritten Reich.
Aber er hatte die Einladung Toscaninis nie erhalten, denn er befand sich damals in Ägypten, in einer Quasi-Emigration, da er auf einer Aufführung von Hindemith und von Mendelssohn bestanden und daher Ärger mit Goebbels gehabt habe.
So konnte er auch die ablehnende Antwort nicht verfaßt haben, die hatte Göring persönlich gefälscht, dem daran lag, Furtwängler an „seine" Staatsoper in Berlin zu binden. Weit davon entfernt, ein Anhänger des Regimes zu sein, war er diesem eher suspekt gewesen und hat zuletzt sogar vor der Gestapo in die Schweiz fliehen müssen, wo er das Kriegsende überlebte.

Für alles das gäbe es unzählige Beweise und Zeugen. Und nun lasse man ihn nicht dirigieren! Das verstehe er überhaupt nicht.

Ich war doch ein wenig verblüfft und auch bewegt. Daß er es gewagt hatte bis zu Hitler vorzudringen, dagegen zu protestieren, daß man Bruno Walter nicht mehr dirigieren und Max Reinhardt nicht mehr inszenieren ließ, sollte ich erst später in Berlin aus den Unterlagen erfahren. Wenn das, was er mir in Wien erzählte, stimmte, war ihm bitter unrecht geschehen. Ich versprach, sogleich nach meiner Rückkehr mit General Clay darüber zu reden. Was ich auch tat. Aber vorerst mit wenig Erfolg. Der General stand unter dem Einfluß des amerikanischen Musikoffiziers, der selbst Dirigent war und in seinem Größenwahn hoffte, die Leitung der Berliner Philharmoniker, also die Nachfolge Furtwänglers übernehmen zu können.

Ein oder zwei Jahre später, als er nach Amerika zurückkehrte, wurde er in der Tat Dirigent eines Orchesters in einem sehr kleinen Ort in Florida, von dessen Existenz niemand etwas wußte.

Ein paar Wochen später, es mögen auch ein paar Monate gewesen sein, wachte ich eines Morgens auf und Furtwängler saß an meinem Bett. Ich rieb mir die Augen. Wie war er nach Berlin gekommen? Ganz einfach! Die Russen hatten ihm das Angebot gemacht, die Berliner Staatsoper, die sich ja in ihrem Sektor befand, – vorläufig in einem ehemaligen Revuetheater in der Friedrichstraße – als Direktor zu übernehmen. Er hatte verlangt, daß man ihn nach Berlin einfliege, aber nicht, weil er Direktor der Ostberliner Staatsoper werden wollte, sondern weil er glaubte, so zu General Clay gelangen zu können.

Ich sagte ihm, der Flug nach Berlin sei ein großer Fehler gewesen. Clay würde unter Druck nie mit sich reden lassen. Das stimmte. Der General wurde höchst ärgerlich. „Schicken Sie Ihren Freund wieder in die Schweiz!"

Das war übrigens gar nicht so einfach, weil ihm die Franzosen, durch deren Zone er fahren mußte, das Visum verweigerten – in der Annahme, den Amerikanern, die Furtwängler geächtet hatten, einen Gefallen zu tun.

So kompliziert war damals alles.

Ein Jahr lang geschah nichts oder fast nichts, es sei denn daß ich immer mal wieder Clay daran erinnerte, etwas müsse in Sachen Furtwängler geschehen. Und dann geschah etwas. Furtwängler hatte eine Einladung nach Rom erhalten, wo man sich nicht im geringsten um die Wünsche der Amerikaner in Deutschland kümmerte. Konzerte in Rom und Mailand, während er in Deutschland und Österreich verboten war – das wäre eine unmögliche Situation für die amerikanische Militärregierung gewesen.

„Raten Sie ihm doch von der Italienreise ab!" bat mich der bewußte Musikoffizier.

„Ich denke gar nicht daran. Er hat schon viel zu lange gewartet. Ich werde ihm sogar zureden, nach Italien zu gehen."

Daraufhin fand sozusagen über Nacht die Entnazifizierung statt, die eines Mannes, der nie Nazi gewesen war.

Das war der Beginn meiner Freundschaft mit Furtwängler, die erst mit seinem Tod endete. Wir trafen uns überall, wo er spielte, in Wien, in Salzburg, in Hamburg, in seinem Haus über dem Genfersee und natürlich auch in meinem Haus in Berlin, wenn er dort ein Konzert gab. Unsere Beziehung war sehr intensiv. Er wollte alles von mir über den New Yorker Musikbetrieb wissen, jedenfalls den der dreißiger und vierziger Jahre, ich von ihm über seine Schwierigkeiten mit den Nazis, die begannen, als ein Telefongespräch zwischen ihm und seiner, übrigens jüdischen Sekretärin abgehört wurde, in dem er wörtlich sagte: „Wir sind in die Hände eines Wahnsinnigen gefallen!"

Da dies nach jenem bereits erwähnten Gespräch mit Hitler auch noch von Berchtesgaden aus geführt wurde, gab es gar keinen Zweifel, wer dieser „Wahnsinnige" war. Eine der vielen Eigenschaften, die ich, was Dirigenten angeht – ich kannte ja den oder jenen – als eine Besonderheit Furtwänglers empfand: daß er Kritik wünschte. Man tat ihm keinen Gefallen, wenn man sagte, dies oder jenes habe er ausgezeichnet gemacht. Man tat ihm einen Gefallen, wenn man – ich erfinde das jetzt – etwa sagte: an dieser oder jener Stelle seien die Flöten zu laut gewesen.

Wo immer er spielte, waren zwei Freikarten für mich reserviert, und die Plätze blieben leer, wenn ich mich aus diesen oder jenen Gründen nicht einstellen konnte. Er registrierte diese, übrigens seltenen Fälle genau und stellte mich dann zur Rede. „Warum sind Sie eigentlich nicht gekommen?"

Vielleicht wäre es vermessen, von einem so großen und damals nicht mehr jungen Mann zu behaupten, er habe in mir einen Freund gesehen. Aber ich glaube, das war der Fall, und seine Witwe, eine in vielen Beziehungen einmalige Frau, glaubt es bis heute. Ich jedenfalls fühlte mich als sein Freund und tue es heute noch.

Unendlich viele, immer intensive Gespräche. Ich erinnere mich zum Beispiel, daß Furtwängler einmal, sehr erregt über etwas, was ich gesagt hatte, mitten im Zimmer stehend auf eine Wand zurannte und ohne Zweifel sich irgend etwas gebrochen hätte, wäre seine Frau nicht dazwischen gesprungen. Er war eben nicht ein Mann der Konvention. Schon gar nicht, was das Musikalische angeht. Bei ihm hatten einfach Wagner, Bruckner, Beethoven andere Dimensionen als bei anderen Dirigenten.

Unsere Freundschaft dauerte nicht einmal zehn Jahre. Die letzten Jahre seines Lebens waren schlimm. Im Jahre 1952 begann er sein Gehör zu verlieren. Anfangs wußten nur wenige davon, und er war von Angst geschüttelt, das Geheimnis könne durchsickern. Ich erinnere mich noch an unzählige Unterhaltungen mit ihm, aber vor allem auch mit Lenchen, der kompakten älteren Haushälterin, die seine kleine Berliner Wohnung bewachte, ob irgend etwas zu tun sei. Er bezweifelte es. Ich erforschte die Möglichkeiten durch Fachleute, die ich befragte. Es gab angeblich einen Teppich, der, über das Dirigentenpodium gebreitet, den, der es betrat, besonders hellhörig macht. Und es gab angeblich eine Krawatte, die ähnliche Qualitäten besaß. Es gab – natürlich – einen Hörapparat. Aber so ein Apparat, dem Publikum oder zumindest den Musikern sichtbar, war für Furtwängler undenkbar. Wie sollte irgendwer Interesse haben für die Interpretation eines Mannes, der nicht mehr richtig hören konnte? Zuletzt hörte er nicht einmal mehr, was er selbst dirigierte. Oder doch nur noch verschwommen.

Zum letzten Mal dirigierte er „sein" Orchester in Berlin am 20. September 1954. Nur ahnte niemand, daß dies das letzte Philharmonische Konzert Furtwänglers in Berlin sein würde. Oder überhaupt sein letztes Konzert. Oder ahnte er doch etwas? Oder wußte er gar? Mir sagte er später am Abend: „Dies war das letzte Mal Berlin!"

An jenem – letzten – Abend, er spielte seine 2. Symphonie in e-Moll und Beethovens Erste, war alles irgendwie anders als sonst. Jedenfalls empfand ich es so. Furtwängler erschien mir so. Er war nicht gelöst wie sonst, nicht hingegeben an die Musik, eher ungeduldig, als ob das Orchester – sein Orchester schließlich – seinen Weisungen nicht nachkomme.

Ich hatte auch den Eindruck, als sei er deprimiert, als ich ihn in der Pause besuchte, jemand war gerade dabei, ihm wie üblich den Oberkörper abzutrocknen und mit frischer Wäsche zu versehen, als sei er verärgert. Er sagte: „Man ist so alleine!" Allein in Berlin, in seinem Berlin! Und dabei hatte er recht, mehr als ich ahnte. Spontan schlug ich ihm vor, uns doch nach dem Konzert zu besuchen. Freudig sagte er sogleich zu. Bedingung: „Wenn sonst niemand zu Euch kommt!"

Nein, niemand würde kommen.

Sein Taxi hielt dann schon eine knappe halbe Stunde nach Konzertende vor unserem Haus in Westend.

Er schien wieder ganz munter, aß kaltes Fleisch, freilich nur etwa ein Drittel von dem, was er sich auf den Teller gehäuft hatte, aber das waren wir ja von ihm gewohnt, er trank mehrere Gläser Wein. Auf das Orchester war er nicht gut zu sprechen. Daß die Wiener Philharmoniker, „die Tratschmacher", überall von seiner Schwerhörigkeit herumerzählten, um ihn unmöglich zu machen – nun, etwas anderes hatte er nicht erwartet. Aber von den Berlinern hätte er mehr Solidarität gewünscht und eigentlich für selbstverständlich gehalten.

Das Gespräch kam dann auf das Gastspiel der Berliner Philharmoniker in den USA, das bevorstand, das erste seit Kriegsende, überhaupt seit 1933. Er hatte Angst davor. Angst vor den vielen Menschen – vor Presseleuten, mit denen er ja in einer Sprache sprechen müsse, die nicht die seine war. „Werde ich die überhaupt verstehen?" Diese wohl berechtigte Sorge steigerte sich bei ihm bis zur Angst, und es gab damals einige in seiner Umgebung, die glaubten, an dieser Angst sei er gestorben.

Auch hatte er das Gefühl auf Feindschaft zu stoßen. Eben wegen jenes unseligen Telegramms und dessen Folge, die darin bestand, daß Toscanini nie wieder ein Wort mit ihm sprechen wollte und auch andere amerikanische Musiker nicht, besonders natürlich die jüdischen.

An jenem Abend kam Furtwängler immer wieder auf jene unglückliche Telegramm-Geschichte zurück. Er sagte, er habe wenig Lust nach Amerika zu fliegen, aber er sei das wohl seinem Orchester schuldig. Meine Frau redete ihm zu. Er verstand alles, was sie sagte. Sie ist ja schließlich Schauspielerin. Wenn ich etwas sagte, hatte ich das Gefühl, daß er mir gar nicht zuhörte.

Er unterbrach mich schließlich und fragte meine Frau, ob ich nicht sehr erkältet sei, denn er könne kein Wort von mir verstehen. Ich stand auf, ging hinaus und heulte, wie ich es seit meiner Kindheit nicht mehr getan hatte.

Furtwängler blieb dann noch eine Viertelstunde. Beim Abschied meinte er, man sähe sich sicher bald mal wieder – aber nicht in Berlin. „In Berlin dirigiere ich nicht mehr." Übrigens hatte ich auch nicht das Gefühl, daß er noch anderswo dirigieren wollte. Er hatte während des Abends immer wieder zur Sprache gebracht, es sei nun Zeit, ans Komponieren zu gehen. Er war ja stets der Ansicht, es sei ein Fehler von ihm gewesen, die Dirigentenlaufbahn einzuschlagen, anstatt zu komponieren. Diese Überzeugung verstärkte sich mit seinem zunehmenden Alter.

Er dirigierte überhaupt kein Konzert mehr, nur noch den ersten Akt der „Walküre" für eine Schallplattenaufnahme in Wien.

Ich hörte dann, er sei erkrankt, mache eine etwas unorthodoxe Kur, ahnte nicht, wie schlecht es ihm ging. Dann kam ein Telefonat aus Baden-Baden oder Umgegend, am anderen Ende war seine Frau oder jemand, den sie beauftragt hatte, sie sei verwundert, daß ich gar nichts von mir hören lasse. Es ginge Furtwängler doch nicht sehr gut. Ich fuhr sofort hin. Er erkannte mich nicht mehr.

Wenig später, am 30. November, starb er. In Heidelberg trugen wir ihn zu Grabe. Im Auto, das mich, zusammen mit dem Intendanten der Berliner Philharmoniker und dem Vorsitzenden der Gewerkschaft der Philharmoniker – oder er war so etwas ähnliches – dorthin brachte, unterhielten sich die Herren bereits über das nicht abgesagte Gastspiel in den Vereinigten Staaten. Karajan würde diese Konzerte leiten. Karajan? Das war der Mann, den Furtwängler haßte. Nicht als Konkurrenten – Furtwängler schätzte andere Dirigenten, die auch als „Konkurrenten" hätten empfunden werden können, etwa Walter oder Toscanini sehr hoch ein. Nein, er fand Karajan indiskutabel, weil er so „skrupellos" war. Das Wort stammt von Furtwängler selbst und bezog sich darauf, daß Karajan, um Karriere zu machen, zweimal in die Nazipartei eingetreten war, für die Furtwängler nur Verachtung empfand. Ich unterbrach die geschäftliche Unterhaltung mit zwei Worten: „Ihr Schweine!" Und fügte dann hinzu: „Ihr wißt, genau das wollte er nicht. Und er ist noch nicht einmal unter der Erde!"

Die Herren waren nicht erzürnt, eher erschrocken. Aber ich habe dann nie wieder mit einem von ihnen ein Wort geredet und habe es nicht bereut. Das Wort von „Treu bis über den Tod" ist eben nicht nur ein Wort.

Willi Forst
und sein seltsames Schicksal

Ich weiß nicht genau, wann er in Berlin auftauchte, das dürfte wohl niemand mehr wissen, er selbst wußte es später auch nicht mehr. So Mitte oder Ende der zwanziger Jahre. Ich lernte ihn in einem Café kennen, es war vermutlich das Romanische, Treffpunkt der Journalisten, der Literaten, der Schauspieler – nicht der Prominenten. Er war ein netter, liebenswürdiger, gutaussehender, sehr junger Mann, und wenn er den Mund auftat, wußte man, daß er aus Wien kam. Er war immer sehr höflich, stets gut gelaunt. Er war eigentlich nichts als ein großer Junge, mit einer vorzüglichen Figur und einem Bubengesicht. Gut aussehend gewiß, aber irgendwie nicht gerade außergewöhnlich wirkungsvoll.

Keiner von uns glaubte, daß er je ein bedeutender Schauspieler werden würde, jedoch ein verwendbarer in kleineren Rollen. In Operetten vor allem, denn er konnte singen und tanzen.

Das sagte er auch des öfteren. Denn diese Fähigkeit begann schon damals eine Rarität zu werden. Es gab auch nicht mehr so Viele wie etwa zu Beginn des Jahrhunderts, die einen Frack oder einen Smoking tragen konnten so, daß man nicht das Gefühl hatte, die betreffenden Kleidungsstücke seien einem Maskenverleih entliehen.

Er erzählte freimütig, aber nur wenn er gefragt wurde, daß er in Gablonz und Brünn als „der" Operettentenor Triumphe gefeiert habe. Man hatte ihn ans Berliner Metropol-Theater geholt, wo er auch Operetten gespielt hatte; dort feierte er nicht gerade Triumphe, aber er gefiel. Meist war er übrigens die sogenannte zweite Besetzung, das heißt er mußte einspringen, wenn der Tenor, der auf den Plakaten prangte, erkrankt war.

Das alles gab er freiwillig zu. Nach seinen Zukunftsabsichten oder Hoffnungen befragt, obwohl eigentlich niemand von uns sehr neugierig war, darüber etwas zu erfahren, zuckte er die Achseln. Er gehörte nicht zu denen, die nicht müde werden zu behaupten, ihre Stunde würde kommen. Übrigens: Keiner von uns glaubte, daß sie je kommen würde.

Er machte auch einige Filme. Besser, er spielte in ihnen mit. Es waren meist in Wien fabrizierte Werke, die man schon vergessen hatte, als man das Kino verließ. In einem spielte er sogar die Hauptrolle. Er hieß Café Elektric. Die weibliche Hauptrolle wurde auf seinen Wunsch mit einer unbekannten Berliner Schauspielerin namens Marlene Dietrich besetzt. Sie war ziemlich schrecklich, und der Produzent wollte die Rolle umbesetzen. Aber Willi ging fast auf die Knie, um das zu verhindern.

„Ich bin verliebt in sie!" erklärte er jedem, der es hören wollte, mir mindestens ein halbes Dutzend Mal. „Ich werde sie heiraten!" Dies geschah nicht, denn die Dietrich, damals seltsamerweise nicht einmal als besonders schöne junge Frau eingeschätzt, war verheiratet und dachte nicht daran, sich scheiden zu lassen. Eine der Mysterien ihres Lebens. Sie ließ sich nie scheiden, auch später nicht, als sie prominentere Liebhaber hatte. Daß sie etwas mit Willi hatte, war kein Geheimnis. Aber er war unglücklich, weil sie sich eben seinetwegen nicht von ihrem Mann trennte.

Dann kam doch seine Stunde. Sie kam mit dem ersten deutschen Tonfilm – das war wohl 1929 –, der von dem ehemaligen Ullstein-Journalisten E. A. Dupont in London gedreht wurde; in Deutschland gab es noch nicht die dafür nötigen Apparaturen. Es handelte sich um die fünfzigste oder vielleicht hundertste Verfilmung der berühmten Titanic-Katastrophe, den Untergang eines großen Ozeandampfers. Es war ein Film, in dem alles mitspielte, was gut und teuer war und alle waren ziemlich schrecklich. Das lag wohl vor allem daran, daß die Tonfilmkamera noch nicht beweglich war, daß es sich also um fotografiertes Theater handelte und nicht gerade um gutes Theater.

Die Ausnahme: Willi Forst. Er spielte eine kleine Rolle, die eines eleganten jungen Mannes, der eigentlich nichts tat als ein bißchen tanzen und Frauen verführen. Dann kommt die Katastrophe. Und während an Bord die Menschen verzweifelt um einen Platz im Rettungsboot kämpfen, geht er, der zu allem Überfluß auch noch Poldi heißt, ganz gelassen ans Klavier und singt ein Lied: „Es wird ein Wein sein, Und wir werd'n nimmer sein, 's wird schöne Madeln geben, Und wir werd'n nimmer leben ..." Dann läßt er den Kopf auf die Arme sinken, einen Augenblick nur, aber er wird für alle, die den Film sehen, und das tun viele – die ersten Tonfilme sind ja Sensationen – unvergeßlich.

Als ich ihn kurz nach der Premiere sah, rief ich ihm zu: „Du bist ja ein Schauspieler!" Er machte eine abwehrende Bewegung. Er glaubte wohl selbst nicht daran.

Sein eigentlicher Durchbruch kam dann auch wieder auf einem etwas niedrigeren Niveau, in einer musikalischen Komödie von Geza von Bolvary „Zwei Herzen im Dreivierteltakt". Der Film war genauso wie der Titel. Aber sämtliche jungen Mädchen im deutschen Sprachraum verliebten sich in Willi Forst. Er wurde nun von einem Tanzfilm in den nächsten gereiht. Er war beschäftigt, mehr als das, er war ein Star geworden. Eines Tages sagte er zu mir – es war eigentlich mitten in der Nacht: „Ich langweile mich fürchterlich!" Er sagte es auch anderen. Das war wohl das Letzte, was wir von ihm erwartet hatten. Was wollte er denn eigentlich?

Genau das fragte ich ihn und setzte ein wenig grausam hinzu: „Den Hamlet wirst Du ja wohl nie spielen können!"

Er nickte. „Weiß ich, weiß ich, vermutlich kann ich nicht sehr viel mehr spielen, als ich gezeigt habe. Aber auch diese Art von Filmen könnte besser sein! Und ich könnte sie besser machen."

„Willst Du Filmproduzent werden?"

„Nein, Filmregisseur!"

Nicht nur ich, jeder Mensch in Berlin, das damals eine Filmmetropole war, war überzeugt davon, daß so etwas nicht denkbar war. Der junge singende, tanzende Bonvivant als Regisseur?

Und, was wichtiger war: In Berlin fand sich keiner, der bereit war einen solchen Wahnsinn zu finanzieren.

Da kam ihm einer zu Hilfe, von dem es niemand erwartet hätte: Adolf Hitler. Schon vor der sogenannten „Machtergreifung" hatte Forst prophezeit – und das ziemlich öffentlich, das heißt in einem Café – „Wenn der ans Ruder kommt, gehe ich nach Wien."

Was er auch tat. Drei oder vier Monate nach der „Machtergreifung", ich war damals bereits in Paris, bekam ich von ihm eine Karte aus Wien. „Ich werde einen Wiener Film machen!"

Er war natürlich nicht der Einzige, der aus Berlin verschwand. Er hätte nicht müssen. Er war rassisch durchaus einwandfrei, politisch überhaupt nicht existent. Andere mußten, zum Beispiel der Filmproduzent Gregor Rabinovitsch, einer der wichtigsten deutschen Filmproduzenten, der vorzügliche Filme gemacht hatte, obwohl er keinen Satz Deutsch richtig sprechen konnte. Und Rabinovitsch, der nun auch in Wien war, zeigte sich an Willi Forst interessiert. „Man müßte nur einen Stoff haben!" soll er gesagt haben. Forst hatte ihn. Einen Film über Franz Schubert. Die Operette „Dreimädelhaus" die mitten im Ersten Weltkrieg über Schubert geschrieben worden war, mit der Musik von Schubert war ein Welterfolg geworden. Jetzt wollte Forst einen Film über Schubert machen.

Ein Film, der schon damals in Deutschland nicht möglich gewesen wäre. Denn ein Jude – Walter Reisch, der später nach Hollywood auswanderte, schrieb ihn, ein Jude – Hans Jaray, Liebling der Wiener – spielte den Schubert.

Der Film, der auch noch dazu einen schmissigen Titel hatte: „Leise flehen meine Lieder", wurde ein Riesenerfolg. Und zwar vor allem für den Regisseur Willi Forst. Denn er legte den Ton auf „Leise". Alles, was er aus seinen Schauspielern herausholte, war leise. Damals verwunderten sich alle über die völlig neue Atmosphäre im Filmatelier, wenn Forst Regie führte. Es war dann leise.

Der Film wurde ein solcher Erfolg, daß Goebbels sich dazu bequemen mußte, ihn auch in Deutschland laufen zu lassen, obwohl er doch keineswegs arisch war. Und Goebbels selbst machte Forst den Antrag, nach Berlin zurückzukehren und dort Regie zu führen.

Und Forst lehnte ab. Später erzählte er mir: „Ich wußte nicht viel über die Nazis! Aber der ganze Rummel, der da in Berlin vor sich ging, paßte mir nicht. Ich wollte möglichst weit vom Schuß bleiben." Er war auch schon dabei, einen zweiten Film zu produzieren. Er sollte „Maskerade" heißen.

Ich war, als er das Manuskript beendete, zusammen mit Walter Reisch, gerade in Wien. Er suchte ein junges Mädchen für die Hauptrolle. Jaray hatte seit Jahren eine „feste" Freundin, die in Wien sehr beliebt war, vor allem als Boulevard-Schauspielerin, bis Max Reinhardt persönlich sie in das große Fach geholt hatte, als Gretchen. Sie hieß Paula Wessely. Jaray riet Forst, sie zu nehmen. Alle anderen rieten ihm ab, die Wessely sei nicht fotogen, das heißt, sie sei nicht zu fotografieren.

Ich war also gerade in Wien als der Streit um die Wessely begann. Willi fragte mich. Ich wich aus. Ich sagte wahrheitsgemäß, davon verstände ich überhaupt nichts. Trotzdem mußte ich mir die Probeaufnahmen der Wessely ansehen. Da war eine Szene, in der sie erfährt, daß ihr Freund bei einem Duell um eine andere Frau schwer verwundet worden ist. Oder so ähnlich. Oder anders. Jedenfalls: Ich war tief ergriffen.

Als es im Vorführraum wieder hell wurde, fragte mich Willi: „Findest Du sie fotogen?"

„Fotogen hin, fotogen her – sie hat mich aufs Tiefste gerührt."

Das fanden andere auch. So bekam die Wessely die Rolle, und der Film wurde ein Sensationserfolg, und die Wessely war von einer Stunde zur andern ein Filmstar geworden. Der Film hätte eigentlich in Deutschland nicht herauskommen können. Ein Jude hatte das Manuskript verfaßt, die männliche Hauptrolle spielte Adolf Wohlbrück, alles andere als arisch, der dann freilich doch noch einige Filme in Deutschland drehen durfte – „mit besonderer Erlaubnis" – es war eben keiner da, der seine Rollen hätte spielen können, bis er nach England auswanderte.

Willi Forst aber war ein gemachter Mann. Er gründete seine eigene Firma und stellte sozusagen am laufenden Band Wiener

Filme her. Der Ton liegt auf Wiener. Es waren vor allem leichte Filme, graziös, liebenswürdig, von wenigen Ausnahmen abgesehen – etwa „Burgtheater" mit Werner Krauß, bewußt unpathetisch.

Ich hatte oben gesagt, daß Hitler eigentlich für die große Karriere von Willi Forst verantwortlich war. Ohne ihn wäre Forst vermutlich nicht nach Wien zurückgekehrt. So war er für die dauernden Erfolge der Forst-Filme verantwortlich, indirekt allerdings. Denn das Publikum liebte sie, weil sie, im Gegensatz zu den immer pathetischeren und propagandistischen Filmen der Nazis so leicht, so liebenswürdig waren. Eben Unterhaltung auf bestem, wenn auch nicht immer auf höchstem Niveau. Und Goebbels war gescheit genug zu begreifen, daß das Publikum das brauchte, je ernster, pathetischer, gewissermaßen heroischer die deutschen Filme aus propagandistischen Gründen werden mußten. Das änderte sich auch nach dem sogenannten „Anschluß" nicht. Forst machte weiter, als gäbe es immer noch Österreich, in einem Wien, das nicht von Hitler besetzt war.

Manchmal spielte er mit, manchmal nicht. Der Höhepunkt, die Verfilmung eines Romans von Maupassant „Bel ami", die Geschichte eines liebenswürdigen Halunken, der über die Betten vieler Frauen große Karriere macht.

A propos Frauen. Willi hatte geheiratet. Die Frau war sehr schön. Sie hieß Melanie, wurde aber allgemein Melli genannt. Nicht ihre Schönheit, sondern ihr Witz war berühmt und berüchtigt. Sie war ursprünglich mit einem Schauspieler verheiratet, der mehr auf Männer stand, besonders auf Forst. Mit welchem Erfolg sei dahingestellt. Einmal kam Melli in ein Zimmer, in dem die beiden sich befanden und zumindest ihr Mann hatte sie merken lassen, wie sehr er für Forst schwärmte – und auf welche Weise. Melli beobachtete ihn einen Augenblick spöttisch und sagte dann: „Von Dir laß ich mich scheiden!" Und zu Forst gewandt: „Und Dich heirate ich!"

Was auch geschah.

Willi Forst, ein Antinazi, der nie ein Hehl daraus machte, konnte auch Mut zeigen und zwar in einer Weise, wie wir es nie von ihm erwartet hätten. Als Goebbels ihm die Hauptrolle in dem schändlichen Propagandafilm „Jud Süß" anbot, gebrauchte er nicht, wie andere Schauspieler, Ausflüchte. Er sagte ganz einfach ab. Er sei für diese Rolle nicht geeignet. Außerdem habe er zu viele jüdische Freunde, als daß er eine solche Rolle spielen könne. Das ließ er Goebbels wörtlich wissen. Und das war damals nicht ungefährlich. Man hätte ihn deswegen wohl kaum aufgehängt, aber man hätte ihn vielleicht an die Front geschickt und auf jeden Fall hätte man ihm Unannehmlichkeiten machen können. Warum Goebbels auf all das verzichtete, ist nie herausgekommen. Als der Krieg seinem Ende entgegen ging, machte Forst einen weiteren leichten Film „Wiener Madeln". Er hätte ihn längst vor Kriegsende fertigstellen können, zog aber die Aufnahmen in die Länge, um die Schauspieler davor zu schützen, noch in letzter Minute für das Vaterland zu fallen.

Ein Teil der schon gedrehten Rollen nebst Negativ fiel in die Hände der vorrückenden Russen und nun begann ein jahrelanger Kampf. Forst konnte den Film nur herausbringen, wenn er die Filmrollen wieder bekam, die die Russen beschlagnahmt hatten. Sie wollten, daß er den Film für sie beende. Das wollte wiederum Forst nicht. Die Russen konnten ohne Forst gar nichts. Sie hatten ja nicht einmal das Drehbuch. Der Kampf um diese Rollen ging viele Jahre hin und her. Forst reiste um die halbe Welt, in der Hoffnung Fachleute zu finden, die aus den Filmrollen, die in seinem Besitz waren – den Film zusammenstellen konnten. Vergebens. Er mußte sich einigen.

Und schließlich kam viele Jahre nach dem Krieg der Film heraus. Er war ein glatter Durchfall. Der Grund: Die Zeit, gegen deren finsteren Hintergrund der lustige Forst-Film ganz sicher ein Erfolg gewesen wäre, weil eine Erholung, war vorüber. Die Menschen, die ihn etwa 1950, vielleicht auch etwas später sahen, fanden nichts Besonderes an ihm. Ein Lustspiel von vielen.

Ein Jahr später, 1951, kam dann der letzte Forst-Erfolg, der eigentlich auch kein echter Erfolg war. Es handelt sich um „Die Sünderin". Die Geschichte eines jungen Mädchens, das sich in einen Maler verliebt. Der Maler (Gustav Fröhlich) steht vor dem Erblinden. Nur eine Operation kann ihn retten. Was tut das Mädchen, um die Operation zu finanzieren? Sie geht auf den Strich. Aber alles hilft nichts. Der Maler erblindet, und das Mädchen, wenn ich mich recht entsinne, nimmt sich das Leben.

Also ein tragischer Film und einer mit einem höchst unwahrscheinlichen Drehbuch. Für die Titelrolle holte sich Willi – der Titel soll an das Wort erinnern „Wer von Euch ohne Sünde ist, werfe den ersten Stein auf sie!" – Hilde Knef. Die war kurz nach dem Krieg und nach wenigen Filmen in Deutschland, die recht erfolgreich waren, in die Vereinigten Staaten gegangen. Sie hatte einen Hollywood-Vertrag erhalten, dort aber kein Glück gehabt. Das heißt, man ließ sie erst gar nicht filmen. Enttäuscht kehrte sie zurück und war nur zu glücklich, die Hauptrolle in diesem Film zu übernehmen. Da gab es eine Szene, in der sie in ein Bassin zu steigen hat. Und zwar nackt. Warum auch nicht? Dieses Bassin befand sich ja auf dem Grundstück, auf dem sie und der Maler leben. Daß die „Sünderin" ein Film mit einer Nacktaufnahme war, erregte die Neugier weit über die Branche hinaus. Man munkelte von allem Möglichen, von Orgien, von Geschlechtsakten. Daß es sich um eine reine Badeszene handelte, nur um den Einstieg ins Wasser, wußte man erst, nachdem man den Film gesehen hatte. Und dieser Einstieg war auf eine Entfernung von etwa 30 oder 40 m aufgenommen worden. Wer nicht wußte, daß die Knef nackt war, sah es kaum. Aber, eine nackte Frau auf die Leinwand zu bringen, war damals noch eine Sensation.

Bei der ersten Aufführung in Düsseldorf war der Film ein Durchfall gewesen, die Kritiken entsprechend. Willi rief mich noch aus Düsseldorf an und sagte, in drei Tagen sei die erste Aufführung in Hamburg, ich solle doch bitte hinkommen. Ich kam. Ich ging zur Presseaufführung, die in einem kleinen Kino stattfand, das im Keller eines Hotels lag. Willi und seine Frau wohnten in diesem Hotel. Ich ging nach der Aufführung hinauf und meinte, der Film werde wohl kaum ein Erfolg werden. Er war tief gekränkt. „Ich habe einen guten Film gemacht!" proklamierte er, „und dabei bleibe ich, auch wenn die Presse ihn nicht mag."

Da kam ihm die katholische Kirche zu Hilfe. In allen Städten, Städtchen und Dörfern predigten die Geistlichen von der

Kanzel gegen diesen verruchten Film. Nun wollte ihn jeder sehen. Auf Wochen und Monate hinaus waren die Kinos, die ihn spielten, ausverkauft. Das nahm groteske Formen an. In einem urkatholischen Dorf in Bayern zum Beispiel konnten es die guten Bürger sich nicht leisten gegen das Gepolter ihrer Geistlichen das Kino zu besuchen, das „Die Sünderin" spielte. Sie fuhren ins nächste Städtchen und sahen sich dort den Film an. Die Bewohner dieses nächsten Städtchens, von den gleichen Ängsten geplagt, fuhren wiederum ins Nachbarstädtchen, um sich dort, wo sie unbekannt waren, den Film anzusehen.

So wurde „Die Sünderin" zu einem Riesengeschäft, obwohl die Presse, wie gesagt, negativ war.

Es war übrigens der letzte Erfolg Willi Forsts. Alle Filme, die er nachher drehte, waren eher Durchfälle. Mit Recht. Sie paßten eben nicht mehr in die Zeit. Sie entbehrten den pikanten Reiz, den sie in den Hitlerjahren gehabt hatten, nämlich Filme gegen die Zeit zu sein. Das, was Forst jetzt auf die Leinwand brachte, konnte jeder auf die Leinwand bringen. Und vieles mehr, was Forst nicht konnte.

Die Verleiher und die Produzenten hatten ein paar Jahre Geduld mit ihm. Aber sie ließen ihn immer deutlicher wissen, daß seine Zeit vorbei war. Er selbst spürte es. Nach vier oder fünf Filmen gab er auf.

Es wurde einsam um ihn. Der einst so umworbene, heitere Forst hatte kaum noch Freunde.

Eines Tages – es war, wenn ich mich nicht irre, in München, teilte er mir mit, seine geliebte Melli sei unheilbar an Krebs erkrankt und würde wohl bald sterben. Aber sie wisse es nicht, und sie dürfe es nicht erfahren. Eine halbe Stunde später erzählte mir Melli, sie sei sehr krank, sie würde wohl kaum noch ein halbes Jahr leben. „Aber Willi weiß es nicht, und er darf es nicht erfahren!"

Es war alles sehr, sehr traurig.

Ich sah ihn noch ein paar Mal. Er hatte längst das Riesenanwesen verkauft, das er bis in die fünfziger Jahre bewohnte, nun auch seine Wohnung aufgegeben und wohnte in einem Wiener Hotel. Er sah tagelang niemanden.

Das letzte Mal trafen wir uns in Zürich. Ein gemeinsamer Freund hatte ein paar Leute in das Hotel eingeladen, in dem Willi Forst wohnte. Er war damals „bewacht" von zwei Nichten, auch schon nicht mehr ganz jungen Damen, die wohl darauf rechneten, ihn zu beerben, was wenig später geschah.

Als er starb – er war 77 geworden – entnahmen viele den ausführlichen Nekrologen, daß er überhaupt noch am Leben gewesen war.

Ich selbst fuhr nach Wien, um an seiner Beerdigung teilzunehmen. Es waren nur wenige erschienen. Das mag auch daran gelegen haben, daß die meisten seiner Zeitgenossen bereits tot waren. Aber das kleine Häufchen der Leidtragenden muß doch einen traurigen Anblick geboten haben. Jedenfalls waren die Pressefotografen, die uns aufnahmen, fast in der Überzahl.

Henny Porten oder die Treue

Es ist traurig, aber auch erstaunlich, daß es heute nur noch wenige Menschen auf der Welt gibt, denen der Name Henny Porten etwas besagt. Denn sie war viele Jahre lang die populärste Frau Europas und, neben Asta Nielsen, der Filmstar schlechthin.

Man könnte sagen, der deutsche Filmstar, aber damals war der Film ja noch stumm und die Zwischentexte konnten schnell ausgewechselt werden, so daß ein Film überall gezeigt werden konnte und wurde.

In Amerika waren Mary Pickford und Lilian Gish natürlich populärer, aber in Frankreich, England, ja sogar Rußland, gab es keine Frau, deren Name bekannter gewesen wäre als der ihre. Was natürlich damit zusammenhängt, daß sie gleichzeitig mit dem Film geboren wurde – oder ein bißchen vorher.

Ihre Popularität dauerte bis 1933, und dann wurde sie vergessen. Schließlich verschwand sie, in des Wortes wahrster Bedeutung.

Als ich nach dem Krieg nach ihr fragte, begegnete ich nur allgemeinem Achselzucken. Niemand, buchstäblich niemand, hatte eine Ahnung, wo sie stecken mochte, wenn sie überhaupt noch lebte. Meine Vermutung, von ihrem Tod hätte man doch gehört, rief stets die gleiche Antwort hervor: „In diesen Jahren sind so viele gestorben ..."

Ich machte einige schwache Versuche, sie zu finden, denn ich wußte inzwischen einiges über ihr tragisches Schicksal. Vergebens. 1947, in die Vereinigten Staaten zurückgekehrt, traf ich

Ernst Lubitsch, den Filmregisseur in Hollywood – übrigens nur wenige Monate vor seinem plötzlichen Tod. Er war erstaunt, daß ich in der Zeit nach dem Krieg Henny Porten nicht gesehen hatte. Und infolgedessen auch nichts für sie hatte tun können. „Denn sie hat es bitter nötig!" meinte er. Und er fügte hinzu, daß er ihr laufend care-Pakete schickte – von denen lebten damals viele Deutsche. Und er gab mir auch ihre Adresse in Rendsburg, einem Städtchen nicht allzu weit von Hamburg entfernt.

Ich kehrte dann nach Deutschland zurück, kurz vor der Berliner Blockade. Und während dieser Blockade hatte ich kaum Gelegenheit, außerdienstlich Berlin zu verlassen. Aber bald nach dem Ende fuhr ich mit dem Auto nach Rendsburg. Ich kam spät nachts im Hotel an. Am Morgen fragte ich, wo Henny Porten wohne. Allgemeines Kopfschütteln. Henny Porten? Ich hätte ebensogut einen chinesischen Namen nennen können. Dann wußte doch ein Kellner Bescheid. „Meinen Sie die Frau des Juden?"

Und ein anderer: „Des jüdischen Arztes?"

Und das vier Jahre nach Hitlers Ende!

Ich ließ mir die Adresse geben und ging hin. Es waren nur wenige Schritte. Sie öffnete selbst die Tür der kleinen Wohnung in dem kleinen, eher vergammelten Haus. Sie war erfreut, einen Menschen in amerikanischer Uniform zu sehen. Sie war erstaunt und dann fast beglückt, daß ich sie und ihren Namen kannte.

Ich sagte: „Ich kenne auch Ihre Filme. Und ich hätte Sie jederzeit wiedererkannt. Sie haben sich kaum verändert!"

Das war übrigens wirklich der Fall. Sie war schmaler geworden, aber sie war immer noch eine schöne Frau. Blond, blauäugig, das deutsche Ideal. Was ihr aber während der berühmten tausend Jahre nicht viel genutzt hatte.

Aber gehen wir ein wenig weiter zurück.

Sie wurde, übrigens rein zufällig, in Magdeburg geboren. Denn ihr Vater, Franz Porten, war ein Schauspieler, der bald hier, bald dort eine kleine Anstellung fand. Gelegentlich wurde er auch mal irgendwo in der Provinz Theaterdirektor, aber immer nur vorübergehend. Wie er sich, seine Frau, seine beiden

Töchter, die ältere Rosa, die jüngere Henny, durchbrachte, blieb immer ein Rätsel.

Ein bißchen half seine Freundschaft mit Oskar Messter, dem sagenumwobenen Filmpionier, der ihn zum Beispiel als Lohengrin filmte, ebenfalls von Franz Porten gesungen. Eine Art Vorläufer des Tonfilms.

Messter hörte von den Töchtern Portens, steckte sie in nette Kostüme, und sie wurden tanzend gefilmt – einen Streifen von zwei oder drei Minuten –, wozu Henny Porten sang:

„Fassen Sie mich bitte recht behutsam an.

Ich bin hergestellt aus Meißner Porzellan ..."

So rutschte sie in den Film. Dabei hatte sie gar nicht, wie Rosa schon in frühester Jugend, unbedingt zum Theater gehen wollen. Und Rosa hatte es auch geschafft, mindestens zu Kindervorstellungen. Für die „Filmkarriere" Hennys – wenn man das damals so nennen konnte – war ein Erlebnis entscheidend. Auf einem Spaziergang zusammen mit der Schwester sah sie ein sehr schönes Mädchen, das aber offensichtlich blind war, denn es wurde geführt. Henny schaute ihr interessiert nach. „So was könnte ich spielen."

Irgendwie machte dann Messter einen Film „Die Blinde". Der Inhalt des kurzen Streifens: Eine schöne, junge Blinde, eben Henny, kommt in die Hände eines Arztes, der glaubt, ihr das Augenlicht wiedergeben zu können. Sie verliebt sich in ihn. In ihren Träumen ist er ein Gott. In Wahrheit hat er einen Buckel und ist entsetzlich häßlich. Als sie nun das Augenlicht wiederbekommt, ist sie entsprechend entsetzt. Und er, der es nicht ertragen kann, sie zu verlieren, will sich das Leben nehmen. Aber ihre Liebe siegt, und die beiden werden ein Paar.

Dieser Film, ungefähr drei oder vier Minuten lang, war in den kleinen Kinos, die es damals, etwa 1908, in Deutschland gab, ein Sensationserfolg. Die Kinobesitzer telegraphierten an Messter: „Mehr Filme mit der blonden Blinden".

Und die kamen dann auch, wenn freilich Henny in ihren Filmen nie wieder blind war. Obwohl auch das nicht ganz stimmen mag, denn sie machte so unendlich viele Filme – alle Filmschauspieler taten das, die Herstellung eines Filmes dauerte ja damals höchstens zwei oder drei Tage – daß niemand alle Henny-Porten-Filme gesehen haben kann.

Der Film wurde zur Industrie, auch in Deutschland, ganz besonders in Deutschland. Etwa gleichzeitig mit dem amerikanischen Film, der ursprünglich noch gar nicht in Hollywood domiziliert war. Mit dem Film wuchs Henny Porten. Sie war nun eine ausgewachsene junge Dame, und ihre Filme waren entsprechend. Sie spielte fast immer ein junges Mädchen, das geliebt wurde und liebte. Mal ging die Sache gut aus, mal nicht so gut – im Gegensatz etwa zum amerikanischen Film, wo das happy-end absolute Vorschrift war. Alle ihre Filme, wirklich alle, waren Erfolge. Das Geheimnis ihres Erfolges waren sicher ihre Einfachheit, ihre Ehrlichkeit, kein Versuch, etwas zu „machen". Menschen, die vor der Leinwand saßen, spürten: „So könnte auch ich sein oder meine Tochter oder meine Frau."

Henny war noch sehr jung, als sie heiratete. Das Jahr war 1914. Ihr Mann mußte sofort an die Front, und wenige Wochen später war sie Kriegswitwe. Eine Zeitlang schien sie untröstlich, aber das hinderte sie nicht, weiter zu filmen. Übrigens sagte Messter, man solle vorläufig weniger Filme machen, wenn überhaupt. Im Krieg hätten die Leute sicher keine Lust, in ein Kino zu gehen! Genau das Gegenteil war der Fall. Die Leute strömten mehr und mehr ins Kino, um sich abzulenken – das war übrigens in allen Ländern so. Und dadurch stieg der Status eines Filmstars ständig. Und Henny war nun einmal der wichtigste Filmstar in Deutschland.

Übrigens war das mit dem Status so eine Sache. Leute, die behaupteten, etwas von Kunst oder Theater zu verstehen, nahmen den Film lange nicht ernst. Kein bedeutender Regisseur übernahm eine Filmregie. Kein Schauspieler, der einen Namen hatte, wollte sich dazu hergeben, zu filmen. Erst ganz allmählich wurde dieses Vorurteil durchbrochen, vor allem, weil sehr viele Schauspieler – es kamen eigentlich nur die in Berliner Theatern in Frage, denn nur dort wurde vorerst gefilmt – sich dafür zu interessieren begannen, denn sie brauchten ständig Geld. Und bis der Film „gesellschaftsfähig" geworden war, wurde Henny Porten mehr oder weniger über die Achsel angesehen. Kein Kritiker ging in ein Kino, um sie zu beurteilen. Mindestens nicht bis zu ihrer Ufa-Zeit.

Als die Ufa gegründet wurde, das war 1917, also mitten im Krieg, holte man sie natürlich sofort als ersten Ufa-Star. Und nun fand sie doch Beachtung. Zum Beispiel bei dem blutjungen Mädchen, das nicht wußte, ob sie Schauspielerin oder Musikerin werden sollte. Sie spielte so schön Geige. Und da sie Henny Porten verehrte, stand sie eines Tages vor dem Fenster ihrer Wohnung und geigte ihr etwas vor. Ein Ständchen. Henny Porten war gerührt. Und das Mädchen Marlene Dietrich glücklich, mit der Angebeteten sprechen zu dürfen.

Als sie Ufa-Star geworden war, verlangte Henny Porten auch mehr Geld. Und vor allem bessere Partner. Man holte Werner Krauß, damals noch kein Star, aber schon ein sehr bekannter und entsetzlich unterbezahlter Schauspieler. Und vor allem Emil Jannings. Man holte auch interessante moderne Autoren heran. Aber seltsam! Wenn sie in literarisch etwas anspruchsvolleren Filmen auftritt, bleibt der große Erfolg aus. Das Publikum will sie sehen, wie es sie immer gesehen hat. Je einfacher, je dümmlicher die Geschichte, je süßer die Porten, um so besser!

Aber wie lange wird das gehen? Bei der Ufa macht man sich Gedanken. Eines Tages wird es heißen, die Porten sei immer die gleiche und das Publikum wird sie nicht mehr sehen wollen. Etwas müßte geschehen.

Und man schlägt dem Starregisseur Ernst Lubitsch vor, einen Film mit der Porten zu machen. Man ist gefaßt darauf, daß er nein sagen wird. Aber er sagt ja.

Uns, seinen Freunden, die etwas erstaunt waren, teilte er mit: „Warum nicht? Die kann ja viel mehr, als sie bisher gezeigt hat! Man muß ihr nur die Chance geben!"

Die gibt er ihr. Er dreht ein Lustspiel mit ihr „Kohlhiesels Töchter", in dem sie eine Doppelrolle spielt: eben die beiden Töchter. Die eine ist, wie eben die Porten immer ist, jung, hübsch, lieblich – und umworben. Die andere immer schlechter Laune, barsch, keiner hält es in ihrer Nähe aus. Das spielt die Porten so, daß man sie kaum wiedererkennt.

Die Story: Der Vater hat beschlossen, die schöne Tochter

wird erst verheiratet, wenn die wenig liebenswerte verheiratet ist. Und so beißt einer in den sauren Apfel – Emil Jannings.

Der Film wird ein Riesenerfolg. Diejenigen, die niemals einen Henny-Porten-Film sehen wollten, sehen ihn mit größtem Vergnügen.

Lubitsch macht noch einen zweiten Film mit ihr. Sie spielt die unglückliche Gattin des englischen Königs, Heinrich VIII., den Jannings darstellen soll. Es wird ein Super-Super-Film. Wie die Ufa verkündet: „Der größte Film aller Zeiten!" Dies mag auch damals, kurz nach dem Ersten Weltkrieg, eine Übertreibung gewesen sein, in Hollywood und vor allem auch in Rom, machte man ja Riesenschinken, aber immerhin: Lubitsch fordert für diesen Film sechstausend Statisten, und das ist eine ganze Menge. Und der Reichspräsident Friedrich Ebert – Deutschland ist nach dem verlorenen Krieg Republik geworden –, besucht sogar die Drehaufnahmen in Tempelhof.

Wieder ein Riesenerfolg für alle Beteiligten. Die Porten ist, nach dem Verlust ihres ersten Mannes, den sie nie zu verwinden glaubte, nicht sehr lange einsam geblieben. Da war immer irgendein Mann. Nichts Ernstes, aber die eine oder andere Affäre dauerte doch ein oder zwei Jahre, vielleicht auch länger. Und dann geriet sie an einen Mann, der sie so ausnützte, daß sie eines Tages bettelarm war.

Sie warf den Mann hinaus, oder er ging von selbst, sie hat mir oft davon erzählt, aber ganz klar war sie in diesem Punkt nie. Jedenfalls war sie völlig fertig und zog sich in ein Sanatorium in Garmisch-Partenkirchen zurück. Die Berliner Ärzte glaubten, es würde Jahre dauern, bis sie wieder einigermaßen arbeitsfähig sein würde. Jahre? Die Ufa wurde bedenklich. Wer würde in Jahren noch etwas von der Porten wissen wollen?

Es ging alles viel, viel schneller. Das brachte der Besitzer und leitende Arzt des Sanatoriums fertig, der ein sehr guter Arzt war. Sein Name: Friedrich von Kaufmann. Mitgespielt hatte an der relativ schnellen Heilung der Porten, daß sie sich in den außerordentlich gutaussehenden Mann verliebte. Und er verliebte sich in sie. So sehr, daß er seine Frau verließ, ihr das Sanatorium überließ, mit der Porten nach Berlin zog, sie heiratete und Filmproduzent wurde.

Vielleicht wäre es richtiger zu sagen, daß er es werden wollte. Natürlich wurde er der Produzent der Porten-Filme – aber doch wohl mehr auf dem Vorspann als in Wahrheit. Denn er war ein ausgezeichneter Arzt, aber von Film verstand er rein gar nichts. Warum sollte er auch?

Er war bald ein gerngesehenes Mitglied der besseren Berliner Gesellschaft. Ein liebenswürdiger gutaussehender, dazu noch adliger Mann! Was freilich niemand wußte. Er war Jude, das heißt, wie man ein paar Jahre später sagen würde, er war „rassisch" Jude, obwohl schon sein Vater getauft worden war.

Als der Tonfilm kam, schien Henny Portens Karriere gefährdet. Sie hatte ja niemals auf einer Bühne gestanden, sie hatte niemals sprechen gelernt, wenn man von den zwei oder drei Schallplatten absieht, die sie in frühester Jugend gemacht hatte. Sie zögerte auch eine Zeit, in der Annahme und in der Hoffnung – und da war sie keineswegs allein –, der Tonfilm würde bald wieder verschwinden. Aber ihre Tonfilme waren dann auch vorzüglich und schlugen ein wie vorher ihre Stummfilme.

Und dann kam Hitler.

Viele aus der Filmindustrie mußten gehen, darunter manche, die entscheidend an ihrem Aufbau mitgewirkt hatten, wie etwa Erich Pommer, oder sie wollten gehen, wie etwa Fritz Lang, von den zahllosen rassisch nicht genehmen Schauspielern ganz zu schweigen. Für die Porten schien nicht die geringste Gefahr zu bestehen. Deutscher als sie konnte man ja wohl kaum aussehen oder auch sein. Dazu kam noch, daß Hitler höchstpersönlich immer wieder geäußert hatte, Henny Porten sei sein ausgesprochener Liebling, wenn er einmal etwas zu sagen habe, werde sie die schönsten Rollen ihres Lebens spielen!

Was nun folgte, erzählte mir Henny in jenen Tagen in Rendsburg:

„Ich habe mich nie um Politik gekümmert. Ich wußte kaum, wer Hitler war, ich erfuhr nur, daß mein Mann in den Augen der Nationalsozialisten ein Jude war, aber was hatte das mit meinem Beruf zu tun? Ich merkte es bald. Ich bekam überhaupt keine Filmangebote mehr. Und man sagte mir auch, warum. Ich war tief unglücklich.

Als ich, ich weiß nicht mehr wann, aber es war im Jahr 1933, Emmy Sonnemann traf, damals noch die Freundin von Göring, fragte sie mich, wie es mir ginge. Und als sie von meinen Sorgen erfuhr, versprach sie, sie werde mit Göring über mich sprechen. Sie hielt ihr Wort. Nur wenige Tage später wurde ich zu Göring zum Tee geladen. Der mir sogleich erklärte, ich sei seine Lieblingsschauspielerin, was nicht unbedingt stimmen mußte. Jedenfalls war es sehr nett von ihm. Und er sagte, er würde meine Angelegenheit regeln, obwohl mein Mann Halbjude sei.

Ich sagte ihm, nein, er sei, was die Rasse angehe, Volljude. Göring war ernstlich bestürzt. Er habe bereits mit Hitler gesprochen, und der wollte ihn schonen. Aber das ginge allenfalls bei Halbjuden, nicht bei Volljuden ...

Und dann bekam ich doch einen Filmvertrag. Aber bevor ich ins Atelier kam, hatte Goebbels alles abgeblasen. Er ließ mir sogar mitteilen, ich werde nicht mehr beschäftigt. Mein Mann natürlich auch nicht. Und er durfte nicht einmal mehr als Arzt praktizieren ..."

Und eine lange Leidensgeschichte begann. Gewiß, die Porten und ihr Mann hungerten nicht, obwohl sie bis Kriegsende nur zwei oder dreimal kleinere Rollen spielen durfte. Sie lebten auch noch in ihrem Haus. Sie hatte noch ihr Bankkonto, sie hatte noch ihren beträchtlichen Schmuck. Immer wieder wurde ihr nahegelegt, sich von ihrem Mann zu trennen. Hitler selbst ließ sie einmal kommen und deutete so etwas an. Ihr Mann solle doch in die Schweiz gehen, sie könne ihn ja dort gelegentlich besuchen – freilich erst nach ihrer Scheidung von ihm.

Die Porten sagte – das haben Zeugen gehört: „Ich dachte, wir Deutschen sind immer so stolz auf die deutsche Treue! Und jetzt verlangen Sie, mein Führer, von mir, daß ich dem Mann untreu werde, den ich liebe!"

Worauf Hitler den Raum verlassen hatte.

Göring versuchte es auch noch ein oder zweimal. Aber sie wußte, in dem Augenblick, in dem sie sich von Kaufmann trennte, würde man ihn in ein Lager schicken, und sie ahnte auch, was ihm dort zustoßen würde.

Schließlich war sie bereit, in die Vereinigten Staaten auszuwandern. Die Porten war zuversichtlich. „Lubitsch wird schon etwas für mich finden!"

Es kam nicht so weit. Man teilte der Porten unverblümt mit, daß sie alles verlieren würde, wenn sie auswandere. Immer mal wieder versuchte es Göring. Und gelegentlich schien auch Hitler wieder geneigt, bei der Porten die große Ausnahme zu machen. Aber Goebbels vereitelte alles. Bis in den Krieg hinein.

In der Nacht des 14. Februars 1944 zerstört eine Luftmine das Haus, in dem sie wohnten. Es ist nicht mehr die Villa, die sie einst hatte, die ihr längst unter irgendwelchen Vorwänden abgenommen wurde. Es ist ein Mietshaus im Grunewald. Es gibt neun Tote. Und die Porten steht zusammen mit ihrem Mann auf der Straße.

Noch einmal die Porten zu mir: „Einmal hatte Göring zu mir gesagt: ‚Sollten Sie einmal auf der Straße stehen, wenden Sie sich an mich!' Nun stand ich ja auf der Straße, aber ich konnte Göring nicht erreichen. Er wollte wohl nichts mehr mit mir zu tun haben, aber vielleicht war er auch gar nicht mehr in der Lage, etwas zu tun, Er stand ja, doch das erfuhr ich viel, viel später, bereits in Ungnade ... Die nächsten Wochen waren entsetzlich. Alle Freunde von früher hatten irgendwelche Ausreden, um meinen Mann, den Juden, nicht aufnehmen zu müssen. Und von ihm wollte ich mich auf gar keinen Fall trennen. Und schließlich fanden wir in der Umgegend von Berlin ein einsames Häuschen, nahe dem Städtchen Joachimsthal. Aber die Front kam täglich näher ... Die Russen ... Wir mußten fliehen. Wir mußten! Es war ein Befehl! Aber wohin sollten wir fliehen?"

Eine deutsche Einheit war bereit, sie mitzunehmen. Aber nur mit ganz wenig Gepäck. Einen Pelzmantel, ihre kostbarsten Schmuckstücke, ein bißchen was zum Anziehen für sie und ihren Mann. Und – aber davon wußte nicht einmal Doktor von Kaufmann – eine Ampulle mit Gift. „Die hatte mir ein Stabsarzt gegeben, bevor wir Joachimsthal verließen." Was sie nicht wußte, war, daß auch Doktor von Kaufmann eine solche Ampulle bekommen hatte ...

„Die Straßen waren verstopft. Überall Menschen auf der Flucht. Viele zu Fuß und auf Rädern, auch mit Kinderwagen. Am Wegrand lagen Tote, zerrissene Pferdekadaver ... Da waren Flüchtlinge und Flüchtlinge ... Gelegentlich nahm uns jemand ein Stück mit. In einem Wagen. Oder war's ein Lastwagen, und wir bemerkten gerade noch, als er losfahren wollte, daß er in Richtung Front fuhr ... So weit man überhaupt noch von Front reden konnte. Wir sprangen schnell raus, zu schnell. Als ich nach dem Säckchen mit dem Schmuck greifen wollte – war es weg. Dieses Säckchen hatte auch das Gift enthalten."

Wie die beiden die letzten Kriegstage überstanden hatten, wußte die Porten selbst nicht mehr. Doktor von Kaufmann erzählte es mir. Sie lebten in Scheunen, sie schliefen auf Landstraßen.

Und nun?

Doktor von Kaufmann lächelte gequält. „Ich habe wieder eine Praxis aufgemacht. Schließlich bin ich ja Arzt. Aber es kommt sehr selten ein Patient ..."

Kein Wunder. Für die Einwohner von Rendsburg war Doktor von Kaufmann ja immer noch ein Jude, also jemand, mit dem man besser nichts zu tun hatte!

Die Porten wußte das und zuckte resigniert die Achseln. „Das wird sich wohl nie ändern ..."

Ich sprach mit dem deutschen Bürgermeister des Städtchens. Der zuckte auch die Achseln. „Was wollen Sie? Die Leute sind nun einmal so ..."

Später erfuhr ich, daß er selbst in der Partei gewesen war. Allerdings nur als „Mitläufer".

Ich sprach mit dem englischen Kommandanten. Der kannte den Fall genau. „Frau Porten muß hier fort. Am besten nach Berlin! Sie gehört in die große Welt. Diese dümmlichen Kleinstädter sind nichts für sie. Und außerdem würden sie heute lieber als morgen ihren Hitler zurückhaben!"

Am Nachmittag des zweiten Tages sagte ich zu Doktor von

Kaufmann und seiner Frau: „Heute abend fahren wir mit meinem Wagen nach Hamburg, und wir essen zusammen im Hotel Atlantic!"

„Früher habe ich dort immer gewohnt...", murmelte die Porten.

„Auf mich müssen Sie verzichten!" sagte Doktor von Kaufmann. „Ich bin wirklich nicht in der richtigen Stimmung. Aber sie soll mit."

Sie zog eines der wenigen guten Kleider an, die sie noch hatte, und ihren, immer noch sehr schönen Pelzmantel. Ich hatte, zwei, drei Freunde gebeten, ins Atlantic zu kommen. Ich wollte der Porten das Gefühl geben, daß sie nicht vergessen war.

Die Freunde kamen alle. Darunter auch der noch junge Axel Springer, der damals noch nicht der Zeitungsstar war, aber schon im Begriffe, es zu werden. Es wurde ein reizender Abend. Die Porten gab sich ganz ohne Groll. So als hätte sie nie so Furchtbares erlebt.

Wenige Wochen später erschien eine Serie von zehn Artikeln, geschrieben von mir für die „Welt am Sonntag", die damals noch der englischen Besatzungsbehörde unterstellt war. Und da diese Zeitung eine enorme Auflage hatte, jedenfalls für damalige Zeiten, war die Porten bald in aller Munde. Irgendwie – ich war nicht dabei – wurde der Umzug des Ehepaares nach Berlin arrangiert. Irgendwie konnte auch Doktor von Kaufmann seine Praxis wieder aufmachen.

Nur die wiederaufsteigende deutsche Filmindustrie hatte keine Verwendung für die Porten.

Ich sah sie hin und wieder, und nun war sie wirklich verzweifelt. „Ich dachte immer, wenn das alles einmal zu Ende ist, werde ich wieder spielen dürfen..."

Die neuen deutschen Filmproduzenten und Filmverleiher, die Millionen verdienten und alle Hände voll zu tun hatten, um den wiederauferstanden deutschen Film zu ruinieren, zeigten kein Interesse an dem einstigen Filmidol.

Nur die DDR meldete sich. Dort spielte sie eine Rolle in einem Zirkusfilm. Eine ziemlich große Rolle. Sie war nicht sehr gut, denn der Film war nicht sehr gut.

Und dann – nichts mehr oder so gut wie nichts mehr. Das letzte Mal, als ich sie sah – Jahre später – erzählte sie mir, daß ihr Mann gestorben sei. Das hatte in keiner deutschen Zeitung gestanden, jedenfalls in keiner, die ich gelesen hatte.

Er war in der letzten Zeit sehr krank und sehr verzweifelt. Die Nazis hatten es fertig gebracht, sein Leben zu ruinieren, auch nachdem sie gegangen waren.

Und das ihre. Es dauerte nicht lange und auch sie starb. Ich glaube, daß sie nur kurze Zeit krank gewesen war, jedenfalls habe ich nichts davon gehört. Ich fuhr zu ihrer Beerdigung. Es waren erschreckend wenig Menschen gekommen. Offenbar hielten nur wenige Deutsche etwas von Treue einer Frau gegenüber, deren Tragödie die Treue gewesen war.

Die Insulaner

Es war wohl im Herbst 1946. Ich war noch in Berlin stationiert bei der U.S. Militärregierung, aber Ende Dezember lief meine Amtszeit ab. Ich war entschlossen, dann wieder nach New York zurückzukehren, meiner Heimat seit dem Jahre 1934. Der Krieg war zu Ende, die Nachkriegswehen, so schien mir, auch, – da sollte ich mich freilich gewaltig irren. Und daß ich das relativ früh erkannte, war nicht zuletzt das Verdienst von Günter Neumann und seiner Frau Tatjana Sais.

Irgend jemand, ich habe längst vergessen wer, meinte, ich solle mal in das neue Kabarett „Uhlenspiegel" gehen. Das sei ganz amüsant. War es auch. Das Kabarett, Fassungsraum etwa 200 bis 250 Plätze, das heißt Holzbänke, die so viele Gäste aufnahmen, lag in der Uhlandstraße, zwei Schritte vom Kurfürstendamm, in einer Trümmerwüste. Es war, wie ich sehr bald erfuhr, Abend für Abend ausverkauft. Die Berliner waren in den Nachkriegsjahren sehr vergnügungssüchtig. Das konnte ihnen wohl keiner verdenken, nach dem, was sie durchgemacht hatten und noch durchmachten.

Hauptattraktion des Programms war der Kabarettist Werner Finck, der unter den Nazis noch eine Lippe riskiert hatte mit seinen Conférencen in der „Katakombe", die dann von Goebbels geschlossen wurde. Er selbst hatte einige Zeit in einem Konzentrationslager verbracht und die letzten Kriegsjahre an irgend seiner Front. Er hatte, natürlich, sein Publikum. Es trat außer ihm auch Tatjana Sais auf, eine kleine, zierliche, schwarzhaarige Person, sehr hübsch, von einem gewissen aparten Reiz. Sie war damals Anfang Dreißig. In Frankfurt am Main aufgewachsen, wollte sie schon als Kind zum Ballett – Erbschaft ihrer Großmutter, die eine bekannte russische Tänzerin gewesen war; daher der Name Tatjana. Sie ging auch zum Ballett, aber dann spielte sie doch richtiges Theater und später, in der Hitler-Zeit, wirkte sie in der bereits erwähnten „Katakombe", auch in anderen Cabarets. Dort lernte sie übrigens ihren späteren Mann kennen.

Jetzt sang sie also sehr lustige und ein bißchen politisch gefärbte Chansons, und ein sehr junger, sehr blonder Mann begleitete sie am Klavier. Ich dachte, das sei irgend ein Klavierspieler, er gab sich auch betont bescheiden und zog sich, als der Schlußapplaus für Tatjana Sais ertönte, sofort in die Kulissen zurück. Erst im Verlauf des Abends erfuhr ich, er heiße Günter Neumann, sei der Mann der Sais, habe alle diese Chansons, die sie singe, geschrieben und komponiert und wäre auch schon in der „Katakombe" tätig gewesen, bevor man ihn einzog. Und er sei äußerst intelligent.

Wir trafen uns eine Stunde später im sogenannten Künstlerclub, ebenfalls unweit vom Kurfürstendamm. Ich lud ihn zu einer Flasche Wein ein, und wir wurden bald gute Freunde. Sie waren mir beide enorm sympathisch. Sie gehörten zu jenen Deutschen, die nicht nur behaupteten, gegen Hitler gewesen zu sein, man spürte nach den ersten Worten, die man mit ihnen wechselte, daß sie es stets gewesen waren. Und ihr Auftreten in der früh verbotenen „Katakombe" bewies es auch. Sie wurden keine Nazis, nicht einmal Mitläufer.

In den letzten Wochen meines Berliner Aufenthaltes lernte ich die beiden dann besser kennen. Vor allem Günter Neumann, den kleinen, sehr schmalen Mann mit dem Jungengesicht, mit hellblondem Haar. Sie beide waren viel zu jung, als daß sie in „meinem" Berlin, das heißt dem vor 1933 (Hitler) eine Rolle hätten spielen können. 1913 geboren, damals also noch Gymnasiast mit gutbürgerlichen Eltern, verliebte er sich in genau dieses Berlin, verliebte sich in Rudolf Nelson, in Friedrich Holländer, in Kurt Tucholsky, verfiel dem mondänen dekadenten Zauber der Kammerrevuen, wie sie damals nur in Berlin zu Hause waren. Schon mit sechszehn schrieb er Cabaret-Nummern, im Stil seiner Vor-Hitler-Lieblinge.

Aber er konnte, wie sie, unter Hitler nicht gedeihen.

Beide waren also gegen das Hitler-Regime, aber sie gehörten nicht zu denen, die auch nur die Andeutung einer Kritik am Regime riskiert hätten, wie etwa Werner Finck.

Während des Krieges schlug sich Tatjana irgendwie als Chansonette an Variétés, auch mit kleinen Rollen am Theater durch. Nach dem Krieg und einer kurzen Gefangenschaft Günters bei den Amerikanern trafen sie sich wieder in Berlin.

Ich fragte ihn, was er denn treibe. Er schüttelte den Kopf. „Nichts. Der Berliner Tag ist zu kurz. Ich verbringe täglich bis zu dreieinhalb Stunden an den Haltestellen, völlig verkehrsmittellos. Wenn ich nun noch das Warten auf Kellner, Bescheinigungen, das Warten auf der Bühne und Auftritte mit den Direktoren, vor besetzten Telefonzellen und Anschluß dazu addiere, bleibt für tägliche Schreibtischarbeit nur fünf Stunden. Deswegen kann ich es mir leider nicht leisten, mich wie ein richtiger Dichter zu gebärden, von wegen „heute bin ich nicht in Stimmung ... Ja, so ist es."

Er wußte allerdings genau, was er wollte. Kabarett machen mit seiner Frau. Aber nicht nur Unterhaltung. „In unserer Zeit kann man nicht einfach Unterhaltung machen. Da muß man schon politisch sein!" sagte Günter. Nicht so direkt, nicht mit diesen Worten. Dazu war er viel zu schüchtern.

Aber wie konnte man in jenen Tagen politisch sein? Wo war der Platz, auf den man sich stellen konnte? Das war das große Problem. Die Wohnungsfrage, die Entnazifizierung waren zwar aktuelle Themen, aber diese „Aktualität" war etwas Peinliches und gar nichts Unterhaltendes. Über die Nazis sich hinterher lustig zu machen, verschmähte Günter Neumann, fand er auch nicht adäquat. Viele Themen, die niemals politisch gewesen waren, wurden es über Nacht oder waren es dank der Besatzung durch die Siegermächte.

In einem seiner Programme ließ er Kasperle und Gummilastico auftreten und folgendes Gespräch führen:

Gummilastico: „Kasperle, wir wollen hier zusammen ein politisches Kabarett aufführen."

Kasperle: „Gut, machen wir ein politisches Kabarett. Gegen wen?"

Gummilastico: „Es wird doch kein Parteikabarett werden!"

Kasperle: „Sapperment, das ist schwierig! Gegen irgend eine Partei muß man doch loslegen!"

Gummilastico: „Wenn die eine Partei was abkriegt, muß eben die andere auch was abkriegen!"

Darüber Kasperle: „Dann sind sie doch alle beide böse! Nein, da weiß ich was Besseres: Ziehen wir doch besser gegen die Nazis los, da kann uns nichts passieren!"

Gummilastico (schüttelt sich): „Nein!"

Kasperle: „Oder gegen Wilhelm I.?"

Gummilastico: „Nein!"

Kasperle: „Oder gegen Fridericus?"

Gummilastico: „Nein!"

Kasperle: „Weiter möchte ich aber nicht zurückgehen. Sonst ist das Kabarett nicht mehr aktuell. Ja, da sitzen wir schön in der Tinte!"

Günter Neumann saß in der Tat in der Tinte. Er ließ sich das nicht anfechten, daß gewisse Zensurstellen der Besatzungsbehörden, insbesondere die humorlosen Russen, die Hände über dem Kopf zusammenschlugen. Er sagte zu mir: „Gutes Kabarett muß gefährlich sein!" Er arbeitete gerade an einer Kabarett-Revue. Einer, die auf der kleinen Bühne des „Uhlenspiegels" aufzuführen war. Ich brachte ihn mit Gustaf Gründgens, erst vor wenigen Monaten aus dem russischen Gefangenenlager befreit, zusammen. Gustaf sah sich die ersten Texte der Kammer-Revue „Alles Theater!" an, es handelte sich um eine Parodie auf Theater, natürlich mit politischen Seitenhieben. Er war bereit, die Sache zu inszenieren, obwohl auf dieser Bühne kaum mehr als zwei Stühle und ein Tisch aufzustellen waren. Um so intensiver arbeitete er mit den Mitwirkenden. Vor allem natürlich mit Tatjana – Günter saß ja am Klavier.

Ich sah die Sache, die 1947 herauskam, nicht mehr, ich war längst in New York, als „Alles Theater!" herauskam, und als ich ein gutes Jahr später wieder zurückkam, hatte Günter bereits eine neue Kammer-Revue geschrieben, die ihn von einer Stunde zur andern zu einer Berühmtheit machte. Ich ging in die zwanzigste oder dreißigste Aufführung, man fand mit Mühe für mich einen Platz, die Vorstellung war auf Monate hinaus ausverkauft. Es handelte sich um „Der schwarze Jahrmarkt", 1948 uraufgeführt, und zeigte Berlin in den schwärzesten Tagen nach Kriegsende, als der Schwarzmark oder viele Schwarzmärkte die Zentren des Berliner Lebens bildeten.

Es war eine bitterböse Revue voller Seitenhiebe auf die Russen und die Kommunisten, die in dem damals noch ungeteilten Berlin versuchten, die Überhand zu bekommen. Was ihnen freilich dank der Haltung der Berliner (die in ihrer großen Mehrzahl, auch die im Osten, antikommunistisch waren, nicht zuletzt eine Folge des Verhaltens der sowjetischen Truppen, als sie Berlin einnahmen) nie gelang.

Günter schrieb damals den „Schwarzen Jahrmarkt" mit dem Leitmotiv-Song: „Siehste, det is Berlin!" in der festen Überzeugung, es handle sich um etwas Zeitgebundenes – wer würde diese Texte, diese Szenen noch aufführen in einigermaßen normalen Zeiten, die ja irgend einmal auch für Berlin kommen mußten?

Er sollte sich irren. Noch Mitte, Ende der sechziger Jahre, also nach seinem so frühen Tod im Jahr 1959, führte ein Westberliner-Theater, jawohl, ein richtiges Theater, die Revue noch einmal auf und kam auf mehr als hundert ausverkaufte Vorstellungen.

Der „Schwarze Jahrmarkt" hatte also Günter und in gewissem Maße auch Tatjana, die Hauptdarstellerin, zu berühmten Berlinern gemacht. Günter versuchte das zu übersehen, blieb immer bescheiden, versuchte stets, sich im Hintergrund zu halten, errötete wie ein Schuljunge, wenn jemand von ihm ein Autogramm wollte. Aber die beiden waren nicht nur berühmt geworden, sie waren auch gefährdet.

Unsere, die US-Militärpolizei teilte es mir mit. „Die beiden wissen es nicht, aber wir haben jede Nacht zwei Posten vor dem Haus, in dem sie wohnen. Die Russen lieben es, Deutsche zu entführen, die sie als ihre Feinde betrachten!"

Ja, ich wußte es. Die Neumanns mußten es auch gewußt haben, aber sie zeigten keine Angst. Vielleicht hatten sie wirklich keine. Tatjana sagte einmal lächelnd zu mir: „Und wenn schon! Du holst uns doch wieder raus!" Ihr war natürlich klar, daß niemand, nicht einmal General Clay, über solche Möglichkeiten verfügte.

Aber es geschah ihnen nichts.

Irgend einer unserer Kulturoffiziere schlug mir eines Tages vor: „Dieser Neumann sollte doch vielleicht eine satirische Zeitschrift herausbringen. Wir würden das finanzieren!"

Und es geschah. Sie hieß „Der Insulaner".

Ich muß erklären: General Clay hatte die Blockade Berlins durch die Sowjets kommen sehen. Er konnte mich zwar nicht aus New York nach Berlin zurückbeordern, aber er bat mich, zurückzukommen, und ich kam, selbstverständlich. Das war im Frühjahr 1948. Der Grund seines Wunsches: Er wollte jemanden, dem er vertraute, in jenen Stunden um sich haben, jemanden, der Berlin und die Berliner kannte. Er wollte wissen, wie die Berliner fühlten und dachten. Er sagte, er könne der Blockade durch eine Luftbrücke widerstehen, aber nur, wenn die Berliner hinter ihm ständen. Ich war einer von denen, die herausfinden sollten, ob es so war. Es war nicht schwer für mich, das herauszufinden.

Als die Blockade begann, wurde die Luftbrücke von einer Stunde zur anderen ins Leben gerufen. Die Frage war nur: Würden die Berliner die Schwierigkeiten, die diese Blockade mit sich brachte, längere Zeit durchstehen? Das konnte ja Wochen, Monate, möglicherweise sogar ein Jahr dauern. Man mußte also etwas für ihre „Moral" tun. Daher das Interesse der westlichen Alliierten an einer Zeitschrift, die Deutsche herausbringen sollten und die den Berlinern Mut machen würde.

Daher fiel die Wahl auch auf Günter Neumann. Er schuf den Begriff „Insulaner", der genau auf die damalige Lage der Berliner, genauer, der West-Berliner, paßte. Aber die Sache ging nicht gut. Günter klagte schon bald: „Ich kann so eine Zeitschrift – sie kam wöchentlich heraus – einfach nicht machen. So was habe ich nicht gelernt!" Aber wer konnte sie machen? Ich half ihm ein bißchen. Aber schließlich war ich längst Amerikaner, und die Zeitschrift mußte von einem in Berlin bekannten Berliner gemacht werden – und da fand sich niemand.

Ich glaube, Günter, Tatjana und ich und die anderen, die mithalfen, wußten schon nach zwei bis drei Wochen, die Sache würde nicht gutgehen. Und, wenn ich mich recht erinnere, wurde die Zeitschrift nach ungefähr vier oder fünf Wochen eingestellt: Im U.S. Hauptquartier fragte man mich: „Kann denn dieser Neumann, der doch so gescheites Kabarett gemacht hat, gar nichts für uns tun?"

Ich antwortete: „Ich werde ihn fragen." Ich fragte ihn freilich nicht, ob er etwas für die Amerikaner tun könne oder wolle, ich fragte ihn, was er für die Berliner tun wolle.

Neumann: „Kabarett machen! Das habe ich gelernt."

„Für 200 oder 300 Personen pro Abend? Das genügt wohl nicht!"

„Wie wäre es denn, wenn das Kabarett über das Radio an die Bevölkerung gelangen würde?"

Und so geschah es. Und so begann die Sendung „Die Insulaner".

Sie wurde durch den von den Amerikanern gegründeten Sender RIAS gebracht. Sie begann immer mit einem Song, den bald alle Berliner sangen und noch viele, viele Jahre singen sollten.

Er begann die erste Sendung am Silvester 1948, also mitten in der Blockade, mit den Worten: „Der Insulaner verliert die Ruhe nicht, der Insulaner liebt kein Getue nicht", und endete mit den Worten: „Der Insulaner hofft unbeirrt, daß seine Insel wieder Festland wird".

Das Gefüge stand von Anfang an fest. Da war immer ein langer Monolog eines DDR-Funktionärs, der alles durcheinander brachte. Da war immer das Telefongespräch. Die Idee hatte Günter von Tucholsky, sagen wir es ruhig, gestohlen – Tucholsky schrieb immer mal wieder Telefongespräche eines Berliner Kaufmanns, der über alles Mögliche am Telefon redet, über Probleme des Alltags, ein Monolog irrsinnig witzig, der andere kommt nie zu Wort. Diese Telefongespräche nun auf damals übertragen, vom Schauspieler Bruno Fritz gesprochen waren auch sehr witzig. Da waren ferner die Dialoge von zwei feinen älteren Damen. Eine davon sprach Tatjana, die andere Agnes Windegg. Die Hauptrolle spielte aber in allen Szenen: der Berliner, ruhig, aber nicht wehleidig, schon gar nicht selbstgefällig.

Das Entscheidende: Die Sendungen waren immer ungemein aktuell. Sie spielten auf Vorkommnisse, auf Meldungen von gestern, von vor einigen Stunden an. Ich erinnere mich noch genau, daß Günter, während bei RIAS die Sendung zu laufen begann, zu Hause saß und noch irgendwelche Strophen schrieb, die dann ein Motorradfahrer zum RIAS brachte, manchmal nur Minuten bevor sie gesungen werden mußten. Nie war eine Unterhaltungssendung so aktuell und von so enormer Wirkung auf ihr Publikum, wie der „Insulaner" eben auf die Berliner wirkte. Er war genau die Propagandawaffe, die die Westmächte sich erträumten.

Als die Blockade zu Ende war, lief der „Insulaner" trotz allem weiter. Er hatte zwar seine „Schuldigkeit" getan, aber die Berliner liebten ihn viel zu sehr, als daß man ihn hätte aufgeben können. Erst nach 150 Sendungen – eine pro Woche – wurde sie eingestellt.

Schon vor der Blockade, ja kurz vor der Währungsreform war übrigens der Filmmann Alf Teichs an Neumann herangetreten. Er hätte den „Schwarzen Jahrmarkt" dreimal gesehen, und er sähe nicht ein, warum man daraus nicht einen Film machen könnte. Günter erklärte sich bereit. Er erfand eine neue Figur, die durch die Vielfalt der Szenen des „Jahrmarkts" ging – Otto Normalverbraucher, für den man schließlich den jungen und spindeldürren Gert Froebe engagierte. Das war sozusagen seine Entdeckung. Ja, er war damals spindeldürr, und das verlangte auch die Rolle, denn er gehörte ja zu den hungernden Berlinern. Er hatte Schwierigkeiten mit den Behörden – er wollte nach Berlin, aber man ließ ihn nicht. Mit Schiebern, mit Schwarzmarkthändlern hatte er zu tun. Es war zwerchfellerschütternd. Schilder versperren ihm alle Wege. Gesperrt – Umleitung! Oder: Kein Durchgang! Oder: Nur für Militärfahrzeuge! Oder: Brücke gesperrt! Es ließ sich schwer in der Trümmerstadt Berlin leben, aber Otto Normalverbraucher brachte es schließlich fertig. Der Film hieß dann nicht „Schwarzer Jahrmarkt", sondern „Berliner Ballade". Er war ein Riesenerfolg und bekam viele Preise.

Bald darauf machte Günter einen neuen Film, der „Herrliche Zeiten" hieß. Günter erklärte mir, wie er zu der Idee gekommen war. „Zuerst einmal der Titel. Der Kaiser hatte versprochen, er werde die Deutschen herrlichen Zeiten entgegenführen! In allen Geschichtsbüchern nachzulesen!"

Günter: „Nun, es sollte dann doch etwas anders kommen, wie wir ja wissen. Ich habe mir mal alte Wochenschauen angesehen. Ich hatte die Idee, sie irgendwie zusammenzustellen. Aber dann kam mir eine bessere Idee: Alte Filme anzusehen und sie zusammenzustellen, um einen Querschnitt durch die letzten, sagen wir fünfzig Jahre zu geben, ein Charakterbild des typischen deutschen Bürgers, ein Spiegelbild oder auch eine Entlarvung der ‚guten alten Zeit', weiß Du, mit Paraden und Pferderennen, mit den berühmten Stars von damals – eben mit allem, was in den letzten fünfzig Jahren auf Zelluloid gebracht worden war."

Zusammengehalten durch eine, von Günter erfundene Figur, die zu allem, was an Neuem geschieht, immer wieder die gleiche dumme Bemerkung macht. Als etwa die ersten Flugzeuge erschienen, meinte er, die hätten kaum eine Zukunft. „Denken Sie an meine Worte!"

„Und die Autodroschken? Auch die haben keine Zukunft! Denken Sie an meine Worte ..." „Und der Weltkrieg I? Eine Affäre von ein paar Wochen. An Weihnachten sind wir wieder zu Hause! Denken Sie an meine Worte ...!" „Und Hitler? Der Spuk dauert ein Vierteljahr! Denken Sie an meine Worte!"

Es sollte ein billiger Film werden, aber er kostete immerhin 300 000 DM. Der Produzent Alf Teichs prophezeite düster, das werde der Film nicht einspielen. Der Film spielte viel mehr ein, etwa das Zwanzigfache, aber die Firma Alf Teichs ging in Konkurs, und die Bank, die den Film erwarb, hatte keinen Vertrag mit Günter, der also überhaupt kein Geld bekam.

Günter machte dann noch ein paar weitere Filme, respektive schrieb die Drehbücher. Zum Beispiel für das „Wirtshaus im Spessart!" Und auch „Wir Wunderkinder". Er war sehr erfolgreich. Aber irgendwie kam er sich überflüssig vor. Das sagte er mir auch. „Die schlechten Zeiten, das waren meine guten Zeiten."

Ich war nicht mehr viel in Berlin, wo wir uns mindestens drei oder viermal in der Woche gesehen hatten. Ich war in die Schweiz ausgewandert. Günter erwog auch, in die Schweiz zu ziehen, er kaufte sogar ein Haus oberhalb des Genfersees, aber er konnte es nicht lange dort aushalten. Außerdem wollte er nicht, daß die Menschen glaubten, er setze sich von Berlin ab, wo das Leben zwar nicht mehr so gefährlich wie zu Blockadezeiten war, aber durchaus nicht einfach. Wo viele Berliner müde wurden, sich als Helden zu fühlen und in München oder Hamburg weiterlebten. So weit sie sich das finanziell leisten konnten.

„Das ist nicht mehr meine Zeit...", meinte Günter, der, wann immer ich nach Berlin kam, sich von allen Verpflichtungen loslöste und mit Tatjana in meinem Hotel erschien und während meiner Berliner Tage – manchmal zwei oder drei, manchmal zwei Wochen – mir sozusagen ständig zur Verfügung stand.

Dann kam die Zeit, in der Tatjana und er sich auseinander gelebt hatten. Genaugenommen war er es, der das Gefühl hatte, er müsse seine Freiheit wieder haben oder was immer er darunter verstand. Tatjana wäre wohl nie von ihm fortgegangen. Sie liebte ihn ja immer noch. Sie hielt sich, genau wie Günter, aber in einer anderen Weise, für überflüssig. Der Engländer Carleton Greene verliebte sich in sie und machte ihr einen Heiratsantrag.

Hugh Carleton Greene, der Bruder des berühmten Romanciers, war in der Vor-Hitler-Zeit Korrespondent einer großen englischen Zeitung in Berlin gewesen. Dann, von den Nazis ausgewiesen, hatte er seine Korrespondententätigkeit in anderen Ländern des europäischen Kontinents fortgesetzt, war, als der Krieg begann, nach London zurückgegangen und hatte bei der BBC eine Sendung geleitet, die von deutschen Emigranten gemacht wurde und die Deutschen über den jeweiligen Stand des Kriegs aufklärte. Es war zwar von den Nazis verboten, BBC zu hören, aber viele Deutsche taten es trotzdem. Nach dem Krieg war er eine Zeitlang der erste Mann für kulturelle Belange in der Britischen Zone, dann, nach London zurückgekehrt, – der Governor der BBC, das heißt, der Generaldirektor.

Ich erinnere mich noch, daß ich Tatjana einmal ganz zufällig in Hamburg traf, als sie nicht wußte, ob sie sich von Günter scheiden lassen sollte oder nicht und ob sie Hugh heiraten sollte. Ich machte damals einen Witz, ein Berliner Wort imitierend: „Nehmen se Greene, det hebt' Ih'n". Ich hoffte, sie würde zu Günter zurückkehren, aber der Zeitpunkt war wohl verpaßt. Sie ging nach London, wo sie freilich nicht glücklich wurde und immer wieder nach Berlin zurückkam, in der Hoffnung, daß sich zwischen ihr und Günter alles wieder einrenken würde.

Das geschah nicht.

Günter hatte dann viele Ideen für Filme und auch fürs Fernsehen, das ja im Aufkommen war, zuletzt die Idee zu „Dalli, Dalli". Er arbeitete an dem Projekt zusammen mit Hans Rosenthal. Ich sehe sie noch in einem Café sitzen und diese Sendung diskutieren. Er machte noch zwei Folgen. Drei oder vier Tage bevor die zweite Folge gesendet wurde, starb er. In seiner Münchner Wohnung, mitten in der Nacht. Herzschlag. Er dürfte nicht gelitten haben.

Bei seiner Beerdigung traf sich noch einmal das alte Berlin, das nun langsam ausstarb. Viele von uns brachen in Tränen aus, als bei der Trauerfeier sehr langsam auf der Orgel gespielt der Insulaner-Song ertönte. Alle fühlten, daß da nicht nur einer unserer Freunde fortgegangen war, sondern ein Stück des alten Berlin, das nun nie wieder das alte Berlin werden konnte.

Die Dorsch

Sie war ohne Zweifel von 1920 bis 1950 die bedeutendste Schauspielerin deutscher Zunge – abgesehen von den rund 10 Berliner Jahren der Bergner, die ohne Zweifel an der Spitze stand, wenn auch nicht vor, so doch neben der Dorsch.

Sie kam von der Operette. Und in sämtlichen großen Rollen dieses Genres war sie der Publikumsliebling par excellence gewesen. Sie kam mitten im Ersten Weltkrieg nach Berlin, spielte auch dort Operetten, freilich eher auf den weniger bedeutenden Operettenbühnen. Die bedeutendste Figur der leichten Muse, Fritzi Massary, wurde ihre Freundin, was damals schon eine Art Ritterschlag bedeutete.

Sie sah sich die Dorsch in einer Sonntagnachmittagsvorstellung an, denn abends mußte sie ja selbst spielen. Und in ihrer Loge saßen ihr Mann, der bekannte Komiker Max Pallenberg und – Hans Müller. Hans Müller war damals ein sehr beliebter Gebrauchsdramatiker, dessen Stücke an unzähligen Bühnen gespielt wurden, der auch gelegentlich, allerdings erst etwas später, nach Hollywood fuhr, um dort Filme zu schreiben, aber immer wieder in die Schweiz, wo der gebürtige Österreicher lebte, zurückkehrte.

Gerade hatte Müller ein Stück geschrieben „Die Flamme", das das tragische Schicksal eines Freudenmädchens zum Thema hat, das, in die Bürgerlichkeit gerettet, es dort aber nicht aushält und mit Selbstmord endet. Und um diese Rolle eines, wie man vermutete, todsicheren Hits, bewarben sich sämtliche jüngeren Schauspielerinnen Berlins. Nun sah also Müller die Dorsch in der Operette „Eine Ballnacht".

Wie alle Operetten damals schloß der zweite Akt tragisch und zwar damit, daß das Liebespaar sich zerstritt. In diesem Fall blieb die Dorsch allein auf der Bühne und begann zu weinen. Vorhang. Und als es hell wurde, sah Pallenberg, daß auch Müller weinte. Er fragt ihn scherzhaft: „Warum weinst Du? Du hast doch Dein Billett nicht bezahlt!"

Müller erklärte, diese Dame würde „Die Flamme" spielen und sonst keine. Das setzte er auch durch zur Enttäuschung des Theaterdirektors, der einen Star für die Rolle haben wollte. Die Dorsch war von einem zum andern Tag ein Star.

Die Kritik lag vor ihr auf den Knien. Das Publikum feierte sie.

Bis vor kurzem hatte sie noch ein Verhältnis mit einem jungen, bildhübschen Flieger namens Hermann Göring, dessen Name niemandem etwas sagte, der meilenweit entfernt von Politik war – die Partei, in der er später eine so wichtige Rolle spielen sollte, gab es damals noch gar nicht. Er hatte nur ein Lebensziel: Die Dorsch zu heiraten. Und als er erfuhr, daß sie sich mit dem Filmschauspieler Harry Liedtke eingelassen hatte, wollte er den umbringen. Die Dorsch redete ihm das aus. Harry Liedtke war wirklich ihre große Liebe, vielleicht die einzige.

Ich lernte sie kennen, als sie schon sehr berühmt war, so gegen Ende der zwanziger Jahre auf irgend einer Gesellschaft. Da ich ja damals schon gelegentlich Theaterkritiken schrieb, interessierte sie mich natürlich. Ich traf sie noch zwei- oder dreimal, jedenfalls oft genug, daß ihr mein Name im Gedächtnis blieb. Mehr als ein paar Gespräche gab es nicht.

Dann hörte ich immer mal wieder von ihr, genauer gesagt: über sie, in der Emigration. Emigranten die später als ich Deutschland verlassen hatten, erzählten, wie sehr sich die Dorsch für die Verfolgten des Naziregimes einsetzte, daß sie diesen und jenen gerettet, daß sie diesem oder jenem das Vermögen ins Ausland geschafft hätte oder dabei behilflich gewesen sei. Sie, die immer noch Einfluß auf Göring hatte, sogar auf Hitler – sie war ja so blond, sie war ja so blauäugig, nützte ihre Beziehungen rücksichtslos aus, um zu retten, zu helfen.

Ich glaubte, dies sei nur uns Emigranten bekannt. Um so erstaunter war ich, als General Clay, damals der Kopf der amerikanischen Zone Deutschlands, mich nach Wien schickte, und als ich mich verabschiedete, in den Akten blätternd, die er mir dann übergab, meinte: „Sollten Sie einer Schauspielerin namens Kathie Dusch begegnen, so stellen Sie fest, was man für sie tun kann. Sie gehört zu den Deutschen, die sich ganz besonders gut benommen haben."

Es handelte sich natürlich um Käthe Dorsch. Ihre Taten unter dem Naziregime waren also selbst der amerikanischen Spionage nicht verborgen geblieben!

Das Wiedersehen war umwerfend. Etwa so, als wären wir einmal sehr befreundet gewesen. Sie war einige Jahre älter als ich, wirkte aber noch fast wie ein junges Mädchen. Und reagierte auch so. Sehr bald wurden wir fast unzertrennlich und wann immer ich konnte, flog ich nach Wien, wo sie am Burgtheater spielte, oder fuhr nach Kammer am Attersee, unweit von Salzburg, wo sie ein Haus besaß.

Es fällt mir auch heute, so viele Jahre nach ihrem Tod, schwer, über sie zu schreiben. Ich war recht verliebt. Ich liebte. Und sie liebte mich auch. Für sie gab es kein Flirten, kein Verliebtsein. Sie blieb gleichgültig oder sie liebte. Sie war immer hundertprozentig. Es gab Nächte, in denen ich wach lag, so glücklich war ich, daß sie in mein Leben getreten war. Es gab Stunden, in denen ich geradezu fromm wurde, weil ich fühlte, ich hätte so viel Glück nicht verdient. Es gab allerdings auch Stunden oder gar Tage, an denen es sehr schwierig war, mit ihr zu leben oder auch nur in ihrer Nähe. Sie wurde von einer geradezu krankhaften Eifersucht getrieben, von einem Mißtrauen erfaßt, das mir lange unverständlich blieb.

Es stimmte schon, was mir von Clay angedeutet worden war. Käthe hatte alles Menschenmögliche getan, um Menschen zu retten. Da die Bedrohten das wußten, wandten sich in diesen Jahren Hunderte an sie.

Käthe: „Jeden Morgen weinte ich, während ich die Post las." Aber sie beließ es nicht beim Weinen. Sie unternahm immer etwas. Ich glaube nicht, daß sich auch nur einer vergebens an sie wandte. Einmal sagte ich: „Was mußt Du gelitten haben!"

Sie sah mich mit den unbeschreiblich schönen Augen fast mitleidig an. „Ja, wir sind von innen nach außen, von links nach rechts, von oben nach unten hin- und hergetrieben und umgekrempelt worden." Ich habe die Worte noch im Ohr. „Und doch weiß man erst, was Leben ist, wenn man weiß, was Leiden ist. Ich glaube, da hast Du was versäumt!"

Ihr sehnlichster Wunsch war, wieder nach Berlin zurückzukehren. Es war in den ersten Nachkriegsjahren zwar sehr schwierig für Deutsche, ins Ausland zu gelangen, aber aus Gründen, die ich nie erforscht habe, unmöglich, von Deutschland nach Österreich zu reisen oder von Österreich nach Deutschland, außer vielleicht für untergetauchte Naziverbrecher, die von der katholischen Kirche mit falschen Papieren ausgestattet nach Südamerika geschmuggelt wurden.

Dank General Clay und seiner Generalvollmacht war es mir möglich, Käthe und ihre Sekretärin nach Berlin zu bringen, wo sie von einem unübersehbaren Freundeskreis mit frenetischem Jubel empfangen wurde.

In Berlin spürte ich zum ersten Mal, wie mißtrauisch und eifersüchtig sie sein konnte. So verbat sie sich den Besuch der bekannten Schauspielerin Käthe Haack, die das Verbrechen begangen hatte, viele, viele Jahre nach Käthes Scheidung von Harry Liedtke sich mit diesem ein paar Wochen oder Monate einzulassen.

Überhaupt war Harry vielleicht der Grund dafür, daß sie so mißtrauisch und eifersüchtig wurde. Als sie sich in ihn verliebte, war er der berühmteste Filmschauspieler Deutschlands – ein großer Schauspieler war er nie, und sie war eine nicht sehr bekannte Operettensängerin. Innerhalb weniger Jahre änderte sich das Bild. Er stieg ab – Filmkarrieren sind ja meist kurz, und sie machte den steilen Aufstieg zur großen Schauspielerin, die nur noch gelegentlich in Operetten sang. Sie tat alles, um ihn nicht spüren zu lassen, wie die Gewichte sich verschoben, aber er litt wohl darunter, und um sich zu bestätigen, bandelte er ununterbrochen mit anderen Frauen an, was schließlich zur Scheidung führte. Aber auch jetzt, zwanzig Jahre danach, hing sie noch an ihm und wollte ihn unbedingt in Saarow-Pieskow, einem idyllisch gelegenen kleinen Ort, etwa eine Autostunde von Berlin entfernt, aber eben in der sowjetischen Zone, besuchen.

Ich wußte, daß Harry den Krieg nicht überlebt hatte, er war in seinem Haus geblieben, auch als die Russen im Anmarsch waren, in dem Glauben, ihm würde schon nichts passieren. Da man ein Jagdgewehr in seinem Keller fand, wurde er aufs fürchterlichste gefoltert – ich erspare mir Einzelheiten – und schließlich umgebracht; desgleichen seine junge Frau.

Ich versuchte also alles, um Käthe von einer Reise in das gemeinsame Haus in Saarow-Pieskow abzuhalten, aber es gelang mir nicht. Sie war viel zu berühmt in Berlin, als daß sie von den Russen die Spezialerlaubnis nicht bekommen hätte. Nach dem Besuch kam sie mit einem grauen Gesicht zurück und wollte nicht sprechen. Sie mußte immerzu weinen. Es dauerte Tage, bis man wieder mit ihr reden konnte.

Aber alles in allem waren es herrliche Zeiten für uns, für sie, weil sie wieder in ihrem geliebten Berlin war, für mich, weil es wieder einen Mittelpunkt in meinem Leben gab. Sie spielte natürlich Theater, zuerst in den Kammerspielen des Deutschen Theaters, also im Sowjetischen Sektor, natürlich mit außerordentlichem Erfolg. Und dann mußte ich – meine Dienstzeit war Ende 1946 abgelaufen – in die Vereinigten Staaten zurück. Sie begriff das nicht oder wollte es nicht begreifen und war ein bißchen beleidigt. Und als ich dann eher selten etwas von mir hören ließ, glaubte sie, ich hätte sie vergessen oder eine andere gefunden und stellte ihre Briefe ein.

Was sie nicht wußte und nicht wissen konnte: Mir ging es damals sehr dreckig. Ich hatte die Vereinigten Staaten verlassen – um Kriegsdienst zu tun, aber das ist eine andere Geschichte, die nicht hierher gehört – als ein gut etablierter Schriftsteller und Journalist. Als ich zurückkam, hatten sich die Zeiten geändert. Ich, einst als Anti-Hitlerspezialist sehr gefragt, war nun gar nicht mehr gefragt. Kein Zweifel, ich hätte mir meine ehemalige Position zurückerobern können, was ja auch später geschah. Aber dazu brauchte ich Zeit. Und die hatte ich nicht, denn mein bester Freund hatte mit Hilfe meiner ungetreuen Sekretärin mein gesamtes Vermögen, das so groß nicht war, verbraucht.

Ich mußte also von einem zum andern Tag Geld verdienen, mein Lohn als hoher Offizier wurde ja nun nicht mehr ausgezahlt, und es gelang mir nichts. Und das ganze Jahr 1947 war für mich eigentlich ein Jahr des Mißlingens. Ich schrieb an einem Buch weiter, aber dazu brauchte ich das ganze Jahr, es handelte sich um die später so international erfolgreiche Goebbels-Biografie. Ein Astrologe, zu dem mich der junge Slezak geschickt hatte, meinte, vor dem 18. Februar 1948 – also erst in einem guten Jahr, würde sich nichts Günstiges für mich ereignen. Dann allerdings würde es wieder sehr steil bergauf gehen.

Er hatte erstaunlicherweise recht. An diesem Tag erreichte mich ein Telefonanruf von Murphy, dem politischen Berater des Generals Clay, dem ein Brief folgte, ich möchte doch wieder nach Berlin zurückkommen. Ein entsprechendes Telegramm von General Clay kam wenige Tage später. Desgleichen der Antrag der Zeitschrift Esquire, für die ich jahrelang gearbeitet hatte, wieder meine regelmäßige Mitarbeit zu beginnen, und ein Antrag des France-Soir, dem Nachfolger von Paris-Soir, für den ich so lange in Amerika tätig gewesen war, ihr Berliner, respektive Deutschland-Korrespondent zu werden. Und einige wenige Tage später ein Brief von Käthe, der sage und schreibe am 18. Februar abgeschickt worden war, sie habe jetzt gehört, wie schlecht es mir gehe und verstehe mein Schweigen und sie werde warten, bis ich zurückkäme.

Und dann war ich zurück und wieder in ihren Armen. Wir sahen uns immer nur zwei oder drei Tage und dann wieder ein paar Wochen nicht. Das hatte damit zu tun, daß ich wegen der kommenden Blockade in Berlin bleiben und in unmittelbarer Nähe von Clay sein mußte, während sie in Wien spielte oder auch auf Tourneen und vorläufig überhaupt nicht nach Berlin kam.

Um so stärker wuchs wieder ihr Mißtrauen mir gegenüber. Sie war fast sicher, ich betrüge sie mit der einen oder anderen Dame, die ich kaum kannte, aber von ihr verdächtigt und entsprechend behandelt wurde.

Und eines Tages war sie sicher, daß ich eine andere „Geliebte" hätte, und das konnte ich ihr nicht ausreden – andere, die sich einzuschalten versuchten, konnten es auch nicht. Als ich sie in Frankfurt, wo sie gastierte, aufsuchen wollte – eine Stunde vor Vorstellungsbeginn – ließ sie mir ausrichten, sie wolle mich nie, nie wieder sehen. Dann erfuhr ich aus der Presse, daß sie mir einen Prozeß machen wolle, ich schulde ihr eine Menge Geld für Wertsachen, die ich unterschlagen hätte. Grotesk, wenn man bedenkt, daß in den ersten Nachkriegsjahren ich, der ja finanziell viel besser Gestellte, sie mehr oder weniger miternährt hatte; in Anbetracht unserer Beziehung nur selbstverständlich.

Die deutsche Presse griff das Thema begierig auf. So waren also die Amerikaner! Vielleicht auch dachten einige der Redakteure: So sind also die Juden!

Es gab nur zwei Ausnahmen im Blätterwald. Hans Habe setzte sich für mich ein, und Axel Springer verbot seinen damals noch wenigen Zeitungen, etwas gegen mich zu schreiben. Die wußten Bescheid.

Es kam nie zum Prozeß. Käthes Anwalt mußte ihr sagen, es sei ein sinnloser Prozeß, sie habe nicht den geringsten Beweis gegen mich erbracht. Den gab es nun ja auch wirklich nicht.

Käthe ging noch einen Schritt weiter. Sie schrieb an unzählige unserer gemeinsamen Freunde oder Bekannten, sie verlange von ihnen Abbruch ihrer Beziehungen zu mir, sollten sie weiterhin mit mir verkehren, müßten sie auf ihre, Käthes Freundschaft verzichten. Ich weiß nicht, an wie viele unserer Freunde sie einen solchen Brief schrieb. Ich weiß nicht, wie viele ihr zur Seite traten und mich von nun an verleugneten. Ich weiß nur, daß drei ihr erklärten, sie dächten gar nicht daran, die Freundschaft mit mir aufzugeben. Das war der Verleger Peter Suhrkamp, es war Gustaf Gründgens und Werner Krauß.

Ich sagte damals zu Peter Suhrkamp: „Daß es so kommen mußte..."

Und er: „So ist sie eben! Früher oder später wäre es doch so gekommen."

Das Ungeheuerliche, ihre Zumutung kam mir nie zum Bewußtsein. In der Tat, so war sie eben, die schwierige und unendlich weiche und liebenswerte Käthe Dorsch.

Sie blieb bis zuletzt konsequent. Der Zufall wollte es, daß sie und die jüngere Schauspielerin Heidemarie Hatheyer zur selben Zeit am Berliner Schiller-Theater probten und spielten. So etwas wie eine Freundschaft begann sich zu entwickeln. Käthe sagte zu Dritten, sie habe immer die Hatheyer als ihre Nachfolgerin – natürlich, was die künstlerische Tätigkeit anging – betrachtet. Dann erfuhr Käthe, daß die junge Schauspielerin und ich sehr befreundet waren. Von einem zum andern Tag kannte sie die Hatheyer nicht mehr.

Dann hörte ich nichts mehr von ihr, außer daß und was und wo sie spielte. Und dann, ich war gerade in Los Angeles, um an einem Fernsehstück mitzuarbeiten, erreichte mich ein Telegramm der Hatheyer, die inzwischen meine Frau geworden war: „Die Dorsch ist gestorben!"

Ich wußte, viele wußten, daß sie seit längerer Zeit todkrank war, Leberzirrhose – Krebs, die meist Trinker bekommen. Welche Ungerechtigkeit! Käthe hatte vielleicht ein halbes, vielleicht auch ein Glas Wein pro Woche getrunken, sicher nicht mehr. Sie hatte sehr vorsichtig, um nicht zu sagen, streng gelebt, schon ihrer Figur wegen. Sie hätte hundert Jahre alt werden müssen. Und nun diese langwierige Krankheit, über mehr als ein Jahr hinweg. Diese furchtbaren Schmerzen, die sie immer weinen machten. Zuletzt war sie, abgesehen von ihrer Sekretärin, völlig allein.

Als es in Wien die Runde machte, es ginge nur noch um wenige Stunden, kamen einige bekannte Schauspieler, um sozusagen im Zimmer nebenan Wache zu halten. Sie hat davon nichts mehr gemerkt.

Ein Heim für ältere und mittellose Schauspieler in der Umgebung von Berlin wurde nach ihr benannt. Es soll später eingegangen sein. Wenn man heute den Namen Käthe Dorsch nennt, wissen nur alte Menschen oder Leute, die in irgend einer Funktion am Theater beschäftigt sind, noch, wer sie war. Und was sie war, weiß wohl niemand mehr.

Boni, der Erfolgreichste von allen

Wir nannten Erich Maria Remarque "Boni", nicht nach dem Papst, sondern nach einem unanständigen Witz betreffend Bonifacius Kiesewetter, den er gelegentlich im Munde führte. Wir, die Schar der Freunde – ach, dieser so unendlich liebenswerte, in jedem Sinne liebenswerte Mann hatte so wenig Freunde!

Als er noch nicht berühmt geworden war, im Berlin der späten zwanziger Jahre, mochten wir ihn nicht. Wir, die Sportjournalisten, zu denen ich gehörte und er in gewissem Sinne auch. Wir hielten ihn für einen "Fatzke", einen Angeber, immer geschniegelt, sich immer so gebend, als sei er etwas Besseres, und zu alledem trug er noch ein Monokel. Er sah blendend aus. Aber das zu konstatieren, war eher Sache der Frauen, an denen er, wie man sagte, einen großen Konsum hatte. Nun ja, er sah verdammt gut aus, aber sonst?

Er arbeitete im Scherl-Verlag. Das war der Verlag, der dem Leiter der Deutschnationalen Partei gehörte, dem ehemaligen Krupp-Generaldirektor Hugenberg, also sehr, sehr rechts. Im Scherl-Verlag erschien auch "Sport im Bild" und dort war also Erich Maria Remarque angestellt. Er schrieb eigentlich mehr über Gesellschaft als über Sport, und wenn über Sport, dann über "gesellschaftlichen" wie Polo, Tennis, Golf. Er hatte auch ein Buch über die Zubereitung von Cocktails verbrochen, das kein großes Interesse fand. Später kam er nie wieder darauf zurück.

Ich hatte ihn öfters von weitem gesehen, aber machte erst seine Bekanntschaft gelegentlich eines Sechstagerennens im Berliner Sportpalast, ich würde sagen im Herbst oder doch im

Winter 1928. Es war früh am Morgen, so um 2 oder 3 Uhr, die Halle lehrte sich langsam, ich mußte natürlich bleiben, denn ich mußte ja Bericht erstatten. Er näherte sich mir und stellte sich knapp vor und sagte: „Wissen Sie eigentlich, wie man ein Buch anbringt?"

Obwohl ich den Kopf schüttelte, denn bis dahin hatte ich mir darüber noch nie den Kopf zerbrochen, fuhr er fort, er habe da „so ein Buch" geschrieben, in vier Wochen übrigens.

Ich erwähnte, daß der Scherl Verlag, für den er ja arbeitete, schließlich auch Bücher herausgab und zwar eine Menge.

Er schüttelte den Kopf. „Nein, für den ist es nichts. Es ist nämlich ein Buch gegen den Krieg!" Es sei ein Buch über und gegen den Krieg 1914–1918. Er erzählte, er habe das Buch bereits bei einer Anzahl von Verlagen angeboten, aber er habe es immer wieder zurückbekommen. Und zwar in verdächtiger Eile.

Ich fragte ihn, ob er wirklich meinen Rat wolle, und als er nickte, sagte ich: „Wer interessiert sich denn heute, bald zehn Jahre nach Kriegsende noch für den Krieg? Wen ich Ihnen einen Rat geben soll – zerreißen Sie das Manuskript, werfen Sie es weg, vergessen Sie es!"

Er folgte meinem Rat nicht.

Später, als der Roman „Im Westen nichts Neues" in Fortsetzungen in der hochkarätigen Vossischen Zeitung zu erscheinen begann, entstand schon bald ein großer Streit im Hause Ullstein darüber, wer das Buch oder seinen Verfasser nun eigentlich entdeckt habe. Der Feuilletonchef? Der Chef der Buchabteilung, der es nach dem Abdruck in der Vossischen Zeitung als Buch herausgeben wollte? Der Cheflektor? Eine ganze Anzahl von Leuten meldeten sich und beanspruchten den Ruhm der Entdekkung.

Fest steht jedenfalls, daß die Vossische Zeitung, die gewiß keine große Auflage hatte, wenn ich nicht irre, waren es um die fünfzigtausend herum, die Voss war eben eine elitäre Zeitung, ihre Auflage in den ersten zehn Tagen des Romanabdrucks verdoppeln konnte. Das war natürlich eine Sensation, zumindest in der Zeitungswelt. Und als das Buch schließlich bei Ullstein herauskam – auch die Voss war ja eine Ullstein-Zeitung – war es derart gefragt, daß die außerordentliche Kapazität des Druckhauses Tempelhof, das die Ullsteins wenige Jahre zuvor gebaut hatten, nicht ausreichte, um den Bedarf zu decken. Die Ullsteins mußten – ein Unikum in der Verlagsgeschichte – das Buch auch bei Konkurrenzdruckereien in Leipzig, in Hamburg und München drucken lassen. Nach einem knappen Jahr kam auch die französische Ausgabe heraus und die englische und die amerikanische und nach noch nicht einmal zwanzig Monaten war das Buch in über acht Millionen Exemplaren in rund fünfundzwanzig Sprachen erschienen. Wenig später erschien es in zwanzig weiteren Sprachen.

Was eigentlich machte den Erfolg des Buches aus? Gewiß, es handelte vom Krieg, über den man genug gelesen hatte, aber jetzt las man eigentlich zum ersten Mal, jedenfalls in Romanform, wie er wirklich gewesen war. Die Menschen erfuhren, daß der Krieg nicht nur oder vielleicht überhaupt nicht eine heroische, sondern eher eine schmutzige Angelegenheit gewesen war. Remarque stellte das ohne romantisches Beiwerk dar, es gelang ihm – wie gesagt, innerhalb von vier Wochen – ein Zeitdokument zu schaffen, das jeder in jedem Lande verstehen konnte; und jeder in jedem Land verstand, daß dieser Krieg nicht nur durch Bomben und Granaten und Kanonen zerstört hatte, sondern daß eine ganze Generation „vom Kriege zerstört wurde, auch wenn sie seinen Granaten entkam."

Das hatte man noch nirgends gelesen. Die Zahl der verkauften Exemplare stieg schließlich innerhalb kürzester Frist auf zwischen zwanzig und dreißig Millionen, und bis zuletzt wußte es Boni selbst nicht mehr genau.

Wir sahen uns jetzt häufiger. Einmal, nach irgendeinem Tennisturnier, lud er mich ein in seine nahe Wohnung, irgendwo am Kaiserdamm. Sie war klein, aber sehr elegant eingerichtet. „Für mich langt sie!" gestand Remarque und teilte mir mit, daß er sich gerade von seiner Frau getrennt hätte und an einem zweiten Buch arbeitete. Er wollte nicht mehr sagen, nur den Titel: „Der Weg zurück", der eigentlich alles besagte.

Er arbeitete übrigens anders als andere. Vielleicht fast ebenso langsam, wie der von ihm angebetete Thomas Mann, aber doch wohl mehr als die wenigen Stunden, die der Meister jeden Tag für seine Arbeiten erübrigte. Er arbeitete oft bis spät in die Nacht hinein, aber dann gab es wieder Tage, an denen er überhaupt nicht arbeitete. Er schrieb prinzipiell nur mit Bleistift, und der Radiergummi lag nicht fern, als habe er stets das Gefühl, daß, was er soeben geschrieben habe, nicht endgültig sei und eventuell ausradiert werden müsse. Was ihn von allen anderen Schriftstellern, jedenfalls von denen, die ich kannte, unterschied, war, daß er sehr ungern arbeitete und glücklich war, wenn man ihn unterbrach. Wenn man anrief und fragte, ob man störe, sagte er stets nein, im Gegenteil, er sei sehr froh. Das ist nach meiner Ansicht der Grund, warum er auch später, als wir ja nicht immer in der selben Stadt wohnten, Briefe sofort handschriftlich beantwortete. Jede Ausrede war ihm recht, um nicht arbeiten zu müssen.

Das zweite Buch war übrigens auch ein riesiger Erfolg.

Inzwischen hatte er der „Universal" in Hollywood die Filmrechte seines ersten Buches verkauft. Aber schon die deutschen Auflagen seines ersten Buches hatten ihn zu einem vielfachen Millionär gemacht. Und er befriedigte nun einen alten Wunsch. Er kaufte alte chinesische Teppiche, die er übereinander legte. Warum? „Teppiche vermodern, wenn sie nicht ständig begangen werden!" erklärte er mir. Er kaufte auch andere Antiquitäten. Er hatte ja Geld dazu – in einer Zeit, in der die meisten Leute überhaupt kein Geld hatten und alle solche kostbaren Dinge spottbillig waren.

Er lebte damals mit einer reizenden, jungen Schauspielerin namens Ruth Albu, die mal hier, mal da kleinere Rollen spielte und keineswegs so berühmt war wie ihre ältere Schwester Dorothea, die sich als Tänzerin einen Namen gemacht hatte. Übrigens Jüdin. Die hatte ein bißchen mehr praktischen Verstand als Boni. Sie meinte, er solle ruhig kaufen, aber dieses Kaufen müsse doch System haben. Sie brachte ihn mit dem Kunsthändler Walter Feilchenfeldt zusammen, dem Partner von Paul Cassirer, dem damals in Berlin bedeutendsten Kunsthändler. Feilchenfeldt beriet ihn und verkaufte ihm gelegentlich auch das eine oder das andere. Die beiden wurden Freunde. Und Boni war plötzlich Besitzer von vielen Bildern, von denen jedes etwa dreißig oder vierzig Jahre später viele Millionen gekostet hätte. Damals war ein Renoir oder ein Manet für etwa achtzig- oder hunderttausend Mark zu haben.

Ruth Albu sah weiter. Ihr entging nicht, daß die nationalgesinnten Deutschen Remarque ablehnten, eben weil er von Grund aus Pazifist war. Sie riet ihm, sich eine Bleibe in der Schweiz zu schaffen, man könne nie wissen. Auf einer Reise dorthin entdeckten sie gemeinsam ein nicht allzu großes Haus in Porto Ronco, unweit von Ascona, direkt am Lago Maggiore gelegen, an dem einmal der Maler Böcklin gelebt hatte, wohin Boni seine Teppiche verbrachte und auch seine Bilder.

Aber meist war er doch in Berlin. Er empfand Berlin als Heimat.

Dabei war Berlin gar nicht seine Heimat. Er war 1898 in Osnabrück zur Welt gekommen, Sohn eines Buchbinders, sein Name war Erich Paul Remark. Später machten diejenigen, die gegen ihn waren, wie gesagt, die deutschnationalen Kreise, gegen ihn geltend, er lebe unter einem falschen Namen – als ob nicht zahlreiche Schriftsteller ein Pseudonym gewählt hätten. Man behauptete, er hieße Kramer, und das findet sich heute noch in gewissen Lexiken, was wirklich nicht stimmte.

Er ging in Osnabrück auf die Schule, dann bildete er sich zum Lehrer in einem katholischen Lehrerbildungsseminar aus mit der Absicht, später Lehrer zu werden.

1916, also mit achtzehn Jahren, wurde er eingezogen, machte den Krieg bis zu seinem schlimmen Ende mit, erlitt zwei Verwundungen und ging dann wieder nach Osnabrück. Er lebte über der Wohnung der Familie Remark in einer Dachkammer und schrieb Kurzgeschichten, Reiseskizzen und schickte sie an Zeitungen, einige wurden gedruckt, die meisten kamen zurück. Er bildete sich weiter aus, um katholischer Volksschullehrer zu werden, wurde es auch bis ins Jahr 1920 hinein, gab die Stellung, die ihn nicht befriedigte, wieder auf, wurde Buchhalter, Grabsteinverkäufer (!), lehrte Orgel spielen, was er selbst nicht recht beherrschte und veröffentlichte unter seinem später so berühmten Namen Erich Maria Remarque in dem etwas schlüpfrigen Magazin „Der Junggeselle" 1922 seine erste schlüpfrige Novelle.

Er nahm eine Stelle als Werbetexter bei den Continental-Gummiwerken in Hannover an, schrieb auch Artikel für die Hauszeitung „Echo-Continental", ging nach Berlin zu Scherl. Die Scheidung von seiner Frau, die ihn 1929 oder 1930 verlassen hatte, erfolgte übrigens erst 1931.

So erstaunlich, ja einmalig in der Geschichte der Unterhaltungsliteratur unserer Tage der Publikumserfolg von Remarque war, die Kritik, vor allem die deutsche Kritik, behandelte ihn mit Herablassung. Remarque konnte das tragen. Wenn wir darüber später sprachen, erinnerte er sich daran, daß nur das „jüdische" Berliner Tagblatt seinerzeit, als Thomas Mann seine „Buddenbrooks" veröffentlichte, darüber eine positive Kritik herausgebracht hatte, sonst keine deutsche Zeitung.

Nur in einem Falle ärgerte er sich. Das war, als der etwas zu hochgelobte Rudolf G. Binding, den viele seiner Verse wegen schätzten, auch seiner etwas mysteriösen Novellen wegen, über ihn herfiel, er könne doch nichts als Cocktailrezepte schreiben. Binding war im Krieg Offizier gewesen, und er wußte sich trotz aller Lyrik vor Nationalismus gar nicht zu fassen.

Boni schwor: „Ich werde mich an ihm rächen, dem verfluchten Kerl!"

Aber wie? In jedem der kommenden Romane von Remarque kam ein Schuft vor und der hieß unweigerlich Binding. Binding soll sich sehr darüber geärgert haben, denn er verstand. Er entpuppte sich dann auch als ein früher Anhänger von Hitler, was Boni nicht wissen konnte, aber wohl ahnte. Er starb recht früh, noch vor Kriegsbeginn, sicher nicht nur aus Ärger über Remarque und seinen Weltruhm. Aber ob außer Binding selbst und Bonis Freunden irgendjemand wußte, was diese ewigen Bindings in seinen Romanen bedeuten sollten?

Auch der U.S.-Film „Im Westen nichts Neues" wurde ein internationaler Erfolg. Und 1930 kam er nach Berlin. Ein pazifistischer Film in einer Zeit, in der der Nationalismus im Vormarsch begriffen war. Damals war Joseph Goebbels noch

Berliner Gauleiter, also auch Herrscher über die Berliner SA. Er hätte ja als Chefredakteur der Nazi-Zeitung „Angriff" einen Artikel gegen Remarque schreiben können, vor allem gegen diesen Film. Das war ihm aber nicht spektakulär genug. Er beorderte seine Mannen in die erste Aufführung des Filmes im Mozartsaal, einem großen Kinopalast am Nollendorfplatz, und die ließen, sobald es dunkel wurde, oder jedenfalls nach kurzer Dauer des Filmes, weiße Mäuse los. Entsetzen und Geschrei bei den Zuschauern und vor allem bei den Zuschauerinnen. Der Film mußte unterbrochen werden. Aber natürlich waren die weißen Mäuse nicht so schnell zu fassen. Und das führte dazu, daß die ganze Vorstellung abgebrochen wurde und daß der Film dann abgesetzt werden mußte, daß er dann wieder angesetzt wurde, daß er abermals abgesetzt und schließlich endgültig für Berlin und dann auch für Deutschland verboten wurde.

Eine grandiose, wenn auch abscheuliche Propagandaidee des späteren Propagandaministers. Worin bestand denn seine Idee? Noch sprach niemand von ihm, und noch spielte die SA keine andere Rolle in der Öffentlichkeit als dadurch, daß sie sich Prügeleien lieferte, mit den Kommunisten, sogenannte Saalschlachten, oder daß sie Bürger auf der Straße anrempelte, besonders jüdische. Remarque war natürlich ein Begriff. Und irgendwie mit Remarque in Zusammenhang gebracht zu werden, sei es auch auf eine so negative Art wie durch Verhinderung seines Films mittels weißer Mäuse – das bedeutete Propaganda! Dadurch wurde man bekannt, vielleicht berühmt, vor allem aber berüchtigt.

Das Verbot des Filmes aber bedeutete für alle diejenigen, die Zeichen an der Wand zu lesen vermochten, was da im Kommen war.

Und Ruth Albu, die längst in Wien war, liiert mit einem anderen Mann oder möglicherweise schon verheiratet, telegraphierte Remarque den Rat, Berlin zu verlassen.

Boni lächelte nur. Er hatte sich gründlich verändert. Er mußte nicht mehr angeben, das Monokel, auch seinerzeit überflüssig, war längst abgelegt. Er war kein „Fatzke" mehr, sondern ein gut aussehender, gutgekleideter Mann mit guten

Manieren, mit internationalem Gehabe. Er blieb in Berlin, vor allem seiner Freunde wegen, wohl auch Marlene Dietrich zu liebe, mit der er, als sie 1930 vorübergehend von Hollywood nach Berlin zurückkehrte, ein Verhältnis begann.

Bekannt ist die Geschichte darüber, wen er nun mochte, und wen er nun nicht mochte, die man sich später, viele Jahre später, als er längst nicht mehr in Berlin lebte, von ihm erzählte. Nein, er liebte nicht die Deutschen, er liebte nicht die Franzosen, er liebte nicht die Engländer, nicht die Amerikaner, nicht die Italiener ... „Wen zum Teufel lieben Sie denn, Herr Remarque?"

Und die Antwort: „Meine Freunde!"

Er erfuhr von der Ernennung Hitlers zum Reichskanzler am selben Abend in einer Berliner Bar. Er stand wortlos auf, zahlte, setzte sich in seinen Bugatti, einen kleinen, offenen Sportwagen, fuhr gar nicht mehr erst nach Hause, sondern ohne wesentliche Unterbrechung durch bis zum Lago Maggiore. Erst dort fiel er dann in einen allerdings achtundvierzig Stunden dauernden Tiefschlaf.

Er war wohl der erste Emigrant, obwohl nachher törichterweise sein Nachbar Robert Neumann behauptet hatte, er sei gar kein Emigrant gewesen, und deshalb habe er sich immer schuldig gefühlt und soviel über Emigranten geschrieben. Remarque kein Emigrant? Bloß weil er schon zwei oder drei Jahre früher das Haus erworben hatte, in dem er nun fast ständig lebte, wenn er nicht in Paris war? Er war natürlich ein Emigrant. Und er war auch nicht weiter erstaunt, als im Mai 1933 seine Bücher verbrannt wurden. Er befand sich da in guter Gesellschaft, verbrannt wurden auch die Bücher von Heinrich Mann, von Lion Feuchtwanger, von Franz Werfel, von vielen der bedeutendsten deutschen Schriftsteller, auch aus der Vergangenheit, ja selbst die Werke von Heinrich Heine.

Boni grinste: „Er hat's überlebt, ich werde es auch überleben." Was in der Tat der Fall war. Die Werke von Binding wurden nicht verbrannt und haben trotzdem nicht überlebt.

1938 trafen wir uns wieder mal in Paris, wo er mit Marlene ein paar Wochen lang lebte. Ich hatte der Pariser Emigrantenzeitung, dem „Pariser Tagblatt", entnommen, daß er ausgebürgert worden sei. Ich teilte ihm das mit. Ich war schon – warum eigentlich? – drei Jahre vorher ausgebürgert worden und dachte, er würde seine Ausbürgerung nicht weiter ernst nehmen. Ich irrte mich. Er zuckte förmlich zusammen. „Jetzt bin ich also auch nur noch ein Emigrant?" erklärte er schließlich, als ob er es nicht längst gewesen sei.

Er hatte in der Zwischenzeit seinen dritten großen Roman „Die drei Kameraden" geschrieben, den ich persönlich übrigens für sein bestes Buch halte, aber es war nur in Holland und später in New York erschienen, nicht im Hitlerdeutschland.

Apropos Emigrant: Er lebte viel in Gesellschaft von Emigranten und, ohne daß sie es wußten, und vielleicht ohne daß es ihm selbst zum Bewußtsein kam, studierte er sie. Und viele von ihnen kamen später in seinem Nachkriegsroman vor, der 1946 in New York und viel, viel später in Deutschland erschien, „Arc de Triomphe" – wieder ein Welterfolg.

Zwischen den Treffen mit Marlene in Paris, gelegentlich auch in Hollywood, traf er Freunde von ehemals in London oder Kopenhagen und kehrte immer wieder in sein Häuschen am Lago Maggiore zurück. Und er war im Sommer 1939 dort, und er hätte sich von dort kaum fortgerührt, hätte Marlene nicht gefürchtet, daß ein Krieg im Anzug sei und daß die Schweiz bei dieser Gelegenheit überrollt worden wäre. Man muß nicht viel Phantasie haben, um sich auszumalen, was die Deutschen mit Remarque angestellt hätten, der sich inzwischen öffentlich mehrmals vom Nazi-Deutschland distanziert hatte.

Sie ließ alle Minen springen, um durchzusetzen, daß Remarque in letzter Minute doch noch in die Vereinigten Staaten gelangte, wenige Tage vor Kriegsbeginn. Sie holte ihn dann sogleich nach Hollywood, respektive, er folgte ihrem Wunsch, nach Hollywood zu kommen. Aber dort war er nicht glücklich. Hollywood – das war kein Pflaster für ihn. Es ist typisch, daß er sich zwar in New York eine kleine Wohnung nahm in der East 57th Street, übrigens nur wenige Häuser von dem entfernt, in dem ich wohnte, was aber sicher Zufall war – aber in Hollywood nie. Er bewohnte eine Suite im Beverly Wilshire Hotel, damals das feinste der Filmkolonie, und langweilte sich tödlich, denn er machte sich nicht viel aus den schönen Filmstars. „Man muß nachher schließlich auch mit der Dame reden können!" erklärte er mir einmal. Er litt auch ein wenig, nicht allzu sehr, darunter, daß Marlene inzwischen ein Verhältnis mit dem jungen französischen Schauspieler Jean Gabin begonnen hatte, den sie ebenfalls aus Europa in letzter Minute oder eigentlich schon eine Minute nach Mitternacht, als die Deutschen schon daran waren, Frankreich zu überrennen, herausgeholt hatte.

Als es sich abzeichnete, daß die Vereinigten Staaten früher oder später doch wohl in den Krieg hineingezogen würden, beschloß Universal, „Im Westen nichts Neues" wieder herauszubringen mit einer Art Prolog, der sagen sollte, daß die Geschichte sich wiederholt. Als die Gesellschaft den Film an bereits über fünfhundert Kinos im Lande fest verkauft hatte, stellte die Rechtsabteilung fest, daß die Rechte wieder an Remarque zurückgefallen waren, allerdings erst vor wenigen Wochen. Aber das genügte, um die Universal zu Verhandlungen zu zwingen. Die Frage der Gesellschaft, was er denn verlange, wenn sie den Film wieder herausbrächte, beantwortete Remarque schlicht: „Dasselbe."

Er wurde also für die Verfilmung seines Romans zweimal bezahlt. Dann kam Pearl Harbor und Amerika war im Krieg. Ein Admiral, der so etwas wie der Oberbefehlshaber von Kalifornien war, verfügte, daß „sämtliche feindliche Ausländer" von 8 Uhr abends bis 6 Uhr morgens ihr Haus nicht verlassen dürften. Wer war feindlicher Ausländer? Zum Beispiel die Japaner, die seit Generationen als Gärtner oder Köche in Kalifornien arbeiteten und es nie für notwendig erachtet hatten, die amerikanische Staatsbürgerschaft zu erlangen. Zum Beispiel Hitleremigranten, die nicht bereits Staatsbürger geworden waren, wie Ernst Lubitsch, Fritz Lang, Marlene Dietrich oder ich. Immer solche, die noch nicht Amerikaner geworden waren, wie zum Beispiel Erich Maria Remarque, ja sogar Thomas Mann. Der nahm es lächelnd hin. Boni fand es empörend, daß er wie ein feindlicher Ausländer behandelt wurde, er, der einer der ersten war, die gegen Hitler Front gemacht hatten, respektive gegen den Hitler Front gemacht hatte. Als ich in Ausübung meiner Pflicht nach Kalifornien kam – ich hatte damals einen Posten bei der Navy – mußte ich ihn abends in seinem Hotel aufsuchen. Er hatte schon immer viel getrunken, jetzt trank er unmäßig. Es kam nicht selten vor, daß er die ganze Nacht durchtrank und um 6 Uhr früh aus dem Hotel stürzte und irgendein Nachtlokal aufsuchte, das noch offen hatte. Er hatte zwar die Bar seines Hotels zur Verfügung, aber irgendwie genügte ihm das nicht. Und bei der ersten sich bietenden Gelegenheit ging er nach New York zurück, wo es dieses Verbot nicht gab.

Einige Monate darauf wurde dieser unsinnige Beschluß für Kalifornien aufgehoben. Ende 1943 – ich war mal wieder nach Washington geflogen worden und hatte mir von dort aus einige Tage Urlaub nach New York genommen, mußte ich ihm eine traurige Mitteilung machen. Seine Schwester Elfriede war von den Nazis umgebracht worden. Ich hatte davon Kenntnis erhalten, einige Tage bevor die Nachricht in die Presse kam, wo sie übrigens kaum Beachtung fand. Wer war schon Elfriede Remark? Warum hatte man die Dame umgebracht? Sie war Verkäuferin in einem Modegeschäft in Leipzig und hatte dort einer Kundin gegenüber eine abfällige Bemerkung über Hitler gemacht. Und die hatte sie angezeigt. Sie kam vor das Volksgericht. Tod.

Boni war erschüttert. „Wäre sie nicht meine Schwester, hätte man ihr vermutlich gar nichts getan!"

Er hatte gar nicht so besonders gut mit der Schwester gestanden, aber dieses Ende fand er sinnlos und furchtbar.

Nach dem Krieg zog er wieder in die Schweiz. Er wartete eigentlich darauf, daß man ihn nach Deutschland einladen würde. Nichts dergleichen geschah. Keiner seiner in Deutschland verbliebenen ehemaligen Freunde oder Bekannten ließ etwas von sich hören. Später erklärte ich mir das dadurch, daß sie sich ein wenig vor ihm schämten.

So beschloß er, in die Vereinigten Staaten zurückzugehen, um dort amerikanischer Bürger zu werden. Ich traf ihn bei dieser Gelegenheit, aber nur zwei oder drei Mal, denn ich mußte wieder nach Berlin zurück, und er wußte noch gar nicht, was er tun würde.

Das nächste Mal sahen wir uns auf der Straße in Zürich. Das war 1955. Ich hatte geheiratet, und wir waren in ein kleines Dorf in der Nähe von Zürich gezogen. Boni war nicht über meine Heirat im Bilde, wußte aber, daß ich nach dem Krieg sehr eng mit der Schauspielerin Käthe Dorsch befreundet gewesen war, die er natürlich aus der Vorhitlerzeit enorm schätzte und als junges, blondes Ding in Erinnerung hatte – obwohl sie auch damals gar nicht mehr so jung war, aber eben blutjung aussah. Er redete mich an und sagte, er hätte ein Theaterstück geschrieben, was mich wunderte. Es war das erste seines Lebens. Es hieß „Die letzte Station". Er dachte, es wäre etwas für die Dorsch.

Wir setzten uns in irgendein Café, und er erzählte mir den Inhalt. Es handelte sich da um eine relativ junge Frau, die am letzten Kriegstag, will sagen, am letzten Tag, bevor die Russen Berlin besetzten, einen Flüchtling aus dem Konzentrationslager bei sich versteckt und trotz dem Drängen eines SA-Häuptlings sein Versteck nicht preisgibt. Am nächsten Tag – im zweiten Akt – sind die Russen in Berlin, der Flüchtling kann sich aus seinem Versteck wagen, der SA-Häuptling wünscht nun seinerseits von ihr versteckt zu werden, was sie aber ablehnt. Und er wird von den Russen abgeführt. Es steht zu erwarten, daß sie und der Flüchtling ein Paar werden.

Ich hörte mir das an und sagte nur: „Weißt du, die Dorsch ist jetzt sechzig oder darüber!"

Er versteinerte. Das hätte er natürlich wissen müssen, wenn er gerechnet hätte. Aber irgendwie zählten für ihn die Hitlerjahre nicht. Er fragte mich, ob ich jemanden für die Rolle wüßte.

Ich nickte. Ich wußte jemanden. Ich riet ihm, morgen ins Schauspielhaus zu gehen, wo man Faulkners „Requiem für eine Nonne" spielte. Das tat er. Ich traf ihn nach der Vorstellung vor der Bühnentür. Er war ganz hin und her gerissen. „Diese Schauspielerin muß mein Stück spielen!" Ob ich ihn vorstellen könne?

Das konnte ich. Denn die Schauspielerin war Heidemarie Hatheyer, meine Frau. Wir aßen nach der Vorstellung in einem der ganz wenigen Zürcher Lokale, die bis 2 oder gar 3 Uhr morgens offen waren, und Remarque war voller Begeisterung. Champagner. Kaviar.

Das Stück kam dann als Uraufführung wenige Monate später im Renaissancetheater in Berlin heraus. Neben der Hatheyer spielten Kurt Meisel den Flüchtling und Harry Meyen den SA-Mann. Es wurde ein überwältigender Erfolg. Ich glaube, das Stück lief hundert Mal, und dann ging es noch für drei oder vier Monate auf Tournee.

Aber dieser Berlinerfolg und dieser Tourneeerfolg hatte keine weiteren Folgen. Es fand sich mit der Ausnahme der DDR überhaupt kein Theater, das das Stück spielen wollte. Die meisten Theaterleiter behaupteten, das Stück müsse eben mit der Hatheyer und den anderen Hauptdarstellern aufgeführt werden, sonst würde es nicht ziehen. Einige behaupteten auch, der Berliner Theaterdirektor, der ja auch die Tournee veranstaltete, hätte die Aufführungsrechte gehabt, aber das Stück anderswo gar nicht angeboten, weil er der eigenen Tournee nicht Konkurrenz machen wollte. Ich glaube eher, es lag daran, daß in dem Stück die Russen als „Befreier" erscheinen, während die deutsche Bevölkerung ja inzwischen genug Gelegenheit gehabt hatte, zu begreifen, daß sie gerade das nicht gewesen waren.

Remarque litt nicht unter diesem erstaunlichen Stand der Dinge. Er mußte ja auch kein Geld mehr verdienen. Er war ein reicher Mann. Mehr schon litt er darunter, daß man ihm die deutsche Staatsbürgerschaft, die ihm das Hitlerregime aberkannt hatte, nicht wieder anbot. Er hielt es eigentlich für selbstverständlich, und im Grunde genommen war es das auch. Er fühlte sich trotz seines internationalen Ruhmes als Deutscher. Einer französischen Reporterin hat er einmal auf die Frage, in welcher Sprache er denke, geantwortet: „Ich denke deutsch, denn ich schreibe Deutsch!"

Aber davon schien man weder in Bonn noch anderswo in der Bundesrepublik Kenntnis zu nehmen. Wenn ich gelegentlich intervenierte, wurde mir immer mitgeteilt, Remarque könne schon morgen Staatsbürger werden, wenn er den Antrag stelle. Aber er hatte auch nicht den Antrag gestellt, ausgebürgert zu werden! Nun, auch Thomas Mann bot man nicht wieder an, Deutscher zu werden, auch anderen nicht – eigentlich niemandem, der vor den Nazis geflohen war.

Ich aß einmal mit dem damals sozialdemokratischen Innensenator Berlins zu Mittag, um vorzuschlagen, irgendetwas für Remarque zu tun. Er war ganz erstaunt. „Was hat er denn für Berlin getan?"

Jedenfalls mehr als dieser betreffende Senator.

Remarque hatte natürlich durch die Ausbürgerung so ziemlich alles verloren, was er in Deutschland besessen hatte, ganz zu schweigen von der Konfiskation seiner Bücher und anderer Rechte. Die Entschädigungsämter hatten taube Ohren für seine Ansprüche. Der in Berlin zuständige Beamte, der auch unter den Nazis tätig gewesen war, vermeinte, Remarque sei kaum geschädigt worden, denn sein Buch „Im Westen nichts Neues" – von den anderen Büchern wußte er gar nichts – hätte ja doch niemand mehr lesen wollen. Es dauerte einige Zeit, bis man die Entschädigungsansprüche Remarques anerkannte. Deutscher wurde er nie wieder.

Seltsam: Nach dem Krieg und seit damals hat fast jeder Deutsche erklärt, nie ein Nazi gewesen zu sein. Zwei bewiesen es über alle Zweifel hinweg, zwei, die weder aus politischen noch aus rassischen Gründen Deutschland hätten verlassen müssen, die es aber verließen, weil sie eben gegen Hitler waren. Diese beiden, Remarque und die Dietrich, wurden nie wieder populär in der antinationalsozialistischen Bundesrepublik.

Er reiste nun viel hin und her, und er trank immer mehr, obwohl ihm sein Herz zu schaffen machte, und die Ärzte in der Schweiz, in Paris, in New York, überall, ihm sagten, der Alkohol würde sein früher Tod sein. Er hatte übrigens, kurz vor dem Krieg – das Jahr war wohl 1938 – seine erste Frau noch einmal geheiratet, um ihr die Möglichkeit zu geben, aus Deutschland in die Schweiz zu entkommen. Aus Deutschland wäre sie wohl herausgekommen, aber in die Schweiz eben nur als Frau eines in der Schweiz bereits ansässigen, berühmten Schriftstellers. Die zweite Ehe wurde natürlich auch wieder geschieden.

Jetzt heiratete er noch einmal: Paulette Goddard, eine sehr

schöne Frau, einst mit Charlie Chaplin verheiratet. Boni hatte schon jahrelang mit ihr gelebt.

Als ich, das war noch, bevor er sie heiratete, wieder einmal in Hollywood war, rief mich Marlene Dietrich an, die gerade einen Film drehte. Sie wohnte vorübergehend in irgendeinem Bungalow des Beverly Hills Hotels. Sie müsse mich dringend sprechen. Ich fuhr also hin. Der Grund für dieses plötzliche Rendezvous war: „Stimmt es, daß Erich die Goddard heiraten will?" Ich bejahte.

Da geschah mir etwas, was mir nie vorher und nachher in meinem ganzen Leben passiert ist. Marlene warf sich buchstäblich vor mir auf die Knie. „Sie müssen das verhindern! Sie müssen das um jeden Preis verhindern!"

Vergebens machte ich ihr klar, daß ich das gar nicht verhindern konnte. Wie hätte ich das anstellen sollen?

Remarque heiratete also dann die Goddard. Sie lebten zusammen und manchmal auch nicht. Im Winter wohnten sie in New York, wo sie gleich zwei Wohnungen unterhielten, im Sommer in Porto Ronco. Manchmal ersparte sich Remarque die Fahrt in die USA, manchmal auch nicht.

Gelegentlich veröffentlichte er noch etwas, aber eigentlich nur, weil er sich nicht gänzlich überflüssig vorkommen wollte oder weil es der Zufall ergab. Da war zum Beispiel ein deutscher Verleger, der zu ihm nach Porto Ronco fuhr, um ein Buch von ihm zu erbitten, koste es, was es wolle. Remarque sagte, er hätte keine Idee zu einem neuen Buch, erinnerte sich aber dann an ein Filmexposé, das er vor vielen, vielen Jahren in Hollywood geschrieben hatte, das hoch bezahlt, aber nie verfilmt worden war. Er holte es aus seinem Schreibtisch hervor. Er müsse das noch einmal durcharbeiten. Daraus wurde der Roman: „Die Nacht von Lissabon". Er verdiente auch wieder viel Geld damit, und der Roman wurde auch verfilmt unter seiner „künstlerischen Oberleitung", obwohl er nur ganz gelegentlich im Atelier erschien. Aber das brachte noch einmal Geld, das man ihm gewissermaßen nachwarf – er selbst verlangte überhaupt nichts.

Die Trinkerei stieg ins Sagenhafte. Ich erinnere mich, daß meine Frau, die Schauspielerin Heidemarie Hatheyer, und ich bei ihm eingeladen waren, das heißt, wir wohnten in einem Hotel in Ascona, aßen aber bei ihm zu Abend – das Essen begann damit, daß jeder der sechs oder acht Teilnehmer eine Büchse Kaviar vor sich hingestellt bekam und eine Flasche Wodka. Während des Essens gab es dann noch verschiedene andere Weine und nachher Whisky und Champagner. Und dann, als wir schließlich alle volltrunken waren, bestand Remarque darauf, uns in unser Hotel zurückzufahren – in seinem Bugatti, den hatte er immer noch. Wir lehnten ab, er aber bestand darauf, und wir landeten – nicht in unserem Hotel, sondern in einem Nachtklub von Ascona, wo wir mit ihm ausharren mußten – trinken konnten wir nicht mehr – bis das Lokal schloß. Dann fuhr er uns in unser Hotel, und ich nahm ihm den Schwur ab, sofort nach Hause zu fahren.

Am nächsten Mittag um 12 oder 1 Uhr holte er uns vom Hotel ab. Wir saßen auf der Veranda mit entsetzlichen Kopfschmerzen. Er war bestens gelaunt. Nein, er sei nicht nach Hause gefahren, sondern erst zum Bäcker.

Und da erzählte er uns eine für ihn typische Geschichte. Irritiert, daß die Nachtlokale in Ascona alle so um 3 Uhr zumachten, zu einer Zeit also, da er noch durstig war, hatte er sich in einer Bäckerei, die auf seinem Weg lag, eine Art Hilfsstation eingerichtet. Das heißt, er deponierte bei diesem Bäcker einige Flaschen Whisky oder auch Gin oder irgendwelche Weine. Ein Bäcker arbeitet natürlich nachts, die Bäckerei war also geöffnet oder jedenfalls Besuchern zugänglich, zu einer Zeit, in der die Nachtlokale geschlossen hatten. Dann erschien Remarque und kaufte sich – jawohl, kaufte sich – seinen eigenen Whisky in mehreren Portionen, bis er dann mehr tot als lebendig nach Hause fuhr. Und so war es auch in der letzten Nacht geschehen.

Die Herzkrankheit wurde schlimmer. Angina pectoris mit entsetzlichen Schmerzen und Angstanfällen. Ich kam einmal, um ihn in der Klinik in Locarno zu besuchen, mitten in einen solchen Anfall hinein. Er schrie immerfort: „Hilfe! Hilfe!"

Die Schwester erklärte: „Das ist nun mal so bei dieser Krankheit."

Dann wurde er nach Zürich verlegt in das Spital Neumünster

in dem Ort Zollikerberg, ungefähr drei Kilometer von unserem Wohnhaus. Am zweiten oder dritten Tag rief ich dort an. Paulette war am Telephon. Sie sagte, natürlich auf Englisch, es ginge ihm sehr schlecht. Er werde wohl bald sterben! Dann fügte sie hinzu: „Willst du mit ihm selbst sprechen?"

Ich erstarrte. In der Tat, sie hatte von seinem Krankenzimmer aus gesprochen, er hatte also alles mitgehört. Sie hatte nicht etwa darum gebeten, mir die schreckliche Nachricht später durchgeben zu dürfen, sie hatte ganz bewußt sein Todesurteil in seiner Gegenwart verkündet.

Er war am Telephon. „Ja, es geht mir schlecht! Sie können mir nicht helfen! Sie können mir nicht helfen!"

Das waren die letzten Worte, die ich von ihm hörte. Nach seinem Tod fuhren einige wenige Freunde, darunter die Witwe des vorher schon verstorbenen Kunsthändlers Feilchenfeldt nach Locarno und von dort nach Porto Ronco, um an der Beerdigung oberhalb des Hauses in Ronco teilzunehmen. Wir rechneten mit wenigen Teilnehmern. Paulette, natürlich, und auch ihre schon alte Mutter, eine Mrs. Levy, die aber immer nur wie eine junge Dame gekleidet war, wir, die wir aus Zürich angereist kamen, die Schwester, die aus Osnabrück gekommen war, und vielleicht ein Dutzend Menschen aus Ascona oder Locarno. Ein Vertreter Bonns? Ein Vertreter Berlins? Wohl kaum.

Stattdessen fanden wir Hunderte von fremden Menschen. Es waren, wie mir später der ebenfalls in Ascona lebende Filmregisseur Robert Siodmak erzählte, deutsche Touristen, die sich in Ascona befunden hätten. Und ihr Leiter hatte die Idee gehabt, ihnen als besondere Attraktion die Beerdigung des berühmten Schriftstellers zu bieten. So waren unzählige Menschen am Grabe Bonis versammelt, die ihn nie gekannt hatten, die vielleicht nie eine Zeile von ihm gelesen hatten. Das hätte ihn sicher belustigt.

Der schwierige Fritz Lang

Freunde wurden wir erst in der Emigration. Ich hatte seinen Namen seit seinen ersten Filmen gekannt, ihn auch mal von weitem gesehen, aber er dürfte mich kaum gesehen, geschweige denn gekannt haben. Er war einer der Großen im Film, ich ein noch sehr kleiner Reporter.

Die entscheidende Begegnung fand dann 1933 statt. Ich war beim Paris-Soir als Sportreporter untergekommen, wurde aber gelegentlich auch einmal für Reportagen aus Deutschland Emigrierter „angesetzt", wenn man in der betreffenden Abteilung, in diesem Fall der Filmabteilung, nicht sicher war, ob der Ankömmling Französisch spräche. Deutsch sprach im „Paris-Soir" so schnell niemand, mit Ausnahme von mir.

Die Zeitung hatte gemeldet, Fritz Lang sei im Hotel George V. abgestiegen. Ich fuhr hin und wurde sofort vorgelassen. Der große, außerordentlich gutaussehende Mann, mich störte nur das Monokel, das ihm ein militärisches Aussehen verlieh, saß am Fenster und starrte auf die Straße hinunter.

Auf meine törichte Frage, was er zu tun gedenke: „Ich werde mir eine Zahnbürste kaufen! Und einen Pyjama!"

Als ich ihn fragend ansah, fuhr er fort: „Ich bin nämlich geflüchtet!" Und er fügte hinzu: „Nun warte ich auf mein Gepäck!"

Was bald auch eintreffen sollte. Lily Latté brachte es, die schöne, elegante Frau, mit der zusammen er seit einigen Jahren lebte. In Berlin natürlich. Sie war, ihrem Namen zum Trotz, Berlinerin. Sie brachte eine Unmenge Gepäck und auch ziemlich viel Geld, wie ich später erfuhr.

Natürlich wußte ich einiges über Fritz Lang – wer wußte das nicht? Schließlich war er der wichtigste Regisseur der damals allmächtigen Ufa. Er war also Wiener, dort im Jahre 1890 als Sohn eines Architekten geboren, der unbedingt gewollt hatte, daß auch sein Sohn Architekt werde. Er wollte nie, was der Vater wollte, und schon gar nicht Architektur studieren. Er tat zwar, als ob, aber er studierte Malerei. Als der Alte das herausbrachte, gab es Krach, insbesondere auch wegen einer jungen Dame, die nicht unbedingt eine Dame war und in einem Cabaret namens „Fledermaus" auftrat. Der junge Fritz ging nach Nürnberg, um dort Malerei zu studieren, ging weiter nach Brüssel, nach Brügge, sah dort seinen ersten Film und war erschüttert: Man konnte also auch mit einer Kamera malen!

Er machte eine Weltreise. Wie finanziert, hat Fritz Lang auch später nicht gesagt, nicht einmal, als wir enge Freunde waren. Er sah viel, von dem er sich versprach, daß er es auch später einmal filmen würde. Der Krieg kam dazwischen. Vier Verwundungen. Weitere Filme, die er in den Lazaretten sah.

Nach dem Krieg begann er Drehbücher zu schreiben. Er schickte sie nach Berlin an einen gewissen Joe May, der übrigens auch aus Wien kam und dessen Spezialität Riesenschinken waren. Ihm gefielen die Drehbücher und ihm gefiel auch Fritz Lang, den er nach Berlin kommen ließ und der nun nicht nur Filme schrieb, sondern sie auch inszenierte. Am liebsten hätte er auch mitgespielt, aber man fand ihn nicht begabt genug. So wurde er Filmdramaturg und las unzählige Filme, die andere geschrieben hatten, während er die seinen machte.

Sie alle hatten etwas gemeinsam: Größe! Dies ist wörtlich zu nehmen, es mußten viele Menschen vorkommen, es mußten viele große Bauten gezeigt werden, es mußte viel passieren und wenn möglich „Schreckliches" – er neigte schon in frühester Jugend zu Grauen und Grausamkeit im Theater. Die ersten Filme waren zwei oder drei Monate, nachdem er sie gedreht und nachdem sie gespielt worden waren, vergessen. Der große Durchbruch kam mit dem Film „Der müde Tod", ein Monumentalfilm in jeder Beziehung. Eine Liebesgeschichte durch drei Jahrhunderte. Es ist immer dasselbe Liebespaar, will sagen, es sind dieselben Schauspieler, die einander lieben, aber immer wieder geht die Sache schief aus, weil er oder sie vorzeitig stirbt. Im dritten Teil ist dann das Mädchen bereit, für den geliebten Mann zu sterben, und der Tod, der, siehe Titel, seines Handwerks müde geworden ist, gibt die beiden frei. Und wenn sie nicht gestorben sind ...

Nein, sie waren eben nicht gestorben. Der Film war in jeder Beziehung ein Riesenerfolg. Selbst die Presse, die damals Filme noch nicht allzu ernst nahm, horchte auf.

In dieser Zeit heiratete Fritz Lang eine Dame namens Thea von Harbou, die mit dem bedeutendsten Charakterspieler des Nürnberger Stadttheaters, Rudolf Klein-Rogge, verheiratet war. Von Nürnberg aus bombardierte sie die „Berliner Illustrirte" mit Unterhaltungsromanen, die auch abgedruckt wurden. Sie waren nicht sehr gut, sie waren nicht einmal in der Nähe von Literatur, sie reichten nicht an das heran, was wenig später Vicki Baum leistete, aber sie wurden gelesen.

Man rief sie nach Berlin. Klein-Rogge kam mit. Lang verliebte sich in die auf ihre Art wirklich attraktive Dame. Sie ließ sich seinetwegen scheiden, aber verlangte, daß Klein-Rogge nun in allen Fritz-Lang-Filmen beschäftigt würde. Und das wurde er auch. Er spielte sogar in dem großen, von Fritz Lang geschriebenen, aber von Joe May inszenierten Zweiteiler „Das indische Grabmal" eine Riesenrolle, wenn auch nicht eine so große Rolle, wie sie die Tiger und Krokodile bekamen. „Die haben auch besser gespielt", kommentierte Fritz Lang viele Jahre später.

Der Nürnberger Charakterspieler wurde dann im Jahre 1922 in dem zweiteiligen „Doktor Mabuse" als der Superbösewicht gezeigt.

Fritz Lang, später, zu mir: „Mir schwebte da so ein Ungeheuer vor, das Menschen beherrscht, indem es sie hypnotisiert und zu Taten zwingt, die sie eigentlich gar nicht begehen wollen, zu Untaten, versteht sich. Und nachher wissen sie nichts davon. Erst war der Name. Der fiel mir ein. Dann setzte sich Thea hin und schrieb einen Roman ‚Dr. Mabuse'. Der erschien wohl auch in der ‚Berliner Illustrirten', war aber nicht sehr gut. Daraus machten wir dann den Film. Ich unterstreiche wir, obwohl eigentlich an den Drehbüchern ich mehr arbeitete als sie."

Es wurde dann ein ungeheuer aufregender Film, mit entsetzlich vielen Toten, und der endete damit, daß Dr. Mabuse, der überall gesucht wird, aber nicht gefunden, obwohl die Polizeibehörden in vielen Ländern die ungeheuerlichsten Anstrengungen machen, sich in seinen eigenen Schlingen verfängt. „Er hat nämlich eine Werkstatt eingerichtet, in einem riesigen Keller, dort befinden sich nur Blinde, die Falschgeld herstellen. Frag' mich nicht, wie ich mir das vorgestellt habe, jedenfalls haben wir das so gefilmt. Mabuse steigt also eines Tages hinunter, er ist gerade wieder einmal in besonderer Gefahr und will sich mit Geld versorgen, und aus Versehen geht die schwere Klappe, die er geöffnet hat, um in den Keller zu kommen, zu. Diese Klappe ist von unten nicht zu öffnen, sonst würden ja die Blinden es nicht so lange bei ihm aushalten und längst geflüchtet sein. Er kann also nicht mehr aus dem Keller heraus. Einige Zeit später findet ihn dann die Polizei, und er ist – wahnsinnig geworden. Ein irrsinniger Welterfolg. Die Leute regten sich furchtbar über diese Geschichte auf, über das Sein und das Ende von Dr. Mabuse. Später hatten wir die Idee, ihn wieder auferstehen zu lassen, das heißt, sein Geist hat sich auf andere Körper geflüchtet, überall entstehen neue Mabuses. Aber dieser Film durfte erst herauskommen, als die Nazis, die ihn gleich verboten, abgewirtschaftet hatten."

Die ersten Mabuse-Teile waren, natürlich, noch stumm.

Ein Jahr später, 1923, bis in das Jahr 1924 entstand der „Nibelungen"-Film. Er war noch viel aufwendiger als die Filme um Mabuse. Nur, daß sehr viel mehr Statisten notwendig waren, die Nibelungen und ihre Feinde hatten ja alle Heere. Es brauchte ungeheuer große Gebäude. Alles sollte sehr heroisch wirken, und das tat es wohl auch. Die „Nibelungen" waren ungemein erfolgreich – in Deutschland. Natürlich nicht so sehr in Frankreich oder gar in den Vereinigten Staaten. Was Deutschland anging, so brachten sie Lang in den Geruch, sehr nationalistisch zu sein. Die eben erst gegründete nationalsozialistische Arbeiterpartei, will sagen, ihre Mitglieder, darunter ein gewisser Hitler, schätzten Lang sehr. Sie waren überzeugt, daß er einer der „Ihren" war, was nun wirklich nicht stimmte.

Es war ungemein schwierig, die „Nibelungen" herzustellen. Denn weder die Schauspieler noch die Statisten gaben sich so, wie Fritz Lang glaubte, daß sich einst die alten Germanen benommen hatten. Die Proben zogen sich ins Unermeßliche hin. Der Film kostete Unsummen und spielte seine Kosten nie ein. Das wußte die Ufa eigentlich schon, als sie Lang nachgab und die „Nibelungen" drehen ließ.

Lang kümmerte das wenig. Dazu war er nun wirklich zu sehr Künstler. Dies sei ohne Ironie gesagt. Er wollte immer alles so machen, daß er sagen konnte, es sei nicht besser zu machen.

Um ein Beispiel zu geben, zitiere ich Fritz Lang aus einem späteren Gespräch:

„Da war der Drache – natürlich ein Problem. Wir bauten an ihm ein Vierteljahr. Dann nahmen wir ihn auf, wie er durch den Wald auf Siegfried zukommt. Was natürlich ungeheuer bedrohlich sein soll. Dann, aus irgendeinem Grund, kümmerten wir uns nicht mehr um den Drachen, der ja auch von Siegfried erledigt wird. Und dann ließ ich mir die Aufnahmen zeigen und lachte mich tot. Dieser Drache wirkte wie ein uraltes Wesen, das nahe daran war, vor Müdigkeit umzufallen. Keine Spur von Bedrohung Siegfrieds! Wir mußten den Drachen noch einmal bauen, und diesmal noch viel aufwendiger!"

Das kostete Geld, viel Geld. Die Herren der Ufa seufzten.

Sie seufzten auch sonst, wenn es um Lang ging. Er nannte sich einen „Perfektionisten". Will sagen, er hatte fast immer etwas auszusetzen an dem, was an Dekorationen zustandekam, zu dem, wie Schauspieler agierten, er ließ alles unzählige Male wiederholen oder umbauen und fand es dann immer noch schlecht. In der Behandlung seiner Mitarbeiter, vor allem aber der Schauspieler, war er eher scharf und vor allem verletzend. Mit seinem Monokel wirkte er nicht wie ein Künstler, der er unstreitig war, sondern wie die Parodie auf einen preußischen Offizier. Er war maßlos arrogant. Er duldete keine Widerrede. Während Ernst Lubitsch, der andere große Ufa-Regisseur, der, als Langs Karriere richtig begann, etwa bei Beginn des Nibelungen-Films, nach Amerika entfleucht war, sich allgemeiner Beliebtheit erfreute und folglich sagen durfte – er sagte es nie – daß „seine" Schauspieler und Schauspielerinnen für ihn durchs Feuer gegangen wären, wünschten die von Fritz Lang ihn zum Teufel. Obwohl er ein bezaubernd aussehendes Mannsbild war und verschiedenen Frauen, die unter ihm filmten, sehr gefiel. Er bekam natürlich viele Angebote nach Hollywood, er fuhr sogar einmal in die Vereinigten Staaten, das dürfte nach den „Nibelungen" gewesen sein, aber er kam wieder zurück.

„Mein Platz ist Deutschland", verkündete er, dem man wirklich nicht den Wiener ansah, und nach den „Nibelungen" glaubten es auch alle.

Lang war viel zu gescheit, um nicht zu wissen, daß die „Nibelungen" ihm zwar in Deutschland einen großen und möglicherweise auch einen falschen Namen gemacht hatten, aber nicht in der Welt. Er wollte nun etwas schaffen, das die ganze Welt interessierte. Und sich dabei selbst übertreffen.

Es folgte der Film „Metropolis" – eine Zukunftsvision. Eine Stadt aus lauter Wolkenkratzern. Die „unterdrückten" Arbeiter mußten in Kellern schuften, die Unternehmer residierten in palastartigen Villen, in jeder Beziehung höher. Der bildschöne Sohn eines der bösen oder doch zumindest problematischen Unternehmer – das Filmdebüt des blutjungen Gustav Fröhlich – versuchte, die Arbeiter mit den Unternehmern, respektive umgekehrt, auszusöhnen und nach unsäglichen blutigen Zwischenfällen, bei denen ein junges Mädchen, die erste Rolle von Brigitte Helm, die bald die böse Anführerin der Arbeiter, bald das gute Mädchen spielt, die Geliebte des Unternehmersohns wird, versucht, das Unheil abzuwenden: Das Filmdebüt dieser Schauspielerin. Zahllose wirklich erste Schauspieler machten diesen Film wieder zu einem internationalen Ereignis. Es wurden Millionen eingenommen, aber es wurden noch mehr Millionen verschwendet, das wenigstens fand die Ufa, bevor der Film überhaupt aufgeführt wurde.

Und dann kam der Tonfilm. Es dauerte eine ganze Zeit, bis Fritz Lang sich entschloß, auch einen Tonfilm zu machen. Wie so viele andere bedeutende Filmleute – es sei nur an Charlie

Chaplin erinnert – glaubte er nicht, daß der Tonfilm mehr sei als eine vorübergehende Mode. Er wollte warten. Er wartete. Dann stand in den Zeitungen zu lesen, er arbeite an einem Film „M".

Keiner glaubte, daß der Film wirklich so heißen würde, man vermutete allgemein, dies sei gewissermaßen ein Deckname, um durch den Titel nicht zu verraten, worum es in diesem Film ging.

Denn er war von Geheimnissen umwittert. Wie sich herausstellte, hatte Fritz Lang sämtliche Mitwirkenden, also alle Schauspieler, aber auch die Beleuchter und die Bühnenarbeiter vereidigt, nichts über den Film zu erzählen.

Peter Lorre sollte die Hauptrolle spielen. Ein Wiener Schauspieler, der vor kurzem nach Berlin gekommen war und in einigen Theaterrollen Aufsehen erregt hatte, nicht zuletzt in Stücken von Bert Brecht, mit dem er befreundet war.

Auch ich war mit ihm befreundet, und meine Zeitung schickte mich in das Theater, in dem er gerade spielte, mit dem Auftrag, etwas mehr über den Film, der ja sicher nicht „M" hieß, in Erfahrung zu bringen. Lorre hätte mir gerne den Gefallen getan, er hätte auch sicher meiner Zeitung den Gefallen getan, er stand ja noch am Anfang seiner Karriere, und gute Beziehungen zur Presse konnten nicht schaden.

Aber er schüttelte den Kopf. „Nein, ich kann Dir wirklich nichts erzählen. Ich habe einen Schwur geleistet! Wenn ich etwas sage, fliege ich aus dem Film raus!"

Wie zufällig kam Fritz Lang dazu. Er drohte mir mit dem Finger. „Nein, es wird nichts gesagt!"

Der Film hieß dann wirklich „M". Und im Untertitel hieß es „Eine Stadt sucht einen Mörder".

Es handelte sich wirklich um einen Mörder, um einen Kindermörder, den die Polizei nicht finden kann. Die Verbrecher der betreffenden Stadt, unter Führung von Gustaf Gründgens finden ihn dann schließlich. Warum haben sie ihn gesucht? Weil er durch seine Untaten die Polizei so mobil gemacht hat, daß die Gangster sie als ernsthafte Bedrohung empfinden. Es mußte also weg.

Er steht schließlich vor dem Gericht dieser Gangster, es besteht kein Zweifel, daß sie ihn umbringen werden, als sie selbst von der Polizei umringt und dazu gezwungen werden, aufzugeben.

Ein außerordentlicher Film. Der erste Tonfilm Fritz Langs, ein internationaler Erfolg, da er gleich in drei Sprachen gedreht worden ist – das Englische und das Französische der deutschen Schauspieler war zwar etwas problematisch – aber was tat es? Lang wollte nicht mit drei verschiedenen Teams den Film machen, sondern nur mit dem einen, dem deutschen.

Mit diesem Film hatte Fritz Lang eine ganz neue Art von Film geschaffen, Welten entfernt von dem Kitsch der „Nibelungen" oder von „Metropolis", und auch gar nicht nach dem Geschmack der nationalen Kreise, die ihn so verhätschelt hatten.

Und gerade die spielten jetzt eine entscheidende Rolle. Es kamen die Nazis. Goebbels, der im April 1933 Propagandaminister wurde, rief diejenigen zusammen, die er Filmschaffende nannte, und erklärte ihnen, der Film werde jetzt deutsch. Fort mit den Juden – einige hatten gar nicht auf diese Aufforderung gewartet, wie zum Beispiel der Produktionschef der Ufa, Erich Pommer, den Goebbels ganz gerne behalten hätte, denn er wußte, was ein guter Film war und daß Pommer gute Filme machte.

Die Filmschaffenden sitzen wie versteinert. Auch Fritz Lang ist unter ihnen.

Und das Schlimmste: er muß mit Goebbels reden. „Sein" – übrigens jüdischer Produzent hat es verlangt, weil eine der ersten Taten von Goebbels darin bestand, den gerade fertiggestellten Film „Dr. Mabuses Testament" zu verbieten. Der Produzent ist sicher, daß Lang ihn freibekommen wird.

Langs Unterhaltung mit Goebbels läuft andere Bahnen.

Nein, Goebbels will den Film nicht freigeben, er ist ihm zu „nihilistisch". Trotzdem soll sich Fritz Lang keine Sorgen machen, denn er, Fritz Lang, soll „Führer" des deutschen Films werden.

Fritz Lang in Paris: „Das war gestern. Und ich wußte, ich mußte weg. Ich schaute auf die Uhr. Wenn Goebbels mich in den nächsten fünf Minuten gehen läßt, erreiche ich noch den Zug nach Paris. Ich sagte irgendetwas davon, daß ich mir die Sache natürlich überlegen müßte. Aber zum Gang auf die Bank reichte es nicht mehr."

Als Goebbels Fritz Lang zur Tür bringt, ihn für den nächsten Tag bestellt, um mit ihm die künftige nationalsozialistische Produktion zu besprechen, sind die Banken schon geschlossen. Aber den Zug nach Paris erreicht Lang noch. Da er in weiser Voraussicht seinen Paß eingesteckt hat, kommt er ohne Schwierigkeiten über die Grenze.

„Was sollten Sie denn für Schwierigkeiten haben?"

„Das fragen Sie? Wissen Sie denn nicht, daß meine Mutter Jüdin war?"

Nein, das wußte ich nicht. Das wußten überhaupt sehr wenig Leute. Warum sollten es auch viele wissen? Was mir Lang damals nicht sagte, ist, daß nach den Begriffen der Nazis auch Langs Vater nicht reinrassig genannt werden konnte. Und dieser Mann sollte den deutschen Film von nun an führen! Spätestens in ein, zwei Tagen hätte Goebbels gewußt, mit wem er da verhandelt hatte. Und dann ...

„Ihnen wäre doch nichts geschehen!"

Was ich übrigens noch heute glaube. Aber Lang, der immer zum Dramatisieren neigte, war anderer Ansicht. Man hätte ihn sofort verhaftet. Ihn, der unter anderem die „Nibelungen" gedreht hatte.

Eine Ausnahme unter den Emigranten von Paris. Er war sozusagen ein Emigrant de luxe. Er wohnte im teuersten Hotel, er bewohnte dort sogar eine Suite. Man kannte ihn ja überall, er hatte nicht einmal eine Zahnbürste mitbringen müssen und trotzdem im George V. absteigen dürfen.

Und bekam auch, im Gegensatz zu vielen anderen Filmemigranten, sofort Arbeit. Er sollte Molnars „Liliom" verfilmen. Eine herrliche Komödie, in Deutschland, Österreich und vielen anderen Ländern seit unzähligen Jahren auf den größten Bühnen, zuletzt mit Hans Albers in der Berliner Volksbühne. Nun war der ungarische Jude in Deutschland weder auf die Bühne zu bringen noch gar zu verfilmen.

Und Fritz Lang hatte eine großartige Idee. Ihm war bei einem seiner letzten Pariser Besuche ein Schauspieler aufgefallen, den er für die Hauptrolle haben wollte.

Die Produzenten hatten Bedenken: „Er hat noch nie gefilmt!"

Fritz Lang wischte das weg. „Um so besser!"

Der junge Schauspieler hieß Charles Boyer.

Der hoch budgetierte Film wurde ein Reinfall. Und zwar weil Fritz Lang wirklich nur kümmerlich Französisch sprach. Er konnte den französischen Schauspielern sehr wenig helfen, wenn es um Dialoge ging.

Immerhin verdiente Fritz Lang ein kleines Vermögen – was nur wenige Hitler-Emigranten in der ersten Zeit ihrer Emigration von sich sagen durften.

Und schon kam ein Angebot von Metro Goldwyn Mayer aus Hollywood. Ich holte ihn vom Schiff ab, als es in New York ankam. Stolz zeigte er mir in seiner Hotelsuite – natürlich im Waldorf-Astoria, den Vertrag. Eine sehr gute Gage, freilich nicht für Hollywood-Verhältnisse. Ich überlegte mir einen Moment, ob ich Lang das sagen sollte. Aber ich sagte ihm nichts. Er wäre tödlich beleidigt gewesen, einen Vertrag unterschrieben zu haben, mit dem er nicht so viel verdiente wie andere Regisseure, die er weit unter sich stehend einordnete.

Er fuhr nach Hollywood – damals fuhr man noch. Mr. Mayer begrüßte ihn aufs Herzlichste und überreichte ihm ein Drehbuch, das Fritz Lang sehr interessierte. Es hieß „Fury" und handelte von einem Mann, der angeblich einen Mord begangen haben sollte und dafür beinahe gelyncht wird. Aber es gelingt ihm zu entkommen, der wahre Täter wird gefaßt, die Lynchjustiz ist damit sozusagen an den Pranger gestellt. Fritz Lang durfte sich die Besetzung auswählen. Was man ihm nicht sagte, war, daß er keine der ganz großen Stars zur Verfügung haben würde, das wäre zu teuer gekommen. Er wählte sich einen jungen Schauspieler, den er für vielversprechend hielt, Spencer Tracy. Und die Schauspielerin Sylvia Sydney. Niemand hielt viel von den beiden – mit Ausnahme ihrer Agenten und eben Fritz Lang.

Als der Film fertiggestellt wurde, kam es in der Umgegend von Los Angeles zu einer preview, das heißt, der Film wurde einem nichtsahnenden Publikum, das einen ganz anderen Film erwartete, vorgeführt. Er war ein Riesenerfolg.

Ich machte diese preview mit, in dieser Zeit waren Fritz und ich schon recht gut befreundet, per Du, ich wohnte, wann immer ich nach Hollywood kam, in seinem überaus prächtigen Haus.

Den Gesprächen der Filmemacher, die zur preview gekommen waren, entnahm Fritz, dessen Englisch sich rapide verbessert hatte, daß dieses B-Picture vermutlich ein toller Erfolg werden würde, während ein anderer MGM-Film, der gleichzeitig und kostspieliger gedreht worden war, ein A-Picture, das mehrere Millionen gekostet hatte, wohl kaum seine Kosten einspielen würde. Auf diese Weise erfuhr Fritz, daß man es gewagt hatte, ihm, Fritz Lang!, ein B-Picture anzudrehen.

Am nächsten Morgen stürzte er, trotz aller Mahnungen, die Lily und ich zu äußern wagten, wutkochend zu MGM und in das Büro von Mayer. Der kam ihm beglückt lächelnd entgegen. Er wollte einen neuen Vertrag mit Fritz machen, einen viel besseren als den bisherigen, er sei entzückt von dem großartigen Film, der sicher einen Riesenerfolg für MGM bringen würde.

Und Fritz – ich war nicht dabei, aber viele haben es gehört – schrie Mayer so an, daß dieser wichtigste Mann in Hollywood vor Schrecken in seinen Sessel fiel. Fritz machte ihm eine Szene, wie Mayer sie wohl noch nie erlebt haben dürfte, dann stürzte er davon.

Mayer soll später gesagt haben: „Auch wenn mich das jedes Jahr eine Million kostet oder auch zwei – dieser Mann macht bei MGM keinen Film mehr."

Und von diesem Augenblick an war Fritz ein Aussätziger in Hollywood. Niemand, der im Filmgeschäft etwas zu sagen hatte oder etwas werden wollte, wagte noch, ihn zu grüßen, wenn er ein Restaurant betrat. Keine Filmgesellschaft wagte es, ihm einen anderen Vertrag anzubieten.

Es waren Wochen – nicht sehr viele, aber ich würde doch,

wenn mein Gedächtnis mich nicht täuscht, annehmen, daß es drei Monate waren, in denen Fritz für Hollywood tot war.

Das ging so weit, daß er mich, der ich ja nun in allen Studios Eintritt hatte, als Journalist natürlich, bat, ob ich nicht diesen oder jenen Produzenten für ihn interessieren könnte. Es fiel ihm sicher nicht leicht, ihm, der so stolz war, eine solche Bitte zu äußern, und ich tat mein Möglichstes, aber das war nicht genug.

Es sah vorübergehend sehr düster aus für Fritz. Und dann kam doch die Paramount mit einem Angebot. Es war der Schauspieler Henry Fonda, damals noch kein großer Star, aber immerhin schon ein Star, der Fritz Lang als Regisseur verlangte. Und dann kam George Raft, der damals schon als Gangsterspieler bekannt war.

Und etwa ein halbes Jahr nachdem „Fury" angelaufen und wirklich ein Riesenerfolg geworden war, durfte Fritz seinen nächsten Hollywood-Film machen.

Ich weiß nicht, ob Mr. Mayer seinen Schwur bereut hat, ich weiß aber, daß solange Mr. Mayer regierte, und das waren ja wohl noch viele, viele Jahre, Fritz nichts bei MGM machen durfte.

Aber er machte sonst überall Filme, und sie waren fast alle von hohem Niveau. Er war einer der wenigen Emigranten, die in Amerika amerikanische Filme machen wollten. Er sprach nur noch Englisch, sogar mit mir, sogar mit Lily oder Vicki Baum, mit der er befreundet war, und vermutlich auch mit Marlene, mit der er, allerdings nur vorübergehend, ein Verhältnis hatte. Er las nur noch amerikanische Bücher, vor allem Krimis, aber auch Western. Und er machte viele Krimis und später auch Western, er, der Europäer.

Da ich ja immer bei ihm wohnte, sah ich ihn oft bei der Arbeit, die er allein verrichtete, am Abend vor dem nächsten Drehtag. Er saß an einem Tisch, auf dem ein riesiges Schachbrett aufgestellt war, nicht mit entsprechenden Figuren – es waren keine Schachfiguren, es waren einfach Figuren. Und die schob er hin und her und betrachtete sie von allen Seiten, warf sie wieder vom Brett, baute sie neu auf. Es waren, wie mir bald klar wurde, die Szenen oder die Szene, die er morgen drehen wollte. Auf diese Weise bereitete er sich vor, und es geschah nie an einem Drehtag, daß er eine Szene anders disponieren mußte, weil irgendein Schauspieler wichtige Aktionen von anderen Schauspielern verstellte. Alles war immer außerordentlich klar und übersichtlich in Lang-Filmen. Mir sind diese stillen Stunden vor dem Brett unvergeßlich geblieben. Ich glaube nicht, daß irgendein anderer Filmregisseur mit den gleichen Mitteln arbeitete. Es war sozusagen eine Spezialität von Fritz Lang.

Es war erstaunlich, daß er das geschafft hatte, und das ganz besonders in Hollywood. Denn in Hollywood stand man auf dem Standpunkt, daß Europäer, gleichgültig, wie gute Schauspieler oder Regisseure sie sein mochten, nie an amerikanische Stoffe herangelassen werden dürften. So spielte zum Beispiel Marlene, die doch weiß Gott ein Publikumsliebling war, nie eine Amerikanerin. Und auch die Garbo nicht, bis ganz zuletzt, und das wurde dann auch ein Reinfall.

Meines Wissens war Fritz der einzige Europäer in Hollywood, der wirklich Amerikaner wurde. Vielleicht amerikanischer als die meisten Amerikaner. Freilich, bei seinen Mitarbeitern war er, genau wie vorher in Berlin, nicht gerade beliebt. Er hatte zwar auf den Rat von Lubitsch, dem übrigens auch ich und Lily sich anschlossen, sein Monokel abgelegt, so was ging in den Vereinigten Staaten wirklich nicht, und es mit einer Brille vertauscht. Er behandelte die Leute im Atelier eben doch nicht so, wie andere sie behandelten und worauf sie Anspruch zu haben glaubten. Es soll sogar vorgekommen sein, daß Beleuchter, entrüstet, daß irgendeine Einstellung mit immerwechselnder Beleuchtung unzählige Male gedreht werden mußte, im Begriff waren, ihm von oben, wo sie thronten, eine Lampe an den Kopf zu werfen. Vielleicht war das auch nur eine Hollywood-Erfindung. Jedenfalls: die Stimmung war danach.

Das besserte sich langsam. Auch in dieser Beziehung wurde Fritz ein Amerikaner. Er machte freilich einen Fehler: er wurde plötzlich ganz, ganz links. Ich glaube nicht, daß er der kommunistischen Partei beitrat, wie so viele, die in Hollywood fünftausend oder zehntausend die Woche verdienten. Aber sicher finanzierte er „the cause". Wenn man ihn mit anderen sogenannten „Linken" reden hörte, glaubte man wirklich, die Weltrevolution stehe vor der Tür. Inszeniert in Hollywood von Fritz Lang.

Aber die kam dann nicht. Und statt dessen kam nach Kriegsende ein Senator McCarthy, der in Hollywood Untersuchungen veranstaltete gegen alle diejenigen, die er verdächtigte, Kommunisten zu sein. Das war erstaunlich, denn zumindest auf dem Papier war die Sowjetunion noch der Bundesgenosse der Vereinigten Staaten, und während des Krieges hatten die Vereinigten Staaten der Sowjetunion im Kampf gegen Hitler enorm geholfen: mit Waffen, mit Flugzeugen, wohl auch mit Geld.

McCarthy war ziemlich rücksichtslos. Und seine Opfer waren prominent.

Man denke nur an die Hetze gegen Chaplin und die Weigerung der Regierung, ihm die Rückreise in die Vereinigten Staaten, in denen er immerhin seit 1912 gelebt hatte, nach einem Ausflug ins Heimatland England, zu gestatten. Auch Fritz hatte Schwierigkeiten.

Ich weiß es, denn als ich einmal in Washington war, rief mich ein höherer Beamte des F.B.I. an, und bat mich um Rücksprache. Er wollte alles wissen, was ich über Fritz Lang wußte. Ich war ja als langjähriger Beamter der Naval Intelligence und später der O.S.S. über jeden Verdacht erhaben. Aber Fritz? Ich versuchte den Mann zu beruhigen. Ich sagte, gewiß, Fritz rede viel, aber im Grunde genommen sei er alles andere als ein Kommunist. Er wolle gut leben, er lebe ja auch gut und er sei bestimmt keine „Gefahr".

Das nützte offenbar nichts, denn Fritz geriet auf die Schwarze Liste, und er durfte in Hollywood nicht mehr inszenieren. Er fuhr nach Europa. Die neue Welle in Frankreich, vor allem der junge Regisseur Godard, hielten die alten Fritz-Lang-Filme, auch seiner deutschen Filme, für Ereignisse. Er wurde für eine Rolle in einem französischen Film verpflichtet. Dann ging er doch wieder nach Hollywood zurück, wo die Gemüter sich beruhigt hatten und wo er wieder Filme machen durfte. Er kaufte und bezog ein Haus in einer Straße, besser einem Weg, wo einst die Häuser Chaplins, Fairbanks' und der Pickford gestanden hatten.

Anfang oder Mitte der fünfziger Jahre kam er dann nach Berlin. Der Filmproduzent Alfred Brauner wollte mit ihm noch einmal das „Indische Grabmal" drehen. Damals hatte er es nur geschrieben, jetzt sollte er auch Regie führen. Er führte Regie – Paul Hubschmidt spielte die Hauptrolle. Auch sonst wirkten viele gute Schauspieler mit. Aber der Film wurde überhaupt nicht gut. Er wirkte wirklich ganz altmodisch. Ob Fritz Lang es verlernt hatte, in deutscher Sprache zu drehen? Ob er mit deutschen Schauspielern oder mit deutschsprachigen – Hubschmidt war ja Schweizer – nicht mehr arbeiten konnte? Wie dem auch sei: kurz vorher hatte er in Hollywood noch ganz aufregendmoderne Filme gedreht, nachher sollte er noch einige drehen. Sie alle überragten das, was er in Berlin zustandebrachte, um Klassen.

Natürlich wurde es ruhiger um ihn. Er war siebzig Jahre alt – und das ist in Amerika sehr, sehr alt. Er hatte Schwierigkeiten mit den Augen, zumindest mit einem. Es verbreitete sich die Kunde, er sei auf einem Auge erblindet. Das stimmte nicht. Ich selbst war einige Male mit ihm in New York bei Augenärzten. Er sah nur, was häufig im Alter vorkommt, auf dem einen Auge anders als auf dem anderen. Die meisten alten Menschen gewöhnen sich daran, aber für ihn, Fritz Lang, für den die Augen wichtiger waren als alles andere, war es schlimm. Er konnte sich einfach nicht daran gewöhnen. Er legte sich eine schwarze Klappe zu, und dann gab es natürlich niemanden mehr in Hollywood, der an seiner Blindheit zweifelte.

Es wurde ruhig um ihn. Er hatte Schwierigkeiten, sich zu bewegen. Schließlich mußte er im Rollstuhl gefahren werden.

Auf ein dringendes Telegramm Lilys kam ich noch einmal nach Hollywood. Er hatte es sich nicht nehmen lassen, mich auf dem Flughafen von Los Angeles zu erwarten. Er war eigentlich ganz fröhlich. Freilich, wenn man sich nach seinen Plänen erkundigte, winkte er ab. „Zu spät!" murmelte er mehrmals.

Er feierte noch seinen fünfundachtzigsten Geburtstag im Rollstuhl. Es kamen eine Menge Leute, um ihn zu beglückwünschen. Aber sie gingen alle mit dem Gefühl fort, es würde nicht mehr lange dauern.

Und es dauerte auch nicht mehr lang.

Die kleine große Vicki

Kurz nach ihrem Tod erschien ihre Autobiographie. Sie war nicht vollendet. Es wäre ein Wunder gewesen, wenn sie diese Biographie, die sie nie hatte schreiben wollen, zu Ende gebracht hätte. Warum hatte sie so lang gezögert? ... Sie war eine Frau, die niemals auf sich selbst aufmerksam machen wollte. Und sie überschätzte auch nicht die Bedeutung und die Dauer des Ruhms. Sie nannte sich oft eine der ersten Schriftsteller der zweiten Garnitur. Ganz ernst wollte sie wohl nicht genommen werden, jedenfalls nicht als Literatur. Schon eher als Unterhaltungsschriftstellerin.

Das Buch, besser das Buchfragment, trug den Titel: „Es war alles ganz anders". Vicki Baum wollte damit sagen, ihr Leben habe sich ganz anders abgespielt, als man gemeinhin annahm. Aber es war auch ganz anders als dieses Leben, das sie in dem Buch beschrieb. Zu den entscheidenden Stellen war sie erst gar nicht gekommen.

Sie war wirklich einmal sehr berühmt. In den zwanziger Jahren im deutschen Sprachraum und bald darauf auch in Frankreich, in England, in Amerika, überall. Ich kannte sie nur flüchtig, wir arbeiteten in demselben Haus: dem Ullstein-Haus, der Residenz des damals größten Zeitungsverlags Europas. Bei irgend einer Gelegenheit lernten wir uns flüchtig kennen. Sie war damals Redakteurin der „Dame", einer mondänen Frauenzeitschrift, schrieb aber ihre Romane nicht für dieses Blatt, sondern für die „Berliner Illustrirte", das meistgelesene Wochenblatt Deutschlands, vermutlich des Kontinents. Ich war Sportjournalist, hatte schon einen gewissen Namen, aber verglichen mit ihr war ich niemand.

Eines Tages hielt sie mich auf dem Korridor des Verlagshauses an. Sie fragte mich: „Können Sie mir einen Rat geben? Ich möchte Boxen lernen! Sie wissen doch sicher jemanden!" Ich sah sie an. Sie war sehr klein, sehr zierlich. Sie war sehr hübsch, von einer Hübschheit, die Intelligenz verhieß. Ich nannte ihr den Namen eines türkischen Boxlehrers, bei dem sie dann auch Stunden nahm. Warum – habe ich nie erfahren. Aber sie war überhaupt für die damalige Zeit eine ungemein sportliche Dame. Sie fuhr ihren eigenen Wagen, trieb Gymnastik, spielte Tennis, und jetzt boxte sie auch noch!

Seltsam genug: Diese kurze Frage und meine Antwort – sie war dann sehr zufrieden mit den Lehren des Sabri Mahir – bedeuteten den Beginn einer Freundschaft. Daß sie vierzehn Jahre älter war als ich bedeutete überhaupt nichts. Sie war – zumindest für mich – zeitlos. Und ich weiß nicht, ob ihre blonden Locken schon damals gefärbt waren. Mir erschienen sie echt. Mir erschien Vicki Baum überhaupt echt. Und nicht nur mir.

Wir sahen uns öfters, manchmal in größerer Gesellschaft, manchmal zu zweit oder mit ihrem Mann, dem Dirigenten Hans Lert.

Sie ging ebenso gern ins Theater wie ich, und auch da trafen wir uns öfter. Aber ihre wahre Leidenschaft war das Ballett. Und sie war immer ein bißchen ärgerlich, jawohl, ärgerlich, daß ich mir so gar nichts aus Ballett machte. Einmal schleppte sie mich mit zur Pawlowa. Sie gastierte im heruntergekommenen Theater des Westens. Die müsse ich unbedingt sehen!

Ich trottete also mit. Das Theater war allerhöchstens zur Hälfte gefüllt – wenn überhaupt. Die Pawlowa war sicher sehr gut, ich verstand davon nichts und ich verstehe davon heute noch nichts. Die wenigen Zuschauer jubelten. Aber die Sache war eben sehr traurig, und eine so erfahrene Tänzerin wie die Pawlowa mußte spüren: ihre Zeit war vorbei. Und beim Nachhausegehen sagte ich zu Vicki, dies sei doch alles sehr deprimierend. Sie antwortete mir: „Tragisch!"

Und ich: „Warum machen Sie nicht einen Roman daraus?"

Was später auch geschah. Die alternde russische Tänzerin in „Menschen im Hotel" war die Pawlowa. Freilich, das war kein Roman über die Tänzerin. Sie war nur eine der vier oder fünf Hauptpersonen, die Vicki erfunden hatte.

Alle ihre Romane in den letzten Jahren waren Erfolge gewesen. „Menschen im Hotel" war der größte und wurde sofort in den Vereinigten Staaten ein Bestseller. Der amerikanische Verlag Doubleday verkaufte ihn nach Hollywood. Vorerst freilich lud man Vicki in die Vereinigten Staaten ein. Das war ein Jahr nach Erscheinen des Romans in Deutschland Ende 1929 oder Anfang 1930. Vicki, die noch keine Reise nach drüben gemacht hatte – das war damals doch noch eine Angelegenheit von einer Woche – war tief beeindruckt von New York, von den Vereinigten Staaten überhaupt, von Hollywood, das sie bei dieser Gelegenheit kennenlernte. Sie las auch viele amerikanische Zeitungen. Und begriff, was die meisten Menschen in Europa nicht begriffen, daß nämlich Hitler vor der Türe stand und was das bedeutete und das galt auch für Deutschland. Und sie faßte einen Entschluß. Auswanderung nach Amerika.

Sie kam also nach Berlin zurück und erklärte uns allen, sie werde mit ihrer Familie nach Amerika auswandern. Wir hielten sie für verrückt. Sie hatte eine Riesenstellung bei Ullstein, sie verdiente so viel Geld, wie sie wollte, aber sie sah das Unheil an der Wand. Vielleicht spielte eine Rolle dabei mit, daß sie Jüdin war. Aber wieviele Juden sahen nicht, was kommen mußte, obwohl sie im Unterschied zu Vicki sich mit Politik befaßten? Bei Vicki war es einfach Fingerspitzengefühl. Und alle Proteste der Gebrüder Ullstein über einen gebrochenen Vertrag imponierten ihr nicht. Sie fuhr mit ihren beiden jungen Söhnen und ihrem Mann nach drüben. An einem der letzten Abende waren sie und ihr Mann mit meiner Frau und mir zusammen. Wir aßen in einem kleinen Restaurant in Grunewald in der Nähe ihrer Wohnung: Sie strahlte: „Ich habe MGM zugesagt!"

Wir blickten verständnislos.

„Na ja, MGM hat mir angeboten, das Drehbuch von Menschen im Hotel zu schreiben. Eine stattliche Summe! Und, was vielleicht wichtiger ist, die Garbo wird die Tänzerin spielen!"

Ein paar Tage später besuchte ich sie noch einmal in ihrem Büro bei der „Dame", wo sie letzten Aufräumungsarbeiten machte. Damals erfuhr ich vieles von ihr, was ich vorher nicht wußte. Aber wer interessiert sich denn schon für das Vorleben guter Bekannter oder, wie in diesem Fall, einer sehr guten Freundin?

Also, Vicki Baum, die wirklich so hieß, war ein Kind aus einer guten jüdischen Familie. Sie studierte Musik und spielte Harfe. So gut, daß die berühmtesten Dirigenten, wenn sie ein Stück mit Harfe spielten, jeweils ihre Dienste verlangten. Zum Beispiel der große Arthur Nikisch, Vorgänger von Furtwängler als Chef des Berliner Philharmonischen Orchesters. Wenn der irgendwo „Carmen" dirigierte, verlangte er immer Vicki. Im Vorspiel zum dritten Akt war die Harfe ein sehr wichtiges Instrument.

Sie dachte eigentlich, daß sie ihr Leben lang Harfenistin bleiben würde. Zum Schreiben kam sie zufällig. Sie hatte einen jungen ungarischen Journalisten geheiratet – der Name ist mir längst entfallen –, der in Wien Korrespondent einiger bekannter deutscher Blätter war. Das bedeutete natürlich, daß er zu bestimmten Zeiten seine Meldungen und Berichte abfassen mußte. Nur: er war immer mal wieder total besoffen. Und da sprang Vicki ein. Und zu ihrem Staunen und vermutlich auch zu dem ihres Mannes, ließen die Redaktionen nach ihrem Einspringen, von dem sie natürlich nichts wußten, wissen, dieser letzte oder vorletzte Bericht sei ganz besonders gelungen.

Vicki ließ sich scheiden, heiratete dann den bereits erwähnten Dirigenten Hans Lert und zog mit ihm nach Darmstadt, wo er jahrelang Generalmusikdirektor war, und dann nach Hannover.

Da saß sie nun im Orchestergraben und war nicht sehr glücklich. Denn, wie sie es mir gegenüber später ausdrückte, „ein Dirigent schläft immer mit der Hochdramatischen." Sie wurde also am laufenden Band betrogen, ohne es zu ernst zu nehmen, und auch ihr Mann nahm es wohl nicht so furchtbar ernst. Nur: sie war einsam und beschloß daher wieder zum Schreiben zurückzukehren. Sie schrieb einen Roman „Der Eingang zur Bühne" – verständlich, sie lebte ja seit Jahren in der Welt des

Theaters – und schickte ihn kurzerhand an den Ullstein-Verlag in Berlin. Ich lasse sie erzählen, wie es mir noch im Ohr ist: „Ich machte mir eigentlich keine großen Hoffnungen. Um so erstaunter war ich, als ich eine Depesche erhielt, das war schon in Hannover, der Roman sei angenommen, und dann immer wieder Briefe, der Roman sei ein großer Erfolg. Was das Finanzielle anging, so bekam ich davon nicht sehr viel zu spüren, denn wir waren mitten in der Inflation, und wenn die eingegangenen Gelder ausbezahlt wurden, waren sie so gut wie nichts mehr wert... Eines Tages beschloß ich mich von meinem Mann zu trennen, nur für einige Zeit, vielleicht für immer. Ich schrieb an den Ullstein-Verlag und fragte, ob sie mich vielleicht im Verlag brauchen könnten. Sofort Depesche und bezahltes Billett Hannover–Berlin. Ich überlegte: Ich mußte in Berlin leben – die Inflation war gerade vorüber. Wir hatten Reichsmark, ich mußte, zumindest teilweise, meine Söhne ernähren. Ich beschloß, 800 Reichsmark monatlich zu verlangen. Davon konnte ich leben und für die Kinder mitsorgen. Aber was dafür bieten? Ich malte ein großes Modetableau. Ich schrieb eine Reihe von Wiener Kochrezepten nieder. Ich formulierte einen Plan als Ratgeber für einsame Frauen. Und mit all dem bewaffnet erschien ich im Ullstein-Haus. Zu meinem Erstaunen war die Elite versammelt. Der Chef der „Zeitschriften-Etage" (das war die dritte), aber auch der für Zeitschriften zuständige Bruder Ullstein (insgesamt gab es fünf), sowie der Chefredakteur der fabulösen „Berliner Illustrirten" (Die Berliner Illustrirte schrieb sich ohne e).

Und bevor ich noch dazu kam, meine diversen Dienste anzubieten, begann Herr Ullstein mit den Worten, es würde den Verlag sehr freuen, wenn er mich anstellen könne, aber ich solle mir keine falschen Vorstellungen machen. Der Verlag könne für den Anfang nicht mehr als 4000 Reichsmark zahlen, (das wären heute ungefähr 100 000)."

Ich erkundigte mich. „Monatlich?"

Er antwortete: „Ja, monatlich. Und falls Sie noch einen Roman schreiben und wir ihn annehmen, der wird natürlich extra honoriert!"

Vicki lächelte ihr bezauberndes Lächeln. „Ich nahm das Modetableau und die Kochrezepte und was sonst ich noch alles vorbereitet hatte vom Tisch, legte die Sachen auf den Stuhl, setzte mich darauf und sagte: ‚Einverstanden. Wie soll es nun weitergehen?'"

Wie es weiterging, weiß man ja. Sie wurde Redakteurin, sie schrieb ihre Romane, die Romane brachten mehr Geld ein, als ihr Gehalt betrug, sie mietete eine Wohnung im Dachgeschoß eines Hauses in Grunewald, holte ihren Mann aus Hannover, ihre Kinder aus dem Internat, wo sie untergebracht waren, brachte es fertig, daß die Staatsoper Lert als Dirigent engagierte und wurde im Handumdrehen ein Teil des Berliner Lebens.

Bis sie dann, für viele, darunter mich, unverständlich, in die Vereinigten Staaten zog.

Ich sah sie bald darauf wieder, in Hollywood, denn in Los Angeles fanden 1932 die Olympischen Spiele statt, über die ich berichten mußte. Sie redete mir zu, in den Vereinigten Staaten zu bleiben, ich sprach ja Englisch wie Deutsch. Ich schlug ihre Ratschläge in den Wind. Ein Jahr, nein schon ein halbes Jahr später, wußte ich es besser. Und Ende 1933 war ich dann auch in den Vereinigten Staaten.

Sie kam oft nach New York und blieb dort Wochen und Monate. Sie erklärte ihren Wunsch nach der großen Stadt so: „Los Angeles, respektive Hollywood oder Beverly Hills oder wie die Nester alle heißen, das sind ja vereinzelte Häuser. Wissen Sie, Curt, wo ich meine Einfälle immer hatte, die Ideen für die Romane, die ich im Laufe der Zeit geschrieben habe? Ich saß in einem Omnibus oder in der Untergrundbahn oder in einer Trambahn und studierte die Menschen um mich herum. Und mir fiel zu vielen etwas ein. Wie es wohl bei ihm zu Hause aussehen mochte, wie ihr Mann sich aufführte, wie sie ihre Kinder erzog, und so entstanden die Figuren, die man nachher in meinen Romanen wiederfand. Aber in Kalifornien? Ich wohne in einem sehr schönen Haus. Das nächste Haus von Freunden oder Bekannten ist 10–15 km weit weg. Öffentliche Verkehrsmittel gibt es ja in Los Angeles, das heißt im Stadtkern, aber zum Beispiel unser Haus in Pacific Palisades ist annähernd fünfzig Kilometer vom Rathaus in Los Angeles entfernt. Draußen, wo wir wohnen, gibt es keine Verkehrsmittel. Man muß immer sein Auto nehmen. Und man trifft immer dieselben Leute bei den verschiedenen Bekannten. Es ist ja ein ungeschriebenes Gesetz in Hollywood, daß zum Beispiel ein hochbezahlter Autor wie ich nicht etwa mit einem Kleindarsteller gesellschaftlich zusammenkommen soll. Jedenfalls hatte ich in Hollywood nie Einfälle. In New York habe ich noch welche ... Und deswegen komme ich so oft hierher."

Ich sah sie also immer wieder. Sie hatte immer neue Ideen, und sie war immer guter Laune.

Als Amerika in den Krieg eintrat, nein, schon ein paar Monate vorher, als es schwierig wurde, Hausgehilfinnen zu bekommen – die kalifornischen Frauen gingen alle in die Flugzeugfabriken – gab sie das große Haus auf und nahm ein kleineres inmitten von Hollywood, das sie fast allein bewirtschaften konnte – ihr Mann war inzwischen Dirigent des Philharmonischen Orchesters von Pasadena geworden – ungefähr 50 km entfernt. Ich besuchte sie, wann immer ich die Möglichkeit hatte nach Kalifornien zu kommen, und sie besuchte mich in New York, später nach dem Krieg in Berlin, in Paris. Ich glaubte, es würde immer so weitergehen.

Dabei wußte ich, daß sie gar nicht gesund war. Sie hatte eine Krankheit, deren Namen ich vergessen habe oder vergessen wollte. Sie hatte sie seit vielen, vielen Jahren. Ich würde sagen so seit 1940. Eine indiskrete Ärztin an einer New Yorker Klinik, wo sie sich untersuchen ließ, erzählte mir, ohne zu ahnen, daß ich Vicki kannte, sie hätte eine tödliche Krankheit. Zwar könne sie noch zwanzig Jahre leben und sogar ohne die geringsten Schmerzen, aber wenn ihr irgend ein Unfall zustieße, könnte sie innerhalb von 48 Stunden tot sein.

Natürlich wußte Vicki das. Sie wußte ja eigentlich immer alles, aber sie sprach nie darüber, nicht einmal mit ihrem Mann oder ihren inzwischen längst erwachsenen Söhnen, was ich später erfuhr. Eines Tages, es war Ende August 1960, las ich in einer Zeitung von ihrem plötzlichen Tod. Sie war 72 Jahre alt geworden.

Sie war einmal eine schöne Frau gewesen. Jetzt war sie eine reizende ältere Dame. Sie versuchte nicht, sich jünger zu machen. Sie war viel zu klug, um eitel zu sein. Sie war auch viel zu klug, um nicht zu begreifen, daß Ruhm etwas Vergängliches ist. Sie hatte sich längst daran gewöhnt, nicht mehr erkannt oder gar um Autogramme gebeten zu werden. An einem Abend erzählte sie mir, sie sei, wie so oft, morgens einkaufen gegangen und eine Verkäuferin habe sie plötzlich gefragt: „Waren Sie nicht einmal ein Filmstar?"

Ein paar Monate vor ihrem Tod, als ich sie zum letzten Mal drüben traf, hatte sie eigentlich noch gar nicht so alt ausgesehen, von zerbrechlich oder kränklich keine Rede.

Es war so geschehen: Sie hatte eine Mahlzeit bereitet und war in der Küche hingefallen. Das hatte die bewußte Krankheit ausgelöst. Der Mann brachte sie sofort ins Krankenhaus. Dort lebte sie nicht einmal mehr 24 Stunden. Der Mann, der sie viele, viele Jahre überlebte, hielt sich an das ihr gegebene Versprechen. Und das bestand in einer Fehlinformation. Sie wollte keine große Beerdigung. Sie wollte überhaupt niemanden bei ihrer Beerdigung, nicht einmal ihre Kinder. Der Mann ließ eine falsche Stunde für die Beerdigung angeben. Als die vielen, vielen Freunde, die sie drüben hatte, kamen, war alles bereits vorbei. Einer ihrer Söhne erfuhr es durch sein Autoradio – aber nicht etwa in oder in der Umgebung von Los Angeles, sondern in ziemlicher Entfernung. Er hätte zu der Beerdigung kommen können, aber er wußte, daß seine Mutter das nicht gewollt hätte. Auch der andere Sohn erfuhr viel zu spät von ihrem Ableben; er hätte gar nicht kommen können.

Wenige Stunden nachdem ich die Zeitungsnachricht gelesen hatte, kam die Depesche ihres ältesten Sohnes.

Als wir uns das nächste Mal sahen, zeigte er mir den Brief, den seine Mutter am 5. November 1945 geschrieben hatte, also rund 15 Jahre vor ihrem Tod. Ich zitiere ihn:

„Meine lieben Kinder,
Ich habe den Tod immer als etwas Natürliches angesehen, etwas Einfaches und als eine eher wünschenswerte Erfüllung des Lebens und als Teil dieses Lebens, und ich

konnte niemals das Getue, das über ihn gemacht wird, verstehen. Ich hoffe, daß wenn ich gehen muß, ihr meine Abreise im selben Geist und ohne überflüssigen Schmerz aufnehmt. Ich bin sicher, daß ihr meine Aversion gegen den falschen Pomp und schlechten Geschmack von Beerdigungen teilt. Also – keine Beerdigung für mich, keine Blumen, keine Reden, keine öffentlichen Tränen. Ich möchte ohne jede Zeremonie verbrannt werden und ohne daß einer von Euch dabei ist. Ich habe aber das sentimentale Gefühl, daß meine Asche sehr gerne in einem Wald vergraben werden würde, an einer der moosigen, feuchten Stellen, wie ich sie so gern mag. Ich glaube, ich würde mich sehr unbequem im Gefängnis einer teuren marmornen Urne fühlen. Auch bitte ich euch um den Gefallen, nicht über meine Leiche in Tränen auszubrechen, sondern mich als die lustige und doch einigermaßen amüsante Mutter in Erinnerung zu behalten, die ich bin."

Ach Vicki! Ich habe Deinen Wunsch nicht erfüllen können. Ich habe geheult wie ein Schloßhund.

Der normannische Kleiderschrank

So nannte man ihn, Curd Jürgens, der ungewöhnlich groß- und breitschultrig war – die nachfolgende Generation, die jungen Leute von heute sind ja alle größer, als es seine Zeitgenossen damals waren, die er fast um Haupteslänge überragte. Er war also groß, er war imposant und er war fast ungehörig hübsch.

Ich lernte ihn sehr bald nach Kriegsende kennen, als ich in meiner Eigenschaft als amerikanischer Kulturoffizier – unter anderem – nach Wien kam. Er spielte zusammen mit der mir sehr eng befreundeten Schauspielerin Käthe Dorsch in einem englischen Konversationsstück, wenn ich mich nicht irre; es mag auch ein französisches gewesen sein. Er fiel mir sofort auf. Nicht nur, weil er so elegant und so gut aussah.

Ich sagte zur Dorsch: „Das ist doch ein erster Schauspieler!" Sie schüttelte ungläubig den Kopf. „Wir mögen ihn ... aber er kann nicht viel!"

Für mich konnte er etwas, was die meisten deutschen und österreichischen Schauspieler unter Hitler oder überhaupt in diesem „heroischen" Zeitalter verlernt hatten, wenn sie es je konnten. Er konnte unterspielen. Er spielte, indem er Worte oder ganze Sätze wegwarf, er deutete Gefühle also nur an. So wie ich es aus New York, aus London gewöhnt war. Ich erinnere mich noch des Schocks, den ich hatte, als ich in Berlin wieder einmal ins Theater ging – nach dem Krieg, natürlich – und lauter Herren und Damen auf der Bühne sah, vor allem hörte, die sich den Hals wund schrien und vor Pathos weder ein noch aus wußten. Das war erstaunlich für einen, der drüben das Unterspielen kennengelernt hatte.

Käthe stellte ihn mir vor, den wirklich fast unglaublich hübschen, jungen Kerl – er war damals dreißig, aber er wirkte wesentlich jünger.

An einem der nächsten Tage war ich mit Willi Forst zusammen, den ich schon vor dem Kriege kannte, der ja viele Filme in der Hitlerzeit gemacht hatte, fast alle in Wien, mit seiner eigenen Firma – Gesellschaftsfilme, die eine Art Gegensatz zu den heroischen Propagandafilmen von Goebbels bilden sollten.

Ich machte ihn auf Jürgens aufmerksam und meinte, das sei doch wirklich ein guter Mann für den Film. Forst lächelte. Ja, das habe er auch geglaubt und habe ihn in zahlreichen seiner Filme eingesetzt. Er nannte eine Reihe von Filmen, die Mitte der Dreißigerjahre bis zum Kriegsende entstanden, die ich alle nicht kannte, was erklärlich war, da ich mich ja zu Hitlers Lebzeiten nicht mehr im deutschen Sprachraum befand, aber von denen ich auch nicht gehört hatte. Es waren „Meisterstücke", darunter „Königswalzer" und ähnliche Wiener Unterhaltungsfilme ... Insgesamt waren es, glaube ich, zwölf oder fünfzehn. Keiner dieser Filme, gleichgültig, ob sie unter Forst in Wien entstanden waren oder irgendwo sonst in Deutschland, hatte außerhalb Deutschlands und Österreichs je von sich reden gemacht.

Forst: „Er sieht verdammt gut aus, aber er kommt beim Publikum nicht an. Mag sein, daß sich die Frauen in ihn verlieben, aber ich glaube, sie haben ihn schon vergessen, wenn sie das Kino verlassen haben!"

Später, sehr viel später, als wir längst Freunde geworden waren, erzählte Curd mir den Grund dafür, daß er trotz seines Aussehens überhaupt keinen Erfolg gehabt habe, bis jetzt jedenfalls noch nicht – er war damals schon fünfunddreißig und sah immer noch glänzend, aber nicht mehr so gut aus wie einst.

Er war in Hamburg geboren und Sohn eines sehr wohlhabenden Kaufmanns und einer Südfranzösin, was erklärt, daß er zeit seines Lebens ebensogut und akzentlos Französisch sprach wie Deutsch. Übrigens Englisch auch ganz manierlich, wenn auch kaum ohne Akzent.

Nach einem kurzen Engagement als Reporter bei einer Berliner Zeitung – die Familie war in die Hauptstadt gezogen – ging er zum Theater, sang und tanzte am Metropoltheater in Berlin, ging dann – immer nur für ein oder zwei Jahre – ans Volkstheater nach Wien, dann wieder an die Komödie am Berliner Kurfürstendamm und kam so schließlich ans hochgestochene Wiener Burgtheater, wo er eigentlich gar nicht hinpaßte, da er bisher nur Operetten und Salonstücke gespielt hatte, gehobenen Boulevard allenfalls, aber keine Klassiker, die ja beim Burgtheater bevorzugt wurden. Jürgens: „Das Geheimnis, daß ich keinen Erfolg hatte, ist erklärlich dadurch, daß ich mich überhaupt nicht anstrengte. Ich sah ganz hübsch aus, ich sang und tanzte auch leidlich und hatte das Gefühl, das genüge vollkommen – es genügte wohl auch für die Art von Rollen, die ich spielte, für die Art von Stücken, in denen ich auftrat. Das waren doch auch keine ernsten Aufgaben, das waren doch Lappalien, die man so mit der linken Hand schafft ..."

Es dauerte lange, fast zu lange, bis er merkte, daß gerade das Leichte schwer ist und daß Boulevardschauspieler meist härter arbeiten müssen als die Darsteller klassischer Rollen, deren Text sie schon sozusagen von selbst trägt.

Wenn auch Jürgens vorläufig sein Metier nicht beherrschte – wenn er auch auf der Bühne kein Künstler war, im Leben war er einer. Man konnte ihn als einen Lebenskünstler bezeichnen. Das Kriegsende fand ihn in München, wo er am Residenztheater – oder wie es damals hieß, jedenfalls an der staatlichen Schauspielbühne unzählige Rollen spielte, meist als Partner von Heidemarie Hatheyer.

Irgendwie brachte er es fertig, auch in dieser schrecklichen Trümmerzeit immer so auszusehen, als käme er gerade aus einem Modesalon. Irgendwie hatte er so seine eleganten Anzüge, seine Wäsche herübergerettet in die Nachkriegszeit, und irgendwie hatte er ein uraltes Auto erstanden, von allen seinen Bekannten „Alte Bertha" genannt. Die Alte Bertha hatte so ihre Mucken. Zum Beispiel ging der Auspuff nicht ins Freie, wie das bei normalen Autos der Fall ist, sondern in das Auto hinein. Die Insassen waren also in ständiger Gefahr zu ersticken, wenn sie nicht alle Fenster öffneten, gleichgültig, ob es regnete oder schneite.

Typisch für Jürgens, daß er immer irgendjemanden fand, der ihm mit dem Auto aushalf.

Als es einmal gar nicht anspringen wollte, sagte er seiner Kollegin Hatheyer, er müsse es reparieren, sie solle noch eine halbe Stunde in der Garderobe warten. Als sie schließlich herauskam, sah sie ihn elegant gekleidet, eine Zigarette rauchend, gegen das Auto gelehnt dastehen, und unter dem Auto mühten sich zwei amerikanische Soldaten, die Karre wieder flott zu kriegen.

Er kannte unzählige Tricks. Wo konnte er sich Benzin für das Auto beschaffen? Er hörte herum und fand heraus, daß man in Straubing, einem sehr kleinen Ort nicht weit von München, einen Direktor für das sogenannte Stadttheater suchte – vielleicht war es auch nur eine Aula, in der gespielt wurde. Sofort erklärte er sich bereit, die Direktion des Straubinger Stadttheaters zu übernehmen, während er gleichzeitig auch am Münchener Residenztheater spielte. Er kannte einige Schauspieler, die da mitmachten, der Grund: in Straubing, mitten auf dem Land gelegen, kam man eher an Nahrungsmittel heran als in einer großen Stadt wie etwa München oder gar Berlin.

Wir konnten zwar später nie aus ihm herausbekommen, worin eigentlich seine Direktortätigkeit bestand. Die Art, wie er solchen Fragen auswich, läßt darauf deuten, daß er sich nicht gerade überanstrengt hatte. Und seine Gage? Er brauchte Benzin für die Alte Bertha, und er hatte mit den Behörden in Straubing ausgemacht, daß er soviel Benzin haben könne, wie er brauchte.

Eines Tages beschloß er, wieder nach Wien zurückzukehren, um am Burgtheater zu spielen. Außerdem kannte er dort eine Frau, seine zweite Frau, die unbeschreiblich schöne Judith Holzmeister, Schauspielerin und Tochter des berühmten Architekten Holzmeister, der Reinhardts Festspielhäuser in Salzburg gebaut hatte.

Damals war es gar nicht so leicht, eigentlich ungemein schwer, von Deutschland nach Österreich oder von Österreich nach Deutschland zu kommen. Aus Gründen, die nie geklärt worden sind, war diese Grenze die schwierigste. Ein Deutscher konnte viel leichter nach Frankreich oder England gelangen, umgekehrt war es natürlich überhaupt gar kein Problem, aber die deutsch-österreichische Grenze blieb viele Jahre ein Problem. Besonders die Brücke über die Enz bei Linz. Linz war nämlich zum Teil russisch kontrolliert, und die Russen nahmen die Paßkontrolle vor. Und wenn einer kein Visum hatte – und wer hatte schon ein Visum? Aber dergleichen Skrupel existierten nicht für den Lebenskünstler Curd Jürgens. Als der russische Soldat das Abteil öffnete, in dem er sich befand, reichte er ihm mit einem reizenden Lächeln – eine längst abgelaufene Schlafwagenkarte – in der richtigen Annahme, daß ein gewöhnlicher russischer Soldat wahrscheinlich gar nicht lesen könne, schon sicher nicht Deutsch. Und er hatte vollkommen recht. Er kam ohne jede Schwierigkeit über die Grenze und nach Wien.

Übrigens änderte sich seine Position innerhalb des deutschsprachigen Films und der deutschsprachigen Bühne vorläufig nicht. Er spielte mal in Wien, mal in Berlin, man möchte eher sagen, er spielte so mit. Er geriet schließlich auf eine sogenannte „schwarze Liste" – sie war intern, nur für die Filmbranche gedacht, auf der die Namen verzeichnet waren, deren Inhaber man am besten nicht mehr engagieren sollte. Auf dieser Liste der Darsteller, die „Kassengift" waren, prangte Curd Jürgens ziemlich weit vorn. Es war erstaunlich, daß ihn trotzdem noch immer mal jemand holte oder eigentlich ununterbrochen irgendjemand ihn holte.

Wir waren damals viel zusammen, sowohl in Berlin als auch in Wien oder München, wenn er dort filmte, wir waren sehr enge Freunde, und ich machte ihm Vorwürfe. Ich wiederholte ihm hundertmal, daß ich der Überzeugung sei, er könne es viel, viel besser machen, er sei ein richtiger Schauspieler, aber er mache von seinen Gaben gar keinen Gebrauch. Er nickte traurig, er wußte es.

Woran lag es? Zum einen, weil er zu jener Zeit unendlich viel trank. Er war zwar nie besoffen – er hatte eine außerordentliche Haltung, wenn er zu viel getrunken hatte, er torkelte nicht, er lallte nicht, er konnte sogar fehlerlos Auto fahren, obwohl wir, seine Freunde, uns ungern in den Wagen setzten, wenn er das Steuer übernahm. Aber einer, der eine Nacht durchsäuft, ist eben am nächsten Morgen nicht im Besitz seiner schauspielerischen Fähigkeiten.

Das andere waren die Frauen. Er flog auf sie. Man hätte glauben sollen, daß einer, der so aussah, wie er und infolgedessen alle Frauen haben konnte, die er wollte, gar nicht zu sprechen von denen, die er nicht unbedingt wollte, ein bißchen sorgfältiger bei der Auswahl seiner Freundinnen wäre. Obwohl er wußte, daß er seine zweite Frau tief kränkte durch seine Eskapaden mit anderen Damen, was auch schließlich zur Scheidung führte, konnte er es einfach nicht unterlassen.

Ich erinnere mich noch eines Abends. Ich lebte damals in einer von der amerikanischen Armee requirierten Villa im Westen Berlins, und er lebte in einer Villa, die vielleicht fünfhundert Meter entfernt war. Er rief mich also an diesem Abend an und bat mich, möglichst sofort zu kommen. Es sei dringend. Als ich eintraf, erklärte er mir, in wenigen Minuten werde seine erste Frau, die ehemalige Schauspielerin – oder vielleicht war sie es noch – Lulu Basler zu ihm kommen. Wie er Lulu einschätze, gedenke sie die Nacht bei ihm zu verbringen. Ich kannte Lulu Basler gar nicht. Ich wußte nur, daß sie einmal mit Jürgens verheiratet war, sonst nichts. Curd Jürgens stellte sich meine Rolle an diesem Abend so vor, daß ich in seinem Haus bleiben würde, bis Lulu gegangen war, so daß sie keine Gelegenheit gehabt hätte, ihn zu verführen, respektive zu beschlagnahmen.

Lulu kam also, eine wirklich nette, aber nicht besonders aufregend aussehende Dame, übrigens in Begleitung von zwei oder drei Bekannten, oder vielleicht waren es auch Verwandte. Es wurde ein netter, harmloser Abend. Schließlich stand Lulu auf und erklärte, sie müsse jetzt nach Hause, und die andern standen auch auf. Und ich traute meinen Ohren nicht, als Curd Jürgens sagte: „Lulu, warum bleibst du heute abend nicht hier?"

Sie lächelte nur und schüttelte den Kopf. Nein, sie wolle doch nach Hause gehen. Und das tat die ganze Gesellschaft. Nur ich blieb zurück, völlig verdattert. Ich sah Jürgens an. Ich fragte ihn, ob er noch bei Verstand sei. Er schüttelte den Kopf. „Nein, vermutlich bin ich verrückt. Es ist wohl stärker als ich ..."

„Und wenn sei geblieben wäre?"

„Dann ... aber sie ist ja nicht geblieben. Gott sei Dank!"

Nachdem er von Judith Holzmeister geschieden war, heiratete er die mittelmäßige, aber ungemein interessante Ungarin – oder vielleicht war sie Tschechin? – Eva Bartok, die ebenfalls Filmschauspielerin war oder sich jedenfalls als solche fühlte. Dank der um diese Zeit bereits ausgebrochenen Jürgens-Konjunktur konnte sie in einigen seiner Filme mitspielen und auch in anderen. Aber die Ehe währte nicht lange. Es gab immerfort Krach und zwar mit Vorliebe, wenn andere dabei waren. Zum Beispiel ich, oder in Restaurants, wo jeder jeden kannte. Es war eine ziemlich unangenehme Scheidung. Ich weiß nicht, was aus der Bartok geworden ist, aber irgendjemand hat mir gesagt, sie habe in England reich geheiratet, sogar einen Lord oder dergleichen.

Doch ich greife vor.

Wie wurde denn nur Jürgens zu einem der gefeiertsten Filmschauspieler unserer Zeit? Die Sache begann damit, daß der damals berühmte und außerordentlich befähigte Regisseur Helmut Käutner das Stück von Carl Zuckmayer *„Des Teufels General"* verfilmen wollte. Das war ein Riesenbühnenerfolg gewesen, in allen deutschen und österreichischen Städten, es war das erste Anti-Nazistück, und dazu von einem Emigranten geschrieben. Der Film war natürlich die goldene Gelegenheit für den Darsteller der Hauptrolle. Alle, die die Rolle auf der Bühne gespielt hatten, bewarben sich. Sie hätten alle, was ihr Können angeht, die Rolle vielleicht spielen können. O. E. Hasse, der damals freilich noch kein Filmstar war, Paul Dahlke, der einer war und ein hinreißender Schauspieler – und Carl Raddatz.

Aber was war der Grund, warum man ihn nicht nahm? Er war kein übler Schauspieler, wenn auch ohne Glanz. Und er hatte, wie gesagt, die Rolle auf der Bühne – ich glaube in Stuttgart – verkörpert. Und er stand auf dem etwas arroganten Standpunkt, es sei „seine" Rolle.

Ich stand auf dem Standpunkt, es sei nicht „seine" Rolle.

Dieses Anti-Nazistück war von einem Juden geschrieben worden. Und Raddatz hatte, wie ich wußte, etwas gegen Juden. Später sollte ich es am eigenen Leibe erfahren.

Als ich auf einer Gesellschaft in Berlin die Bemerkung machte, die Nazis seien schon ganz schön wieder im Kommen – das dürfte so um 1954–55 gewesen sein, erklärte er mir schroff, warum ich denn, zum Teufel, nicht nach Amerika zurückkehre, wenn es mir in Deutschland nicht passe! Dies einem jüdischen Emigranten, mir!

Aber Ähnliches muß er schon vorher getan haben, denn ich telephonierte mit Zuckmayer, auch einem alten Freund, und riet ihm, Raddatz abzulehnen, was er auch tat. Obwohl Raddatz wohl nie erfuhr, was letzten Endes der Grund der Ablehnung gewesen war: er selbst.

„Des Teufels General" wurde ein großartiger Film. Und Curd Jürgens erwies sich – zum ersten Mal im Film – als großartiger Schauspieler.

Dieser Film und er allein begründete seinen internationalen Ruf als Schauspieler. Es kamen dann französische Filme – die nur teilweise wirklich ernst zu nehmen waren. Aber Jürgens gefiel enorm, nicht zuletzt, weil er, obwohl, wie jeder wußte, Deutscher von Geburt, Französisch ohne Akzent sprach. In Frankreich spielte er unter anderen die ungefähr zwanzigste Wiederholung der Verfilmung des Romans von Jules Verne „Der Kurier des Zaren". Und dann einen der ersten Filme, wenn nicht den ersten mit der blutjungen Brigitte Bardot, mit der er wohl auch etwas anfing. Aber mit wem fing er nicht etwas an?

Und dann ging er nach Hollywood, und wir sahen einander nicht mehr so oft, obwohl auch ich immer mal wieder nach Hollywood kam.

Wenn Jürgens in Hollywood arbeitete, dann arbeitete er eben, dann hatte er wenig Zeit für anderes. Er wollte damals, daß ich ein Buch über ihn schreibe, und wir führten auch einige Gespräche darüber, aber es kam dann doch nicht dazu. Diese Biographie, eine ungewöhnliche, offene, besonders in sexuellen Dingen, schrieb er schließlich selbst, nicht sehr gut, aber das Buch ging, weil es eben von Curd Jürgens war.

Etwas muß nachgeholt werden: Nämlich seine ständige Pleite. Er verdiente recht gut beim Film, vorerst keine Spitzengagen, er war ja zumindest bis zu dem Zuckmayer-Stück nie ein Star gewesen, aber ganze Familien hätten von seinem Einkommen leben können – er machte ja einen Film hinter dem andern, und wenn er nicht filmte, spielte er.

Aber er gab alles aus. Er versoff viel, er spendierte den Frauen viel, mit denen er liiert war, und er gehörte durchaus zu jenen Typen, die um 3 Uhr morgens den Besuchern der Bar, in der er sich befand, mitteilte, von jetzt an würde er sämtliche Drinks für sie bezahlen.

Es kam wohl auch einmal vor, daß er eine ganze Kapelle für den kommenden Abend zu sich nach Hause einlud, das heißt, zu einer Zeit, in der sie ihre Pflicht in der Bar abgespielt hatten. Er vergaß das und war sichtlich erstaunt, als so um 3 Uhr morgens eine ganze Jazzband bei ihm anrückte. Die Freunde, die sich gerade anschickten, sein Haus zu verlassen – ich war auch darunter – mußten wohl oder übel noch bleiben.

Und das alles kostete Geld. Geld, das er gar nicht hatte. Er war in jener Zeit, zumindest bis zum „Teufels General", meist verschuldet.

Und dann änderte sich alles. Dr. Henrik Kaestlin, ein Anwalt aus Zürich, der sich auch schon einmal mit Filmleuten beschäftigt, sie beraten hatte, übernahm gewissermaßen das Management von Curd. Er sorgte dafür, daß das Geld, das er verdiente, nicht gleich wieder zum Fenster hinausflog, sondern gut angelegt wurde. In Grundstücken, in Häusern, die dann mit Verdienst wieder verkauft und in anderen Grundstücken und Häusern angelegt werden konnten.

Natürlich spielte eine Rolle, daß Curd nur enorme Gagen verdiente – die Gagen amerikanischer Spitzenstars. Unter einer Million Dollar machte er in seiner großen Zeit – bis etwa 1970 – kaum noch einen Film.

Trotzdem hätte er es fertiggebracht, diese enormen Summen zu verschleudern, wäre Kaestlin nicht gewesen. Der sorgte dafür, daß ein außerordentliches Vermögen für Curd heranwuchs.

Dabei lebte Curd keineswegs bescheiden oder auch nur wie ein normaler Sterblicher. Er lebte immer wie ein Renaissancefürst, meist auf seinem Landsitz unweit von Cannes an der französischen Riviera, und dort gab er Feste, die wirklich schon an das Fabulöse grenzten. Ich erinnere mich an eines, zu dem er einige Wiener Philharmoniker einfliegen ließ, man bedenke, nur als Tafelmusik. Ich erinnere mich an eine ganze Anzahl von Festen, zu denen es Speisen gab, die auch erst eingeflogen werden mußten: Aus den Vereinigten Staaten, aus Afrika, aus weiß Gott woher.

Curd war der perfekte Wirt, und ein ungewöhnlich liebenswerter Mensch. Wir beide, er und ich, kamen etwas auseinander, nicht etwa, daß wir irgendwelche Zwistigkeiten gehabt hätten. Aber es war für einen normalen Sterblichen überhaupt nicht möglich, da Schritt zu halten. Man hätte, um ihn zu treffen, immer mal wieder nach Hollywood oder an die Riviera oder weiß Gott wohin fahren müssen. Und auch dann war man keineswegs sicher, sich mit ihm unterhalten zu können, gar nicht zu reden von den Gesprächen früherer Jahre, die vernünftigen Gespräche von zwei Freunden, von denen einer ein wirklich großer Schauspieler war und der andere doch einer, der sich in diesem Metier etwas auskannte und gelegentlich Ratschläge erteilen konnte.

Dann wurde ich aufgeschreckt durch die Mitteilung des Zusammenbruchs von Curd, einer Herzgeschichte. Er war nach Amerika geflogen, um sich bei dem berühmtesten Spezialisten operieren zu lassen. Die Operation gelang, es schien ihm wieder gut zu gehen. Ich traf ihn in dem Haus, das er gerade erworben hatte, in Gstaad in der Schweiz, wohin er mich bestellt hatte, um über das Buch über ihn zu sprechen, das Buch, das dann nie zustande kam. Ich hatte mich auf seinen Wunsch hin für vierzehn Tage frei gemacht. Ich sah ihn nicht einmal vierzehn Stunden. Er war plötzlich wieder weg und kam dann ebenso plötzlich zurück und sprach dann gar nicht mehr über das Buch, das heißt, er wollte nicht mehr darüber sprechen, er erzählte mir vielmehr, was er in der Zwischenzeit erlebt hatte.

Dann folgte ein weiterer Zusammenbruch, und es hieß, er habe ein Raucherbein und er dürfe nicht mehr rauchen.

Damit kein Mißverständnis entstehe: Das Raucherbein heißt nicht so, weil es mit Rauchen oder Nichtrauchen zu tun hat, sondern weil diese Krankheit von einem Professor Raucher in Wien entdeckt worden ist.

Wie dem auch sei: Er durfte nicht mehr rauchen. Aber er rauchte. Er durfte nicht mehr trinken – aber er trank.

Während unserer Unterhaltungen in Gstaad teilte er mir mit, man habe ihm den „Jedermann" während der Salzburger Festspiele angeboten, was ich wohl davon halte? Ich fand, das sei eine gute Sache, er war doch ein vorzüglicher Schauspieler und einer, der das Publikum anzog – das internationale Publikum, auf das man es ja in Salzburg abgesehen hatte.

Um so größer mein Erstaunen, als er bei unserer nächsten Begegnung wieder wie ein Schlot rauchte. Da wußte ich: Er hatte eine Entscheidung getroffen. Er wollte gut leben, auch wenn das bedeutete, daß er kürzer leben würde.

Die Sache mit dem „Jedermann" erwies sich übrigens als verfehlt. Curd hatte einfach nicht mehr die Kraft, die notwendig war, um auf dem Domplatz in Salzburg stimmlich durchzubrechen. Vielleicht hätte ein Mikrophon genützt? Aber aus irgendwelchen Gründen – er war ja auch sehr eitel – lehnte er ab, ein Mikrophon zu Hilfe zu nehmen.

In Salzburg war es übrigens, wo wir uns zum letzten Mal sahen. Wir hatten verabredet, uns nach der zweiten und dritten Vorstellung des „Jedermann" zu treffen, wir ganz allein. In einem relativ kleinen Weinlokal an der Salzach, ein paar hundert Meter außerhalb der Stadt. Als ich hinkam, fand ich wieder eine Unmenge von Leuten vor, die er doch eingeladen hatte. Das war eben Curd. Er wollte immer Menschen um sich haben. Es kam zu keinem vernünftigen Gespräch mehr zwischen uns an diesem Abend, es wäre in dieser Atmosphäre gar nicht möglich gewesen. Und dann haben wir uns nie wieder gesehen, was freilich weder er noch ich ahnten. Ich weiß noch, daß wir uns verabschiedeten. Er sagte, er würde mal anrufen, und wir würden uns irgendwo treffen – wir ganz allein.

Wievielen er das versprochen haben mochte? Ich weiß es nicht. Ich weiß nur, daß er nie wieder angerufen hat.

Was ich erst nach seinem Tod – 1982 – erfuhr, der in einem Krankenhaus in Wien stattfand, er wußte, daß er bald sterben würde. Er war erst siebzig oder Ende sechzig und spielte immer mal wieder einen Film oder auch ein Theaterstück. Einmal hatte er zu mir gesagt – das mochte so fünf oder sechs Jahre vor Salzburg der Fall gewesen sein: „Wenn ich demnächst zur Hölle fahre, wird man sagen müssen, daß ich ein gutes Leben hinter mir hatte."

Man könnte sagen, dies war eine Andeutung dessen, daß er wußte, er würde bald sterben. Ich habe es damals nicht so gesehen, um ehrlich zu sein, ich sehe es auch jetzt, so viele Jahre nach seinem Tod, nicht mehr. Freilich, er hatte sein Begräbnis inszeniert. Er hatte darauf bestanden, daß es erst am Abend, das heißt bei künstlicher Beleuchtung auf dem Zentralfriedhof in Wien stattfinden sollte. Und das war gegen die Regel und gar nicht so leicht durchzusetzen, als es dann so weit war. Da haben wohl hochgestellte Freunde von ihm mitgeholfen, vor allem sein Freund, der langjährige Direktor des Burgtheaters und später des Theaters in der Josefstadt, Ernst Häusserman, der sich im Umgang mit österreichischen Behörden auskannte.

Außerdem hatte er seiner letzten Frau genau beschrieben, wie das Grabmal aussehen sollte. Es war vielleicht ein etwas zu imposantes Grabmal, sie hatte daher auch einige Schwierigkeiten, die Behörden davon zu überzeugen, daß es so sein sollte, aber schließlich setzte sie ihren, will sagen, seinen Willen durch.

Ich hatte die Absicht, zu seinem Begräbnis nach Wien zu fliegen. Ich hatte schon die Hotelreservation gemacht, den Flug gebucht. Und dann, in letzter Minute hatte ich doch das Gefühl, es sei besser, es sei eigentlich richtig, nicht an diesem Begräbnis teilzunehmen. Denn dieses Begräbnis war wieder einmal ein Massenereignis. Hunderte, wenn nicht Tausende nahmen daran teil, die meisten von ihnen natürlich solche, die ihn nie in ihrem Leben gekannt, geschweige denn gesprochen hatten.

Nachher gab es auch noch einen Leichenschmaus im Hotel Sacher mit den teuersten und feinsten Leckerbissen – Kaviar,

Gänseleberpastete und dergleichen mehr. Die Stimmung war bestimmt vorzüglich. Curd hätte es so gewollt. Mich hätte das nur traurig gemacht, trauriger, als dieser völlig überflüssige, frühe Tod meines Freundes. Ich zog es vor, in den nächsten Tagen den einen oder den andern Film von Jürgens zu sehen, den das Fernsehen brachte. Da waren wir nochmals allein miteinander. Und ich konnte ihm ein bißchen nachweinen, was ich bei so vielen mir fremden Menschen, die auch ihm fremd gewesen waren, wohl kaum vermocht hätte.

Der Menschlichste:
Gustav Knuth

Wie sich die Bilder gleichen ...

Vor langer Zeit ging das Telefon, und am Apparat war Axel Springer, und er bat mich, den „Nachruf" zu schreiben. So erfuhr ich von dem plötzlichen Tod meines Freundes Gustaf Gründgens, der auch der Freund von Gustav Knuth war. Im März 1987 klingelte das Telefon. Am Apparat war der Chef des Feuilletons der „Welt". Er bat mich um den „Nachruf". Von wem? „Ihres Freundes Gustav Knuth!" So erfuhr ich von seinem Tod. Eine knappe halbe Stunde später rief mich seine Frau, die er, die wir alle Titi nannten und nennen, an und informierte mich über den Tod, der zwar nicht überraschend gekommen war, uns alle, die wir ihn kannten, aber doch sehr traurig machte.

Die nächsten Stunden vergingen damit, daß ich für unzählige Blätter der Bundesrepublik, aber auch der Schweiz, Frankreichs, sogar der Vereinigten Staaten, Nachrufe schreiben mußte. Aber in diesen Nachrufen konnte ich ja nur das Allernotwendigste schreiben. Wer Gustav Knuth war, dazu brauchte es mehr als fünfzig oder hundert Zeitungszeilen.

Und das will ich hier dartun oder ich will wenigstens den Versuch dazu machen.

Wann habe ich ihn eigentlich kennengelernt? Ihn, der mein bester Freund werden sollte in den letzten zwanzig Jahren.

Vor vielen, vielen Jahren, noch vor der Hitlerzeit, gegen Ende der zwanziger Jahre und durch keinen Geringeren als Bert Brecht und seine Sekretärin und Freundin Elisabeth Hauptmann. Ich traf die beiden in einem Berliner Lokal, ich glaube, es war das Künstler- und Journalistennachtquartier Schwannecke, nahe dem Kurfürstendamm. Sie waren beide sehr ermüdet. „Die Proben", stöhnte die Hauptmann.

Die Proben?

Ja, es handle sich, sagte Brecht, um ein amerikanisches Stück. Und die Hauptmann verbesserte, nein, es sei ein englisches Stück. Da war mir schon klar, daß es weder das eine noch das andere war. Ich kam an einem der nächsten Tage auf die Probe im Staatstheater. Es handelte sich also um ein Stück von einem Engländer oder Amerikaner, ganz genau weiß ich das längst nicht mehr, und es hieß „Harte Bandagen", was schon für mich, dem einstigen Sportjournalisten, bedeutete, daß dieses Stück von keinem übersetzt worden war, der sich im Boxsport auskannte. Denn „harte" Bandagen legen nur Amateure an, Profis nicht. Aber der geheimnisvolle Amerikaner oder Engländer wußte wohl überhaupt sehr wenig vom Boxsport und noch weniger davon, wie man ein Theaterstück schreibt. Es war ein miserables Stück. Und es wurde dadurch nicht besser, daß Fritz Kortner – damals einer der ersten Schauspieler Berlins, keineswegs der erste – Regie führte, was er überhaupt noch nicht konnte. Es ging alles drunter und drüber. Und durch die Einwürfe Brechts merkte ich, daß er wohl der Autor war und sich eines Pseudonyms bedient hatte, er und die Hauptmann vielleicht zusammen.

Aber der Hauptdarsteller, der junge Boxer, interessierte mich. Ein sehr großer Mann, kräftig, wie Boxer es sein müssen, mit einem sehr eindrucksvollen Gesicht, kein Schönling, aber doch einer, den man so schnell nicht vergißt. Er kam aus Altona, wo er die großen Rollen am Stadttheater spielte.

Warum hatte man ihn geholt? Erstaunlich, aber wahr: In dem damaligen Berlin, wo es Unmengen von ersten Schauspielern gab, gab es keinen wirklich guten, der einen Sportler hätte darstellen können. Oder gar einen Boxer. Leopold Jessner, der Intendant des Theaters, der dann auch die Regie übernahm, als Kortner das Handtuch warf, hatte diesen jungen Mann empfohlen, er war ihm in Altona, jawohl in Altona, aufgefallen. Man hatte ihn geholt. Niemand kannte damals den Namen Gustav Knuth.

In einer der Pausen stellte ihn mir Brecht vor. Der junge Knuth war etwas schüchtern – das Berliner Theaterleben, von dem er viel gehört hatte, zeigte ihm wohl wie gut Theater gespielt werden könne. Knuth hatte ein paar Tage zuvor ein Stück von Knut Hamsun gesehen, von Max Reinhardt inszeniert, mit seinen besten Schauspielern, und er war schier außer sich über dieses herrliche Theater – das beste, das er je gesehen hatte. Daß es so was überhaupt gab! Knuth war ganz verzückt.

Das Boxerstück fiel mit Pauken und Trompeten durch. Knuth war gar nicht so schlecht, aber er war ja schließlich der Kapitän des untergehenden Schiffes und verschwand sehr bald wieder aus Berlin. Eine zweite Chance wurde ihm damals nicht gegeben.

Eine flüchtige Bekanntschaft, die ich schnell vergaß. Aber 1950 oder 1951, jedenfalls in dem betreffenden Winter tauchte er wieder neben mir auf und zwar ausgerechnet auf einem Sechs-Tage-Rennen in München.

R. A. Stemmle, der Verfasser unzähliger Filme, der auch gelegentlich Filmregie geführt hatte, brachte ihn zu mir. Ich war eigentlich nur auf dieses Sechs-Tage-Rennen gegangen, weil ich früher, als ich noch Sportjournalist war, über so viele berichtet hatte, und weil mein Freund, der ehemalige Sechs-Tage-Fahrer Paul Buschenhagen, in den zwanziger Jahren einer der besten Sechs-Tage-Fahrer der Welt, die sportliche Leitung übernommen hatte.

Also nun stand Knuth wieder vor mir. Er erinnerte sich nicht an unser erstes Treffen, ich erst während dieses ersten Gespräches mit der Hintergrundmusik des Sechs-Tage-Rennens. Dieses eigentlich erste Gespräch war wirklich ein wichtiges Gespräch. Er wollte wissen, wie ich, der Emigrant, die Deutschen beurteilte. Ich versuchte ihm auseinanderzusetzen, daß es für mich so etwas wie „die" Deutschen nicht gab und übrigens heute noch nicht gibt. Es gab und gibt für mich immer solche und solche. Nicht alle Deutschen seien für Hitlers Taten verantwortlich, schon deshalb nicht, weil sie nach der Machtergreifung nie mehr hatten wählen dürfen.

Ob ich, wollte Knuth wissen, glaube, daß es so was wie Hitler auch in einem anderen Land geben könne? Ich glaubte das nicht. Und ich glaube es auch heute nicht. Ich meine damit natürlich nicht Länder, von denen ich so gut wie nichts weiß, kaum daß ich das eine oder andere mal kurz bereist hatte, Länder in Südamerika und in Asien. Ich dachte an Europa und den Norden des amerikanischen Kontinents, dort würde so etwas wie Hitler nie passieren können. Wo die Demokratie einmal wirklich Realität geworden war, da konnte nicht ein Schurke und seine verbrecherischen Gefolgsmänner auch nur vorübergehend die Macht ergreifen.

„Eine vorübergehende", murmelte Knuth grimmig, das habe ich noch im Ohr, als wollte er sagen, so vorübergehend sei das nicht gewesen. Ja, es hatte zwölf Jahre gedauert, dieses Dritte Reich. Aber was waren zwölf Jahre in der Geschichte?

„Zwölf Jahre sind in meinem Leben viel!" sagte Knuth.

Damals wußte ich noch gar nicht, wie er zu den Nazis gestanden hatte. Aber die Tatsache, daß Stemmle, der sicher nie auch nur in der Nähe von Nazi-Sympathie gewesen war, ihn als Freund betrachtete, die Tatsache, daß Heinz Rühmann, der ebenfalls kein Nazi-Freund war, ihn in seinen Filmen fast am laufenden Band beschäftigte, hätte mir eigentlich alles sagen sollen.

Da war noch eine andere Sache, die ich völlig vergessen hatte.

Carl Zuckmayer hatte nach dem Tod seines Freundes, des Fliegergenerals Ernst Udet, der die Nazis haßte und von ihnen umgebracht worden war, ein Stück geschrieben „Des Teufels General". Dieses Stück, will sagen das Manuskript, hatte ich, der ich noch während des Kriegs als amerikanischer Offizier nach Deutschland kam, verschiedenen Theatern angeboten – meine Aufgabe führte mich, kaum war der Krieg vorbei, immer quer durch Deutschland, vor allem natürlich durch die amerikanische Zone. In der aber lag schließlich ein Teil Berlins, lag München, lag Frankfurt, von den kleineren Städten gar nicht zu sprechen.

Ich fand das Stück großartig, ich hielt es auch für sehr theaterwirksam, aber die Direktoren der Theater – es waren natürlich neue, die alten, noch von Goebbels eingesetzt oder unterstützt, hatten fast alle verschwinden müssen – teilten nicht meine Ansicht. Sie fanden, daß man in der Emigration kein Stück hätte schreiben können, das in Nazi-Offizierskreisen spielte, die Emigranten ja kaum vom Hörensagen kannten. Sie unterschätzten, daß ein Dichter eben sehr einfühlsam ist.

Das Zürcher Schauspielhaus griff zu. Dort fand dann am 12. Dezember 1946 die Uraufführung statt, die ein enormer Erfolg wurde, und nun wurde das Stück an jedem deutschsprachigen Theater gespielt und nicht nur dort, sondern überhaupt überall in Europa. Ich hatte insofern etwas mit dieser Aufführung zu tun, weil Zuckmayer, der inzwischen auch nach Deutschland gekommen war, damals als ein amerikanischer Kulturbeauftragter, der aber nur innerhalb der amerikanischen Zone wirkte und nicht etwa nach Hamburg oder Stuttgart reisen durfte, geschweige denn nach Zürich, natürlich der Uraufführung, beiwohnen wollte. Ich konnte ihm das möglich machen, das war gar nicht sehr schwierig, da ich die entsprechenden Vollmachten besaß. Zuckmayer kam also zur Uraufführung und ich sah mir die Generalprobe an, und die Hauptrolle spielte Gustav Knuth. Er war ausgezeichnet, wie mir schien, aber ich hatte damals überhaupt keine Zeit, mich mit der Aufführung oder dem Stück weiter zu beschäftigen, ich hatte andere Aufgaben. Ich mußte um die große Pause herum Zürich verlassen und mußte wenige Tage später in die USA. Aber ich hätte nun definitiv wissen müssen, daß ein Schauspieler, den das Zürcher Schauspielhaus so bald nach dem Krieg geholt hatte, kein Nazi gewesen sein konnte. Denn das Schauspielhaus Zürich war damals noch immer ein Emigrantentheater, geprägt von den jüdischen oder sozialistischen Schauspielern, die das Dritte Reich hatten verlassen müssen. Das Ensemble hätte niemals einen Schauspieler akzeptiert, der, um ein Beispiel zu nennen, an einem Propagandafilm mitgewirkt hatte. Diese Gegnerschaft gegen diejenigen, die damals mitgemacht hatten, als Mitläufer eingestuft, erstreckte sich noch bis gegen Ende der fünfziger Jahre.

Übrigens kam ich in den nächsten Jahren – ich spreche jetzt von den Jahren zwischen der Zuckmayer-Uraufführung und dem Treffen beim Münchner Sechs-Tage-Rennen und auch in den folgenden Jahren – immer mal wieder nach Zürich und traf Knuth, der ein reizender Mensch war, immer lustige Geschichten erzählte, die meisten Bühne oder Film betreffend. Wir wurden sehr gute Bekannte, und langsam wurden wir Freunde.

Ich erinnere mich noch, daß ich während eines Aufenthaltes in Zürich aus den Vorankündigungen des Schauspielhauses erfuhr, daß „Egmont" von Goethe auf dem Spielplan stand mit Gustav Knuth als Egmont.

„Gehen Sie bloß nicht da rein!" beschwor mich Knuth. „Das ist schrecklich! Das ist wirklich schrecklich!"

Ich weiß es noch wie heute. Ich war über Silvester in Zürich, am 1. Januar sind in der Schweiz alle Theater geschlossen, aber am 2. Januar, auch noch ein Feiertag in der Schweiz, spielten sie „Egmont" im Schauspielhaus, als erstes Stück im neuen Jahr also, und ich ging hinein. Und dann schickte ich Knuth eine Depesche: „Sie sind der beste Egmont, den ich dieses Jahr gesehen habe!"

Auch er schickte mir eine Depesche: „Geschieht Ihnen ganz recht!"

1955 zog ich mit meiner Frau in ein kleines Dorf ungefähr zwölf Kilometer von Zürich. Meine Frau, die Schauspielerin Heidemarie Hatheyer, hatte sehr oft mit Gustav Knuth gespielt und auch gefilmt. Sie waren schon lange gut befreundet, und wir alle waren auch befreundet mit seiner Frau, der bildschönen Elisabeth Lennartz, die in den zwanziger und dreißiger Jahren in Berlin als Schauspielerin sehr erfolgreich war, sich dann aber mehr und mehr von der Bühne zurückgezogen hatte, obwohl zum Beispiel das Schauspielhaus Zürich sie gerne haben wollte und gelegentlich auch bekam. Aber eben nur gelegentlich, weil sie vor allem die Frau ihres Mannes sein wollte.

Als die Knuths dann ihre Stadtwohnung in Zürich aufgaben und in ein Haus in Küsnacht zogen, was ungefähr fünf Minuten von uns entfernt war, entwickelte sich ein reger Verkehr.

Wir duzten uns schon lange, und wir wurden also Freunde. Er war ja ein bezaubernder Mensch, stets lustig, immer voller Anekdoten. Wenn wir Gäste hatten, und es so aussah, als würde es eine langweilige, sehr formelle Party werden – diese Gefahr gibt es in Zürich immer – riefen wir Gustav. Der kam und erzählte stundenlang die lustigsten Geschichten meist aus Schauspielerkreisen, aber freilich nicht nur aus Schauspielkreisen. Erst später fiel mir auf, daß diese Anekdoten eigentlich immer von anderen handelten, daß er selbst nie mit im Spiel war. Dies war typisch Knuth. Er war zwar, was man einen Star nennt, aber er wollte es nicht sein, zumindest wollte er nicht, daß die andern es zu spüren bekamen.

Erst nach und nach erfuhr ich, wie er geworden war. Er hatte eine schwere Jugend. Der Vater war Zugführer bei der Eisenbahn, kein sehr gut bezahlter Posten. Er nahm Gustav frühzeitig aus der Schule, er kam zu einem Schmied in die Lehre – da kann ich mich irren – er sollte einmal etwas Besseres werden, meinte der Vater, als Lokomotivführer! Das war für den alten Knuth das Höchste der Gefühle.

Übrigens verstand sich Gustav ausgezeichnet mit seiner Mutter, die er heiß liebte, auch mit der älteren Schwester, nicht aber mit diesem Vater, mit dem er schließlich brach. Dafür gab es viele Gründe. Einer war, daß die Mutter den Vater verlassen hatte, der sie betrog – das war damals noch eine Ungeheuerlichkeit, besonders in Braunschweig, wo die Familie lebte. Das Entscheidende aber war, daß der Vater des Sohnes schließliche Berufswahl – Theater – nicht billigen konnte oder wollte. Die Eisenbahn, das war was Solides. Theater war etwa das Unsolideste, was der Mann sich vorstellen konnte.

Ich war immer erstaunt, wie völlig Gustav Knuth mit dem Vater brach. Das war so gar nicht, wie wir ihn kannten. Ich habe nie erlebt, daß er ernsthaft ärgerlich wurde, geschweige denn mit jemandem brach. Der alte Knuth muß schon ein ekelhafter Kerl gewesen sein.

Zurück: Gustav war eben nie glücklich gewesen über die Aussicht, ein Lokomotivführer zu werden. Was konnte er denn sonst werden? Da trat die ältere Schwester auf den Plan, die eine eifrige Besucherin des Stadttheaters Braunschweig war – im zweiten Rang, versteht sich – meist in Gesellschaft ihrer besten Freundin, die aber an einem bestimmten Abend verhindert war, mitzukommen. Und so nahm sie den jüngeren Bruder mit ins Theater, von dem er eigentlich nie etwas anderes gesehen hatte als die Fassade. Und der junge Gustav Knuth wußte sofort: hierher gehöre ich.

Etwas sehr Typisches für Knuth: Fast alle Schauspieler, die man fragt, wie sie zu ihrem Beruf gekommen seien, antworten, sie hätten schon in frühester Jugend gewußt, daß sie Schauspieler werden würden, oder wie sie es ausdrücken: „müßten". Nichts dergleichen bei Gustav. Er wußte nur, in diese Zauberwelt gehörte er. Er dachte nicht einen Augenblick daran, Schauspieler zu werden, er dachte eher daran, Beleuchter zu werden, Bühnenarbeiter oder vielleicht auch Souffleur oder Vorhangzieher. Nur mit dabei sein wollte er!

Aber es ergab sich, daß die Schwester – sie war's wohl, vielleicht auch ein wenig die Mutter, die damals schon getrennt von dem Vater lebte – spürte, daß Gustav das Zeug zu einem Schauspieler hätte. Man muß verstehen: in Braunschweig gab es ganz gute Schauspieler, natürlich nicht die Elite der deutschen Schauspieler, die gab es eigentlich nur in Berlin und in München, allenfalls in Dresden oder Stuttgart. Es war also durchaus nicht vermessen für einen Braunschweiger Bürger zu glauben, daß der junge Knuth Schauspieler werden könnte. Und einer der prominentesten Schauspieler Braunschweigs, dem er vorgeführt wurde, schloß sich den Vermutungen der Familie an und war bereit, Gustav Schauspielunterricht zu geben. Für eine geringfügige Summe, denn er wußte, die Knuths waren nicht gerade begütert. Wie lange diese Zeit dauerte, weiß ich nicht mehr, vielleicht hat Gustav es mir nie gesagt, eine Zeitlang arbeitete er noch als Lehrling in der Schmiede, dann bekam er sein erstes Engagement an irgend ein winziges Stadttheater, und solche Engagements wechselten dann sehr häufig. Damals, in und nach dem Ersten Weltkrieg, wurde ja überall Theater gespielt, in den kleinsten Städten, natürlich in allen Kurorten, und Gustav sah recht gut aus. Er konnte sogar ein bißchen singen, ein Dreispartentheater – und das waren die meisten deutschen Stadttheater – gab es also immer Verwendung für ihn, schlimmstenfalls in der Statisterie.

Obwohl er fast nichts verdiente und er unter nicht gerade würdigen Bedingungen arbeiten mußte, machte ihm alles großen Spaß. Er liebte die Welt des Theaters, er liebte seine Kollegen, und da er ein furchtbar netter Kerl war, war auch er allgemein beliebt.

Um von den Bedingungen, unter denen er auftreten mußte, einen Begriff zu geben, sei eine Geschichte berichtet, die er oft erzählte. In einer Operette mußte er in einem Chor mitsingen und tanzen und hatte wohl auch ein bißchen was zu reden. Die Vorbedingung war ein Frack, und den besaß Gustav damals noch nicht – in dem sogenannten Normalvertrag, den die Schauspieler ausgehändigt bekamen, stand allerdings, daß sie ein Minimum an Garderobe mitzubringen hatten, einen Frack, einen Straßenanzug, ein Sommeranzug, ein Wintermantel etc., sehr wenig, aber von alledem besaß Gustav so gut wie nichts. Der Mann, der an dem betreffenden Theater für die Kostüme verantwortlich war und Gustav mochte, besorgte ihm einen Frack aus dritter Hand. Aber der paßte nicht, er mußte auseinandergetrennt werden. Leider war nicht mehr Zeit dazu, ihn neu zu nähen, denn in diesen kleinen Theatern gab es ja fast keine Probenzeit, die Premieren fanden schnell aufeinanderfolgend statt. Man mußte also den Frack an Gustavs Körper mit Stecknadeln festmachen, und das bedeutete, daß Gustav sich mit größter Vorsicht bewegen mußte, besonders wenn er Tanzschritte machte.

Und am nächsten Tag mußte Gustav in dem Lokalblatt lesen, er sei ja recht gut gewesen, aber doch etwas zu steif für diese Rolle. Weil er schon damals – eine Seltenheit für junge Schauspieler – sich durch keine schlechte Kritik die Laune verderben ließ, lachte er nur.

Was er viel ernster nehmen mußte, war der quälende Hunger. Der Bursche brauchte viel Nahrung. Aber in der letzten Kriegszeit und vor allem in den ersten Nachkriegsjahren gab es in Deutschland ja sehr, sehr wenig zu essen. Gewiß, der schwarze Markt bot viel. Aber die Preise dieser Bezugsquelle konnte Gustav nicht zahlen. So hungerte er denn.

Und wie eine Botschaft vom Himmel kam eines Tages die

Nachricht eines seiner früheren Schmierendirektoren, der Direktor am Stadttheater Basel geworden war oder jedenfalls eine wichtige Funktion dort ausübte, und ihm vorschlug, nach Basel zu übersiedeln. Er sollte alles spielen, Operetten, Schauspiele, Lustspiele – vor allem die. Er hatte das Fach des sogenannten jugendlichen Komikers. Er nahm sofort an und fuhr nach Basel. Dort ließ er sich erst einmal Vorschuß geben und wanderte in das Bahnhofrestaurant, das war damals eines vom besten in Basel, wenn Knuth das auch freilich nicht wissen konnte. Er bestellte das Menu. Das war sehr reichhaltig. Er aß es bis auf den letzten Bissen und dann winkte er dem Kellner und sagte, er wolle das Menu noch einmal. Noch einmal? Der Kellner war erschüttert. Ja, noch einmal das Ganze von der Vorspeise bis zur Nachspeise!

Gustav war ein Erfolg in Basel, aber er hatte nie Geld. Er verfraß es in des Wortes wahrster Bedeutung.

Später kehrte er dann wieder nach Deutschland zurück, und seine Wanderung durch kleine Theater ging weiter. Schließlich landete er am Stadttheater in Altona, damals noch Vorort von Hamburg, heute merkt man gar nicht mehr, daß es eine andere Stadt ist, allenfalls ein Stadtteil. Das Stadttheater Altona war ein ausgezeichnetes Theater, und Gustav Knuth wurde einer der prominentesten Schauspieler dort, vielleicht der prominenteste. Da er nie karrieresüchtig gewesen war, fühlte er sich stets glücklich dort, wo er sich gerade befand, und dachte nicht an eine Veränderung, obwohl sie durchaus möglich gewesen wäre, denn diejenigen, die die deutsche Theaterlandschaft kannten, hatten schon ein Auge auf ihn geworfen.

Dann kam Hitler, und das änderte alles.

Es wäre falsch zu sagen, daß Gustav Knuth ein politischer Mensch war. Aber er mußte es unter dem Zwang der Verhältnisse werden. Er hatte seine langjährige Freundin und Kollegin geheiratet, und die war Mitglied der sozialdemokratischen Partei. Und sie wurde aus diesem Grunde fristlos entlassen. Obwohl man von Gustav Knuth wußte, daß er nicht anders dachte als seine Frau, aber eben keiner Partei zugehörig war, kündigte man ihm nicht. Aber er selbst kündigte zum Saisonschluß. Das, so glaubte er, war er seiner Frau schuldig.

Das Hamburger Deutsche Schauspielhaus – eines der ersten in Deutschland – holte ihn sofort. Das war ein Schritt nach oben. Übrigens auch die Frau, die freilich kaum noch in den Vordergrund trat. Aber er selbst kam sehr schnell in den Vordergrund. Ich wähle den Ausdruck „kam", denn er tat herzlich wenig dazu. Er spielte einfach so gut Theater, wie er konnte, und das war schon entscheidend, denn er konnte sehr gut Theater spielen. Er spielte viele klassische Rollen – damals wurden überhaupt mehr Klassiker gespielt als Moderne, denn die meisten modernen Autoren waren den Nazis nicht genehm. Er spielte Shakespeare, Schiller, Goethe. Er wäre glücklich gewesen, aber die Zustände im Dritten Reich bedrückten ihn, obwohl sie damals noch nicht so spürbar waren, besonders nicht für mehr oder weniger unpolitische Menschen wie Gustav und natürlich auch für Arier, wie man das damals nannte, als man offiziell noch an Rassen glaubte.

Aus einem Gespräch von uns beiden in Zürich, viele Jahre später: „Du bist also ein Arier!"

„Ist ja nicht so wichtig"... „Kannst Du es beweisen?" Und auf Gustavs überraschten Blick: „Weißt Du, mit wem Deine Urgroßmutter geschlafen hat?"

Er grinste. „Weiß ich nicht. Ist mir auch schnuppe!"

Kurz nach der Machtübernahme Hitlers wurde Gustaf Gründgens – weiß Gott kein Nazi, sondern einer, der sein Leben lang mit rassisch nicht „Einwandfreien" zu tun gehabt hatte, der Leiter des Staatstheaters Berlin. Er hatte von Gustav gehört und war nach Hamburg gefahren, um ihn zu sehen, hatte es aber nicht für richtig gehalten, sich nachher mit dem Schauspieler zu treffen. Das hätte Aufsehen erregt, was Gründgens aus guten Gründen nicht wünschte.

Er traf Gustav dann während der Heidelberger Festspiele, ich glaube das war 1935, aber das Jahr spielt keine Rolle, jedenfalls befand sich Gustav Anekdoten erzählend im Kreise vieler Kollegen, als Gründgens auf ihn zutrat. Er sagte: „Ich soll Ihnen schöne Grüße von Frau – und dann folgte ein rasch erfundener

Name – übermitteln. Kann ich Sie einen Augenblick sprechen?" Gustav ging mit Gründgens ein paar Schritte, und Gründgens fragte ihn: „Haben Sie schon für die nächste Saison abgeschlossen?" Gustav verneinte, und Gründgens sagte ihm: „Dann kommen Sie zu uns nach Berlin!"

Und er kam. Und er wurde sehr bald *der* Lieblingsschauspieler von Gründgens und einer der Lieblingsschauspieler der Berliner. Mag sein, daß er, was seine künstlerischen Fähigkeiten anlangte, nicht auf der Höhe von Werner Krauß stand, oder Albert Bassermann, der allerdings bereits emigriert war, und nicht ganz auf der Höhe von Käthe Dorsch, aber er paßte sehr gut in das Ensemble, das Gründgens fast vollständig von Max Reinhardt übernommen hatte.

Was war eigentlich der Grund seiner Beliebtheit? Die von ihm dargestellten Figuren waren eben keine Figuren, sondern Menschen. Selbst die Helden oder Bösewichte Shakespeares, wie etwa der Brutus oder der Jago, waren noch sehr menschlich, man ging mit ihnen mit, man fühlte mit ihnen, man litt mit ihnen, man freute sich mit ihnen. Aus dem Munde von Knuth war kein pathetisches Wort zu vernehmen. Dabei wurde er privat mehr und mehr ein Held, obwohl er sich als solcher nie empfand. Da war zum Beispiel die Affaire Gottschalk. Joachim Gottschalk, ein reizender Schauspieler, noch sehr jung, hübsch, locker, irgendwie sportlich wirkend, hatte große Erfolge an der Berliner Volksbühne, die von dem Reinhardtschauspieler Eugen Klöpfer geleitet wurde. Dieser Klöpfer war aus Karrieregründen zu den Nazis übergegangen.

Gottschalk war sehr bald gefährdet, denn er hatte eine sehr schöne junge Dame geheiratet, allerdings eine Jüdin und hatte mit ihr einen reizenden Jungen. Goebbels empfand es als unerträglich, daß ein so „deutscher" Mann mit einer Jüdin im Bett lag. Er verlangte von Gottschalk, daß er sich scheiden lasse. Gottschalk, der ahnte, was dann aus seiner Frau und seinem Kind werden würde, lehnte ab. Goebbels war sogar bereit zu erklären, daß die Frau nach der Scheidung in die Schweiz übersiedeln könne, natürlich auch mit dem vorbelasteten Kind.

Sein bester Freund, Gustav, ging zu Gründgens und fragte ihn, ob er nicht etwas für Gottschalk tun könne. Gründgens hatte für viele gefährdete Schauspieler etwas tun können, indem er sie engagierte, obwohl sie eine jüdische Frau hatten oder im Falle von Schauspielerinnen, wenn sie einen jüdischen oder halbjüdischen Mann hatten. Denn er unterstand nicht Goebbels, er unterstand Göring, der in solchen Fragen etwas zugänglicher war, wenn es ihm gerade paßte. Gründgens war bereit, Gottschalk zu sich zu holen – aber Klöpfer, der sehr wohl wußte, daß Lebensgefahr bestand, lehnte es ab, Gottschalk frei zu geben. Und so kam es, wie es kommen mußte. Gottschalk bekam Spielverbot und bekam auch andere Schwierigkeiten, und eines Tages hatte er genug. Er vergiftete sein Kind und seine Frau, und als die beiden bereits das Bewußtsein verloren hatten, sich selbst. Sein letzter Brief an Freunde beginnt mit den Worten: „Sie schlafen schon..."

Man fand die Leichen am nächsten Morgen. Ein im Nebenhaus lebender Schauspieler benachrichtigte Knuth, der eiligst herbeikam. Der Tod des sehr beliebten Gottschalk machte blitzschnell die Runde. Es war vielleicht das erste und einzige Mal, daß Goebbels Angst vor Schauspielern, die er so gut behandelte, hatte. Er erließ eine Warnung, der Beerdigung des Verfemten sollte kein Schauspieler beiwohnen. Alle waren empört, aber die meisten hatten doch Angst um ihre Existenz und befolgten den Befehl von Goebbels. Gutav Knuth tat es nicht; obwohl er wußte – er erzählte mir oft davon –, daß hinter den Büschen auf dem Friedhof Gestapo-Beamte lauerten und Aufnahmen machten und sich Namen notierten, ging er zusammen mit seiner Frau hinter den Särgen her.

Und von diesem Augenblick an hatte sein Haß gegen die Nazi-Verbrecher keine Grenzen mehr. Und er sagte das sehr oft, auch wenn Leute zugegen waren, auf die nicht unbedingt Verlaß war oder von denen man nicht wußte, ob auf sie Verlaß war. Immer wieder mußte Gründgens höhere Beamte des Regimes besänftigen.

Als der „Totale Krieg" ausbrach, das heißt, als Goebbels die Theater schloß, damit die Schauspieler etwas zum endgültigen

Sieg beisteuern konnten, stellte Gründgens Knuth frei. Es sei wichtig, daß er filme.

Ja, er filmte schon. Seine Filme waren recht populär, aber die meisten von ihnen vermittelten auch nicht annähernd, was an bedeutendem Künstlertum in Knuth steckte. Es waren fast alles Filme nicht gerade auf höchstem Niveau. Das gab Knuth auch immer wieder zu, wenn wir über seine Aktivitäten im Dritten Reich sprachen.

Und dann war der Krieg zu Ende. Knuth und seine Frau befanden sich in der Lüneburger Heide, wo er einen Film drehte. Die beiden wanderten nach Hamburg, wo man sie aufnahm. Man: Die Briten, die in Hamburg jetzt, nach dem Ende des Dritten Reichs regierten, also auch Theater machten.

Das Schicksal liebt Wiederholungen. Knuth war als Nazigegner anerkannt, seine Frau übrigens auch, aber das hinderte ihn nicht daran, wie alle Welt damals, zu hungern. Und Hunger war etwas Entsetzliches für den stämmigen Gustav.

Das Angebot des Schauspielhauses Zürich kam daher wie gerufen.

„Nur wollten mich die Engländer nicht ziehen lassen. Sie meinten, ich sei für den künstlerischen Aufbau der Theater in Hamburg wichtig. Das ehrte mich zwar. Aber dafür konnte ich mir kein Beefsteak kaufen!"

Gustav, der nie den Helden spielte, auch nicht wenn er Heldenrollen spielte, war auch privat kein Held. Er war es, wenn es um Prinzipielles ging, wie im Falle Gottschalk. Aber wenn es ums Hungern ging ...

Er war recht verzweifelt. Bis schließlich einer der englischen Besatzungsoffiziere, John Olden, der bald darauf die Schauspielerin Inge Meysel heiraten sollte, übrigens nicht als Engländer geboren, sondern ein Wiener Emigrant war, ihm einen Tip gab: „Könnten Sie nicht mal im Stadttheater Konstanz gastieren?" fragte er mit unschuldiger Miene. Gustav verstand sofort. Konstanz, das war die Grenze in die Schweiz. Und Konstanz war nicht einmal von den Briten besetzt, sondern von den Franzosen.

Und so landeten die Knuths schließlich in Zürich mit zwei

Handkoffern. Dort fand der Schweizer Mime Heinrich Gretler, der in Deutschland gespielt hatte, aber als er in einer Tell-Aufführung spielen sollte, wo der Rütli-Schwur zur Melodie des Horst-Wessel-Liedes gesungen wurde und sich Haken-Kreuz-Fahnen entfalteten, in die Schweiz zurückging: „Knuth war brandmager".

Er sollte es nicht lange bleiben. Er mußte zwar viel arbeiten. Am Schauspielhaus Zürich gab es keine Stars, er mußte viele Hauptrollen spielen, er spielte auch kleine Rollen, was eben so anfiel, aber er war wieder glücklich.

Dazu trugen natürlich auch die Kollegen bei, die ihm, wo immer es ging, halfen. Da er nicht ein einziges Möbelstück aus Deutschland hatte mitbringen können, brachten sie ihm Tische und Stühle und Betten und Messer und Gabeln und Bettücher und ... und ... und ...

Zwischendurch machte er immer mal wieder einen Film in Deutschland, als dort wieder gefilmt wurde. Meist mit Heinz Rühmann, es waren nicht immer gerade gewichtige Filme, vielleicht mit Ausnahme der „Ratten" nach Gerhart Hauptmann mit der Hatheyer als Frau John.

In Zürich wurde er dann ein gesuchter Darsteller der neuen Stücke von Frisch und Dürrenmatt, die ja fast alle in Zürich ihre Uraufführung erlebten.

In seiner Hamburger Zeit hatten ihn allenfalls die Hamburger Kritiker gesehen und gelobt, in seiner Berliner Zeit die Berliner. Wer fuhr schon in den dreißiger Jahren extra nach Hamburg oder Berlin, um eine Aufführung zu sehen! Aber die Uraufführungen der beiden Schweizer Autoren wurden international besichtigt. So wurde der Name Knuth eigentlich erst von Zürich aus ein Begriff für das Theaterpublikum in der ganzen deutschsprachigen Landschaft.

Und dann kam schließlich das Fernsehen. Und nun geschah etwas sehr Seltsames, Gustav lächelte immer, wenn er darüber sprach. Er, der so ziemlich alle klassischen Rollen gespielt hatte, er, der so viele moderne Stücke aus der Taufe gehoben hatte, er, der wirklich einer war, der aus dem Theater von heute (nicht „Theater Heute", wo er wohl nur selten erwähnt wurde, weil er denen gar nicht in den Kram paßte) nicht wegzudenken war, wurde erst jetzt durch das Fernsehen überall, wirklich überall populär. Und zwar, das wußte Gustav ganz genau, durch diese – für damalige Begriffe – ellenlangen Serien, wie etwa „Salto mortale" oder „Alle meine Tiere" oder „Die Powenzbande", wo er in einem Maße beliebt wurde, wie es Schauspieler sonst nie werden. Weit über die Kreise derer hinaus, die sich für Theater, Film oder auch Fernsehen interessieren. Als er die Tierarztserie machte und vor allem auch nachher, kam es immer wieder vor, daß ihn Leute, wildfremde Leute, auf der Straße ansprachen, was sie denn mit ihrem kranken Dackel oder ihrem Kanarienvogel, der nicht mehr singen wollte, anfangen sollten, ob er ihnen einen Rat geben könne ...?

Und Gustav nahm das alles geduldig hin, Worte wie „Lassen Sie mich doch in Ruhe!" wären ihm nie von den Lippen gekommen, er riet den Leuten aufs Freundlichste doch einen wirklichen Tierarzt aufzusuchen, nicht einen, der nur einen Tierarzt spielte.

Natürlich wurde er älter und immer älter, und es gab immer weniger Rollen für ihn. Er nahm es hin. Er saß in seinem Haus über dem Zürichsee, sehr oft vor dem Fernsehen, manchmal las er auch ein bißchen Zeitungen oder beäugte den See, den er zu lieben gelernt hatte.

Bis Ende der sechziger Jahre mußte er viel reisen – Gastspiele, Filme, Fernsehen – und er hielt dann immer Hof wie ein Renaissance-Fürst. Wenn er zu Abend aß, waren meist viele Freunde oder auch nur flüchtige Bekannte an seinem Tisch. Nie ließ er jemanden zahlen. Nie versiegte seine Gabe, die Menschen um sich herum zu amüsieren. Und sie amüsierten sich.

Nun war es ruhiger geworden. Seine letzte große Rolle im Schauspielhaus Zürich, die er aber gar nicht im Schauspielhaus selbst spielte, da gerade umgebaut wurde, sondern in einem einstigen Varieté-Theater und heutigem Kino „Corso": „Der Hauptmann von Köpenick". Es war eine schwere Rolle, und er hielt sie tapfer durch, es wurde ein Riesenerfolg.

Aber dann kam gar nichts mehr. Ich meine, das Theater fragte nicht mehr, ob er wieder spielen wolle. Ich fand das nicht ganz in Ordnung, dieses Theater hatte ihm so viel zu verdanken! Und so sprach ich eines Tages mit dem damaligen Direktor Gerhard Klingenberg, warum Gustav Knuth nicht mehr spiele.

Er – damals noch neu in Zürich – wußte gar nicht, daß Gustav bei Zürich lebte und daß er verfügbar war. Er zog einige Erkundigungen ein, und die waren wohl eher von einer Art, daß Klingenberg davon absah, diesem 75jährigen Knuth eine große Rolle anzubieten. Aber als man „Don Carlos" spielte, fragte er Gustav, ob er wohl den Großinquisitor übernehmen würde.

Gustav erzählte mir mit Begeisterung davon. Er ahnte natürlich nicht, daß ich da ein bißchen mitgewirkt hatte. Titi ahnte es wohl, schwieg aber darüber. Schließlich wäre es nicht richtig gewesen, den alten Knuth wissen zu lassen, daß es Hilfe Dritter bedürfe, um ihm noch eine Rolle zu verschaffen.

Der Großinquisitor ist keine große Rolle, aber eine ungemein wichtige, weil er die letzte Szene des Dramas beherrscht. Sie wird immer hoch besetzt. Gustav hatte also keinen Grund, beleidigt zu sein, daß er keine größere Rolle bekam. Er setzte sich sofort daran, die Rolle zu lernen. In den nächsten drei bis vier Wochen – die Proben hatten noch nicht begonnen – traf ich ihn immer lernend. Er konnte die Rolle wie Wasser.

Und eines Tages, als ich wieder einmal zu ihm kam – oder vielleicht kamen die Knuths auch zu uns – sagte Titi, Gustav habe die Rolle zurückgeschickt. Sie gab keinen Kommentar, und auch er schwieg sich aus. Aber es war klar: er hatte Angst. Er, der niemals in seinem Leben Angst davor hatte, vor ein Publikum zu treten, glaubte, daß er es nicht mehr schaffen würde.

Und dann hat er nicht mehr gespielt. Es kamen immer noch Bekannte zu ihm, und er ging gelegentlich, aber immer seltener, aus. Er mied meist die Premieren im Züricher Schauspielhaus, weil er nicht angesprochen werden wollte. Er ging in spätere Vorstellungen, wenn ihn die Schauspieler interessierten. Er kam zu einigen seiner Freunde, vor allem besuchte er des öfteren den ebenfalls am Schauspielhaus wirkenden Sohn Klaus, der mit einer reizenden Frau verheiratet ist und eine Tochter hat, die auch zur Bühne gehen wollte, aber es dann, sehr zur Erleichterung von Gustav, bleiben ließ. Er hatte ja am eigenen Leib erfahren, wie schwer es die im Theater und Film haben, die nicht ganz oben sind.

Als 1981 sein achtzigster Geburtstag herannahte, beschloß er, nicht zu Hause zu bleiben, um den Glückwunschbesuchern zu entgehen. Erst hatte er vor, in ferne Gefilde zu fahren, aber dann meinte er, es genüge auch nach Basel zu reisen – eine Zugstunde – und dort in einem Hotel den Tag zu verbringen. „Wer weiß schon in Basel, wer ich bin oder daß ich den achtzigsten Geburtstag habe?"

Und so geschah es auch. Als die Knuths zwei Tage später in ihr Haus zurückkehrten, konnten sie kaum die Haustür öffnen, so viele Pakete, Briefe, Telegramme, Blumen waren vor der Eingangstür aufgeschichtet. Es kostete Freunde vier Wochen, um alle Glückwünsche zu beantworten. Und dann wurde es sehr still um Gustav. Er kam nur noch selten zu uns, aber er freute sich, wenn wir zu ihm kamen. Freilich, er lud nur noch wenige ein, respektive Titi sagte nur noch wenigen, daß es nett wäre, wenn sie kämen. Er hatte sehr abgenommen, auf dringendes Raten des Arztes hatte der zwischen etwa 1970 und 1975 sehr beleibte Gustav die ausgiebigen Mahlzeiten etwas einschränken müssen, der Arzt meinte, sein Herz würde sonst die ständige Belastung nicht aushalten. Und er wollte ja gar nicht sterben, er liebte das Leben, auch wenn es jetzt in ruhigeren Bahnen verlief.

Dann kam ein Schlaganfall, von dem er sich aber erstaunlicherweise wieder völlig erholte. Und dann kam, Ende Januar 1987, ein neuer Schlaganfall, und er mußte ins Krankenhaus. Dort dämmerte er hinüber.

Ich hatte während der letzten Zeit, sagen wir mal während des letzten Jahres seines Lebens, immer stärker das Gefühl, daß er, der sich früher stets so über Menschen und ihre Zuneigung gefreut hatte, vergessen werden wollte. Aber er wird nicht vergessen werden. Nein Gustav, so lange auch nur einer von uns lebt, der Dich gekannt hat, wirst Du leben!

Und ... und ...

Die Reihe wäre beliebig fortzusetzen.

Ich habe so viele „berühmte" Menschen getroffen. Mein Beruf brachte das mit sich, und auch mein Schicksal, das mich in so viele Länder verschlug.

Ich habe hier bewußt die großen Militärs ausgelassen, die über meinen Weg liefen oder über deren Weg ich lief. Ich habe die großen Politiker nicht erwähnt, die ich, schon aus beruflichen Gründen, immer mal wieder treffen mußte, und von denen einige meine Freunde wurden.

Einige, keineswegs alle, werden noch in zwanzig, ja, in fünfzig Jahren Begriffe sein. Andere vergessen.

Wie viele von denen, die ich in diesem Band porträtiert habe, werden noch die nächsten zwanzig oder gar fünfzig Jahre überleben? Das heißt, noch im Jahre 2050 Begriffe sein?

Ich weiß es nicht. Wer könnte es wissen?

Geburtstagsparty

Die Herderbücherei wird 30 Jahre alt

1987 feiert die Herderbücherei einen runden Geburtstag: Sie wird 30 Jahre alt. Mehr als 1500 Taschenbücher sind inzwischen bei Herder erschienen, etwa 700 Autoren waren daran direkt beteiligt; denn eine Besonderheit des Freiburger Taschenbuchverlages ist es, daß er fast nur Originalveröffentlichungen herausbringt. Diese Unabhängigkeit vom üblichen Lizenzpoker verschafft der Redaktion einen beträchtlichen Gestaltungsspielraum. Die Manuskripte werden nicht als Fertigware eingekauft, sondern entstehen im Gespräch mit den Lektoren. So kann, Band für Band, ein unverwechselbares Reihenprofil entstehen.

Gepflegt werden die Sachgebiete Psychologie und Lebenshilfe, Religion und Meditation, Lebenserinnerungen und Zeitgeschehen, Humor und Unterhaltung, Anthologien und Weisheitslehren. Seit einigen Jahren verfolgt man mit großer Aufmerksamkeit den Versuch, das technokratische Denken zu überwinden und auch die Wissenschaften für eine tiefere Wirklichkeit aufzuschließen. Die Ergebnisse dieser sogenannten New-Age-Bewegung will die Herderbücherei künftig unter der bezeichnenden Marke „Zeit-Wende-Zeit" vermitteln. Diese Marke bringt eine Grundüberzeugung der Redaktion zum Ausdruck: Es ist höchste Zeit, umdenken zu lernen, wenn die Erde auf Dauer bewohnbar bleiben soll.

Das Christentum ist von dieser Forderung nicht ausgenommen. Daß sie mehrfach und kontrovers in dem angekündigten Jubiläumsprogramm vorkommt, verwundert daher nicht. Während Eugen Biser, im Grunde positiv, von einer sich anbahnenden „Glaubenswende" spricht, vergleicht Oskar Köhler die Situation mit der Erfahrung des Petrus, der auf dem See Genezareth zu versinken beginnt und nur durch den Herrn gerettet wird. Auf Allensbacher Langzeitbeobachtungen fußend, fragt Renate Köcher nach den Überlebenschancen eines Glaubens ohne Kirche. Doch will die Herderbücherei auch auf hoffnungsvolle Zeichen aufmerksam machen, wozu man gewiß das beginnende Gespräch mit den Weltreligionen zählen darf. Auf diesem Gebiet hat der Freiburger

Taschenbuchverlag mit den „Texten zum Nachdenken", mit der Serie „Antwort der Weltreligionen" und mit kompetenten Einführungsbänden Pionierarbeit geleistet.
Einen großen Durchbruch erlebte die Herderbücherei auf dem Gebiet der Bibliotherapie. Überzeugt von der „Heilkraft des Lesens", entwickelte die Redaktion inzwischen ein Programm von über 100 Taschenbüchern, die in den verschiedenen Lebenskrisen, von der Depression bis zum Nachbarschaftskonflikt, Rat und Hilfe anbieten. Täglich eingehende Leserbriefe bestätigen dem Verlag, daß man mit dieser psychologischen Aufklärungsarbeit viele Probleme im Vorfeld seelischer Erkrankungen lösen kann. Natürlich kommen nur Therapeuten zu Wort, die aus langjähriger Beratungserfahrung schreiben.
Informationen aus erster Hand bekommt der Leser auch in den zeitgeschichtlichen Publikationen. Weimarer Republik, Drittes Reich, Weltkrieg, Widerstand, Exil, Besatzung, Wiederaufbau – in Augenzeugenberichten möchte die Redaktion diese Schlüsselerfahrungen festhalten und weitergeben, damit die kommenden Generationen nicht noch einmal Lehrgeld zahlen müssen. Auf dem Höhepunkt der kulturrevolutionären Auseinandersetzungen in Deutschland gründete Gerd-Klaus Kaltenbrunner das Taschenbuchmagazin INITIATIVE. Es hat wesentlich dazu beigetragen, daß inzwischen auch konservative Positionen diskussionswürdig und konsensfähig geworden sind.
Natürlich lebt ein Taschenbuchverlag nicht nur von programmatisch-anspruchsvoller Literatur. Unterhaltsames kommt nicht zu kurz. 1987 wollten die Herderbücherei-Autoren die Humorecke nicht ihren professionellen Kollegen wie Heilwig von der Mehden und Heinrich Lützeler alleine überlassen. So kann der Verlag für den Mai einen Jubiläumsband ankündigen, in dem Therapeuten und Theologen, prominente Zeitgenossen und ernsthafte Wissenschaftler über die schönsten Augenblicke ihres Lebens berichten, „Von heiteren Tagen" (Nr. 1361). Eine Geburtstagsparade, auf die man gespannt sein darf. Und noch ein Jubiläums-Angebot hat die Redaktion angekündigt: Eine preisgünstige Taschenbuch-Ausgabe des „Lexikon der Psychologie", die Neuausgabe des vielbenutzten Dreibänders.

Curt Riess

Gustaf Gründgens

Die klassische Biographie des großen Künstlers
(erscheint im Frühjahr 1988)

In den letzten Lebensjahren hat sich Gustaf Gründgens immer wieder mit dem Gedanken beschäftigt, über sein Leben zu schreiben, doch ist er über die ersten Seiten nicht hinausgekommen. So ist diese Aufgabe schließlich an seinem Freund Curt Riess „hängengeblieben", dem nach dem Tod des Künstlers der gesamte Privatnachlaß zur alleinigen Verfügung stand. 120 intensive Gespräche mit Schauspielern, Regisseuren, Technikern, Sekretärinnen und Kultursenatoren haben diese intime Information abgerundet. Vor allem aber konnte der Autor auf seine persönlichen Theatereindrücke und auf vertrauliche Gespräche mit Gustaf Gründgens selbst zurückgreifen.
So entstand diese klassische Biographie eines Künstlers, der in der modernen Theaterwelt Maßstäbe gesetzt hat. Sie führt von den mühevollen Anfängen in Düsseldorf über die Glanzjahre in Berlin, den schöpferischen Neuanfang 1947 in Düsseldorf, den letzten Höhepunkt in Hamburg bis zu dem jähen Ende in Manila. In dem für diese Ausgabe eigens geschriebenen neuen Vorwort setzt sich der Autor kritisch mit dem Gründgens-Bild auseinander, das Klaus Mann in seinem Buch „Mephisto" von seinem Schwager gezeichnet hat. Hat Gustav Gründgens im Dritten Reich wirklich eine so erbärmliche Figur gemacht?

Herder Taschenbuch Verlag

Guido von Kaulla

„Und verbrenn' in seinem Herzen"

Die Schauspielerin Carola Neher und Klabund

Band 1037, 127 Seiten

Guido von Kaulla, Jahrgang 1909, Schauspieler und Schriftsteller, hat in seinem 1971 erschienenen faktenreichen Buch „Brennendes Herz Klabund" Legende und Wirklichkeit dieses ungewöhnlichen Schriftstellerlebens dargestellt. Dabei war von Carola Neher auf nur zehn Seiten die Rede. Die 120 Seiten seines neuen Buchs wirken wie ein sorgfältig nachgearbeitetes Kapitel seiner Klabund-Biografie. Guido von Kaulla hält sich darin mit eigenen Meinungen und Wertungen äußerst zurück. Er zitiert und montiert Quellen: Briefe, Kritiken, Autobiographien, Klabunds Gedichte und seine Schlüsselnovelle „Die Silberfüchsin", Zeitungsberichte und Auskünfte, die er bei Augenzeugen eingeholt hat.

Er vermittelt ein Stück Zeitgeschichte und eine bittersüße Liebesgeschichte, die einem Liebesgedicht nahekommt: Aus geschickt arrangierten Dokumenten macht Guido von Kaulla fast so etwas wie einen kleinen Roman, dessen Farbigkeit, Atemlosigkeit und fieberhafte Stimmung von Klabund selber stammen könnten.

Georg Hensel in der „Frankfurter Allgemeinen"

Herder Taschenbuch Verlag